검은 싸락눈

12·3 내란,
신의 옷자락을 붙잡은 순간들

검은 싸락눈

12·3 내란,
신의 옷자락을 붙잡은 순간들

박찬대 지음

메디치

주권자에게 올리는 늦은 보고서

늦은 첫 책, 그리고 고백

정치에 입문하고 10년이 흘렀다. 3선 국회의원이 되었고 그 사이 더불어민주당 원내정책수석부대표와 최고위원, 이재명 대통령 후보 상임총괄선대위원장, 제1야당에서 여당이 될 때까지 더불어민주당 원내대표 겸 당대표 직무대행을 맡았다.

그사이 내 이름으로 된 책을 세상에 내놓은 적은 없다. 사실 시도가 없었던 건 아니다. 최고위원 시절의 발언들을 묶어 《최고의 시간》이라는 제목으로 출판을 준비한 적이 있다. 인쇄까지 마쳤지만 당시 여러 안팎의 상황이 여의치 않아 끝내 세상에 내놓지는 못했다. 그래서 지금 여러분이 잡고 있는 이 책이 '박찬대'라는 이름을 걸고 정식으로 세상에 내놓는 첫 번째 책이다.

정치인으로서 걸어온 길을 정리하고, 앞으로의 비전을 책으로 묶어 국민께 보고드리는 것은 자연스러운 일이다. 또한 많은 동료 정치인들이 책을 통해 자신의 철학을 국민과 나누고, 더 나은 세상을 위한 포부를 밝히곤 한다. 나도 주변에서 '이제 책 한 권 낼 때 되지 않았냐'며 출판을 권하기 수차례였다. 그때마다 나는 손사래를 쳤다. 게을러서가 아니었다. 부끄러웠기 때문이다.

나는 여전히 세상에 갚아야 할 빚이 많은 사람이었다. 내가 이룬 성취가 온전히 나의 것이 아니기 때문에, 혹여 무용담처럼 늘어놓는 것처럼 보이지는 않을까 걱정이 앞섰다. "아직은 때가 아니다", "더 일하고 나서 쓰겠다"는 핑계로 미루고 또 미뤘다.

하지만 12·3 내란 1년 즈음, 이번 전쟁은 반드시 기록으로 남겨야 한다는 생각이 들었다. 시민 여러분이 광장에서 추위와 싸우며 대한민국을 지켜주실 때 과연 국회 안에서는 무슨 일이 있었는지, 민주당은 내란 세력과 맞서 어떻게 싸웠는지 주권자께 소상히 보고드리는 것이 당시 원내사령탑으로서의 책무라 여겨졌기 때문이다.

이 책은 무너진 나라를 다시 세우기 위해 치열하게 싸웠던 123일간의 '원내 전투 기록'이자, 그 승리의 진짜 주인공인 시민들에게 바치는 '증언록'이다. 이 기록을 남기는 것이야말로 지금 내가 갚아야 할 가장 시급한 빚이라 믿는다.

이 치열했던 싸움의 기록을 풀기에 앞서, 나의 이야기를 조금 하려 한다. 왜 그토록 절박하게 국회 담장을 넘었는지, 왜 목숨을 걸고 '더불어 사는 세상'을 지키려 했는지 그 뿌리를 설명하기 위해서다.

이야기는 인천의 어느 가난한 판자촌에서 시작된다.

가난이 가르쳐 준 연대, 그리고 노무현

더불어민주당. 나는 민주당 이름 앞머리에 '더불어'가 붙어 있는 게 참 좋다. '더불어 사는 삶'은 내 삶을 관통해온 화두이자, 내가 정치를 하는 이유다.

나는 혼자 힘으로 큰 사람이 아니다. 누군가의 희생과 도움, 그리고 시대의 부채감이 나를 여기까지 밀었다. 그래서 나의 정치는 그 빚을 갚아 나가는 과정이어야 한다고 믿는다.

나의 뿌리는 안동 임청각에 닿아 있다. 대한민국 임시정부 초대 국무령을 지내신 석주 이상룡(石洲 李相龍) 선생이 바로 어머니의 큰집어른이시다. 선생은 독립을 위해 99칸짜리 저택 임청각과 전 재산을 기꺼이 내놓으셨다. 하지만 '노블레스 오블리주'의 대가는 혹독한 가난이었다. 독립운동가 가문의 영예와 달리, 현실의 삶은 끼니를 걱정해야 할 정도였다. 부모님은 가난을 피해 고향 안동을 떠나 인천으로 옮기셨다.

1966년 내가 태어난 곳은 인천 남구 용현동. 당시 사람들에게 '히다찌(日立) 마을'이라 불리던 곳이었다. '히다찌'라는 일본 기업에서 일하는 가난한 노동자들과 피난민들이 몰려든 판자촌이 내가 태어난 곳이다. 나라를 찾겠다고 전 재산을 바친 독립운동가 집안의 후손이 해방된 조국에서 일본 기업의 이름이 붙은 판자촌에서 태어났다는 사실. 이 지독한 역설과 가난의 아이러니가 바로 내 삶의 출발점이었다. 그곳이 지금의 인하대학교 캠퍼스 안에 있으니까 나는 태어날 때부터 인하대 흙을 밟고 자란 셈이다.

가난이 서럽지 않았으나, 꿈에도 돈은 들었다. 학창 시절 나는 미술과 음악을 좋아했다. 초등학교 시절부터 중고등학교 내내 미술반에서 활동할 정도로 소질도 있었다. 하지만 예술가의 꿈을 꾸기에 집안 형편은 여전히 어려웠다.

집터가 있던 인하대학교 경영학과에 입학했다. 등록금과 생활비를 모두 지원해 주는 4년 전액 장학생(정석장학생)이었기에 가능한 선택이었다. 여러 스승님이 이끌어 주셨고, 학교의 배려, 그리고 이름 모를 동문들이 내어준 십시일반의 도움이 있었다. 가난한 판자촌 소년이 학업을 마칠 수 있었던 것은, 우리 사회가 엮어낸 '더불어 사는 삶'의 안전망 덕분이었다.

치열함으로는 남들에게 뒤처지지 않은 20대를 보냈다. 장학금과 아르바이트비를 모아 대학원을 다녔고, 1997년 한국 공인회계사 시험에 합격했다. 이어 1999년에는 미국으로 건너가 미국 공인회계사 시험까지 합격했다.

국내 굴지의 회계법인과 금융감독원에서 일하며 능력 있는 회계사로 인정받았다. 회계법인을 설립해 부대표까지 지냈다. 가난했던 시절의 배고픔을 뒤로하고, 전문직으로서 우리 사회에 무사히 안착한 것이다. 밥벌이의 고단함을 덜어내고 내 가족 건사하며 살기에는 부족함이 없게 되었다.

하지만 돌아보면 그 시절의 나는 대한민국이라는 공동체의 구성원인 '시민'이었지만, 여전히 '깨어있는 시민'이라고 보기에는 어려웠던 것 같다. 주머니가 넉넉해진 만큼 기부도 하고, 성실하게 납세의 의무를 다하는 것으로 내 몫을 다했다고 믿었다. 세상이 어떻게 돌아가든 내 울타리 안의 평온을 지키는 것이 가장 중요한 평범한 가장이자 직업인이었다.

그 평온했던 세계에 균열이 생긴 것은 2009년 5월의 비보를 접하고 나서였다.

운구차 앞에서 만난 '깨어있는 시민'

2009년 5월 23일 노무현 대통령의 서거.

그 전날까지 노무현 대통령님은 인간적인 호감이 가는 정치인이었다. 온 국민이 유행어처럼 "이게 다 노무현 때문이다"라고 조롱할 때도 씁쓸했을 뿐, 얼굴을 붉히며 화를 낼 정도의 열성 지지자는 아니었다. 조롱 또한 정치인이 감당해야 할 몫이라 여겼다.

그런데 그날 아침 서거 소식을 듣는 순간 내 안의 무언가가 툭 하고 끊어지는 느낌을 받았다. 슬픔으로만 표현할 수 없는 감정이었다. 내가 무심하게 흘려보냈던 조롱들이, 나의 방관이, 그를 벼랑 끝으로 내몬 것은 아닐까 하는 자책이 묵직하게 가슴을 눌렀다.

서울광장 노제(路祭)가 열리던 날, 나는 노란 풍선 물결 속에 서 있었다. 운구차가 지나갈 때 나도 모르게 인파를 뚫고 나아가 영구차에 손을 대고 기도했다. '지켜드리지 못해서 죄송합니다.' 거대한 부채감이었다.

운구차가 떠나고 광장이 비어 가는데도 나는 집으로 돌아갈 수가 없었다. 걸었다. 그냥 걸었다. 목적지도 없이, 무엇을 해야 할지도 모른 채 홀린 사람처럼 걷고 또 걸었다. 정신을 차리고 보니 이튿날 아침 광화문 뒷거리 어디쯤이었다.

5월이라 해도 밤기운은 찼는데, 가슴 속의 뜨거운 덩어리는 삭여지지 않았다.

"민주주의 최후의 보루는 깨어있는 시민의 조직된 힘입니다."

되뇌고 또 되뇌었다. '깨어있는 시민'이란 누구인가? '조직된 힘'이란 무엇인가? 한 가지 분명한 것은 나는 아직 '깨어있는 시민'은 아니라는 사실이었다. 나는 내 가족, 내 밥벌이의 안녕을 챙기며 살아온 시대의 방관자였다. 그럼에도 분명, 전날의 나와 그날의 나는 달랐다. 어쩌면 그때 나는 이제 눈 비비며 깨어나는 중인 시민이었던 것인지도 모른다.

곰곰이 생각했다. 시민이 깨어있다는 건 무엇일까? 그것은 '나 혼자서는 결코 온전할 수 없다'는 사실을 깨닫는 것 아닐까. 가난한 판자촌 소년이 회계사가 될 수 있었던 건 장학금을 내어준 학교와 나를 지켜준 사회라는 울타리가 있었기 때문이다. 그 보이지 않는 '선한 연대'와 '조직된 힘'이 나를 키웠다. 나는 혼자 큰 나무가 아니라, 숲의 보호를 받고 자란 나무였다. '깨어있는 시민'이 되는 첫걸음은, 바로 내가 세상에 빚지고 있음을 인정하는 것이었다.

무작정, 그리고 뜻밖의 즐거움

움직여야 했다. 하지만 막막했다. 어떻게 해야 깨어있는 시민이 될 수 있을지 몰랐다. 단순하게 생각하기로 했다. 일단 부딪쳐보자. 기왕이면 제일 큰 곳으로. 인천에서 가장 크고 활동이 활발하다는 시민사회단체를 찾았다. 그리고 정말이지 무작정 찾아갔다. 약속도, 소개도 없었다. 낯선 40대 중년 남성이 불쑥 사무실 문을 열고 들어섰으니 그들 눈에는 얼마나 뚱딴지같아 보였을까.

"저기, 제가 회계사인데요. 뭐 도울 일이 없을까 해서 왔습니다."

어색한 첫 만남이었다. 하지만 그곳에서의 시간은 참으로 재미있었다. 나는 시민운동이나 사회 참여라고 하면 머리띠를 두르고 투쟁하는 비장함이나, 고행에 가까운 희생만 있을 거라 짐작했었다. 하지만 그건 나의 편견이었다.

그곳에는 사람이 있었다. 내 이웃의 아픔을 내 일처럼 고민하고, 더 나은 지역사회를 만들기 위해 치열하게 토론하면서도, 서로 눈을 맞추며 웃을 줄 아는 따뜻한 사람들이 있었다. 함께 모여 머리를 맞대고, 작은 변화를 만들어낼 때마다 느껴지는 그 짜릿한 성취감. 그것은 높은 연봉을 받거나 굵직한 계약을 성사시켰을 때와는 결이 다른 가슴 벅찬 희열이었다.

사회를 바꾸는 일이 숙제가 아니라 그 자체로 신나고 즐거운 놀이가 될 수 있다는 사실을 그때 처음 알았다. 인천의 시민사회단체 활동은 나에게 '현장 대학'이었다. 그곳에서 사람을 배웠고, 연대의 힘을 배웠다.

동시에 뼈아픈 한계를 마주하는 시간이기도 했다. 우리가 아무리 밤을 새워 좋은 정책을 만들고 대안을 제시해도, 그것은 어디까지나 '제안'일 뿐이었다. 결국 도장을 찍고 예산을 집행하는 것은 시장이고, 국회의원이고, 공무원이었다. 그들이 "검토해 보겠습니다" 하고 서류를 서랍 속에 넣어버리면 우리의 치열했던 고민은 그날로 휴지 조각이 되었다. 벽에다 대고 소리치는 기분이었다.

그렇게 '정치'가 눈에 보이기 시작했다.

알아야 바꾸지 않겠습니까?

시민사회단체에서 만난 인물 중 한 명이 내게 함께 공부하기를 권했다. 바로 최원식 변호사였다. 한국 빈민 운동의 대부, 평생을 철거민과 가난한 이들 곁에서 '가짐 없는 큰 자유'를 실천하다 떠나신 고(故) 제정구 의원의 동서였다. 당시 최 변호사는 국회의원이 되기 전이었지만 말과 행동에 제정구 선생이 남긴 치열한 삶의 궤적과 공동체에 대한 묵직한 철학이 배어 있었다.

그가 내게 건넨 제안은 뜻밖이었다. 보통 정치권 주변을 기웃거리는 사람들에게 하는 "선거 한번 나가 보라"는 식의 바람 잡는 소리가 아니었다. "우리 공부합시다. 제대로 알아야 세상을 바꾸지 않겠습니까?"였다.

그 길로 나는 인천과 여의도를 오가는 '만학도'가 되었다. 우리는 치열하게 읽고, 토론하고, 때로는 얼굴을 붉히며 논쟁했다. 김대중과 노무현이 꿈꿨던 세상이 구체적인 정책으로 어떻게 구현되었는지, 앞으로 어떻게 그려져야 하는지 고민했다. 그 뜨거운 공부 시간이 없었다면, 나는 아마 준비되지 않은 채 링 위에 올라선 무모한 싸움꾼에 불과했을지도 모르겠다.

꽃길은 없었다

준비가 됐다고 생각하고 당차게 현실 정치의 문을 두드렸지만, 문은 쉽게 열리지 않았다.

2012년 제19대 총선. 나는 내가 나고 자란 고향, 인천 남구 을(乙)에 도전장을 던졌다. 판자촌 시절부터 내 뼈와 살을 키워준 곳이니 누구보다 잘 해낼 자신이 있었다. 하지만 당의 결정은 싸늘했다. '여성 우선 공천' 원칙에 따라 연수구에서 지역구를 옮긴 안귀옥 후보에게 공천장이 돌아갔다.

솔직히 말하면, 억울했다. 준비된 일꾼이라 자부했기에 반발심도 일었다. 경선을 통해 내가 준비한 걸 보여주고도 싶었다. 하지만 나는 결과에 승복했다. 정치는 '나의 승리'가 아니라 '우리의 승리'를 목표로 하는 팀플레이이기 때문이다. 나는 후보직을 내려놓는 대신 인천시당 대변인을 맡아 마이크를 잡았다. 내가 아닌 동료를 위해 뛰는 법을 배우는 값진 수업이었다.

그 후로도 나는 멈추지 않았다. '새정치민주연합' 시절, 당내 공부 모임인 '돌바내(돌아보고 바라보고 내다보고)'에서 활동하며 내공을 다졌다. 기회는 반드시 올 것이라 믿었다.

2013년, 다시 기회가 오는 듯했다. 하지만 이번에도 남구 지역위원장 선거에서 컷오프를 당했다. 연거푸 쓴잔을 마신 나에게 당은 엉뚱한 제안을 했다. 연수구로 가보라는 권유였다. 말이 좋아 권유지, 사실상 '사지(死地)'로 가라는 말이었다. 당시 연수구는 민주당계 정당이 단 한 번도 당선자를 내지 못한, 인천 최고의 보수 텃밭이자 험지 중의 험지였다.

하지만 피하지 않았다. '가난한 판자촌에서도 희망을 길어 올렸는데 여기서 못 할 게 뭐냐'는 오기가 생겼다. 나는 바닥을 훑는 보병전을 택했다. 무너진 조직을 벽돌 한 장씩 쌓듯 다시 세웠고, 주민 한 사람 한 사람의 손을 잡으며 신뢰를 쌓아갔다.

진심은 통한다고 했던가. 2016년 제20대 총선 기류가 바뀌기 시작했다. 송도국제도시 개발로 인구가 늘어 선거구가 갑(甲)과 을(乙)로 나뉘었고, 나는 연수구 갑에 단수 공천되었다. 마침 지역의 거물이었던 황우여 의원이 다른 곳으로 옮겨가면서 '해볼 만한 싸움'이 되었다.

하지만 절망적인 상황이 닥쳤다. 안철수 의원의 탈당과 국민의당 창당으로 새누리당, 국민의당, 더불어민주당의 3자 구도가 되어버렸기 때문이다. 호남 출신 유권자가 많은 지역 특성상, 표가 국민의당으로 나뉘며 야권 분열이 일어났다. 1대 1 구도여도 힘겨운 판에, 3자 구도는 사실상 패배 선고나 다름없었다.

당시 선거 컨설팅업체조차 나를 두고 이렇게 평할 정도였다. "가장 당선시키고 싶은 후보, 가장 간절한 후보지만, 가장 당선이 불가능한 후보."

그러나 선거 당일 출구 조사 결과, 새누리당 후보 40.6%, 나 40.4%, 불과 0.2%포인트 차이로 처지는 초박빙이었다. 개표함이 열리고도 피 말리는 접전이 이어졌다. 국민의당 후보가 19%가 넘는 표를 가져간 상황에서 나는 결국 214표 차이로 역전했다. 민주당 계열 정당 역사상 최초의 연수구 승리이자, 당시 당선된 민주당 국회의원 중 가장 적은 표 차이의 역전이었다.

이 214표가 만들어낸 나비효과는 실로 컸다. 123석 대 122석. 이 아슬아슬한 1석 차이로 더불어민주당은 새누리당을 제치고 원내 제1당으로 올라설 수 있었다. 제1당이 되었다는 것은 입법부의 수장인 국회의장을 우리 당에서 배출할 수 있게 되었다는 뜻이었다. 그리고 그 결과는 불과 8개월 뒤, 역사의 물줄기를 바꾸는 결정적 계기가 되었다.

내가 당선된 지 1년도 채 되지 않아 광장을 뜨겁게 달궜던 촛불혁명과 박근혜 대통령 탄핵.

만약 우리가 제1당이 아니어서 국회의장직을 가져오지 못했다면 어땠을까? 탄핵소추안을 본회의에 상정하고 가결하는 그 긴박했던 과정이 과연 지금 우리가 아는 결과와 같을 거라고 단언할 수 있을까? 어쩌면 214표라는 간발의 차이가, 촛불의 명령을 국회 안에서 완수할 수 있게 만든 '신의 한수'였는지도 모른다. 험지에서 쏘아 올린 작은 공 하나가 거대한 도미노를 쓰러뜨리는 첫 번째 조각, 태풍을 만든 나비의 날갯짓이 된 셈이다.

가장 귀하고 빛나는 것을 들고나온 사람들

나는 평소 입버릇처럼 하던 말이 있다. 우리 국민은 참으로 유별나고, 위대하다고. 나라가 위기에 처할 때마다, 우리 국민은 장롱 깊숙한 곳에서, 혹은 가슴 가장 뜨거운 곳에서 자신이 가진 '가장 귀하고, 가장 빛나는 것'을 기꺼이 들고나오기 때문이다.

구한말, 나라를 빼앗길 위기에 처했을 때는 농사짓는 낫을 들고나왔다. 낫으로도 안 될 때는 하나뿐인 목숨을 내놓고 의병이 되어 싸웠다. 독재의 서슬이 퍼렇던 시절, 민주화의 제단 앞에는 가장 푸르른 청춘을 바쳤다. 나라 곳간이 빈 IMF 국난이 닥쳤을 때는 아이 돌반지부터 결혼 패물까지, 집안의 금이란 금은 모두 들고나와 나라를 구했다. 그리고 2016년 겨울의 광장에는 서로의 언 손을 녹여줄 따뜻한 촛불을 들고나왔다.

12·3 내란을 막아선 국민의 손에 들린 것은 응원봉이었다. 태생이 누군가를 비난하거나 싸우기 위해 만든 도구가 아니다. 내가 가장 좋아하는 가수, 내가 사랑하는 스타에게 "당신을 사랑합니다", "당신을 응원합니다"라고 고백할 때 쓰는 세상에서 가장 다정하고 사랑스러운 도구다.

놀랍지 않은가. 우리 국민은 무도한 내란 세력과 싸우기 위해 역설적으로 '사랑의 도구'를 들고나온 것이다. 혐오와 폭력으로 무장한 저들을 향해, 우리는 사랑과 환희의 빛으로 맞섰다. 죽창이나 화염병 대신 사랑하는 사람을 위해 흔들던 그 찬란한 빛을 민주주의라는 연인에게 바쳤다.

광장의 기적은 빛으로만 그치지 않았다. '노래'로도 통합을 만들어 내고 있었다. 저들은 지난 집권 기간 내내 국민을 쪼개고 갈라쳤다. 서로를 혐오하게 만드는 '분열의 언어'가 그들의 통치 수단이었다.

하지만 광장은 그 야비한 계산을 보란 듯이 뒤집어엎었다. 2030 청년들은 태어나기 한참 전의 노래인 〈임을 위한 행진곡〉을 주먹 흔들며 가사 하나 틀리지 않고 비장하게 불렀다. 그 옆에서는 중년과 어르신들이 아이돌 그룹 소녀시대의 데뷔곡이자 2016년 이화여대 시위 현장을 지켰던 〈다시 만난 세계〉를 힘껏 외워 부르고 있었다.

청년은 앞 세대가 피 흘려 지켜온 민주화의 역사를 기억하려 애썼고, 앞 세대는 청년들이 꿈꾸는 새로운 세상의 희망을 배우려 애썼다. 우리는 서로의 노래를 함께 부르며 하나가 되었다. 과거와 미래가, 청년과 노년이 서로를 얼싸안는 통합. 빛처럼 찬란한 광장의 진짜 기적이었다.

위대한 국민께 바치는 헌사

빛과 노래의 광장을 보며, 나는 비로소 2009년 노무현 대통령이 남긴 마지막 화두를 온전히 이해할 수 있었다.

"민주주의 최후의 보루는 깨어있는 시민의 조직된 힘입니다."

하지만 그날 광장에서 나는 감히 그 말씀을 고쳐 쓰고 싶었다. 우리는 '최후의 보루' 그 이상이다. 우리는 '최초의 기원'이자 '영원한 현재'였다. 우리가 깨어있는 한 민주주의는 결코 잠들지 않으며, 우리가 조직되어 있는 동안 역사는 끊임없이 전진한다.

독재자가 군대를 동원해 국민을 겁박할 때, 우리는 노래를 부르며 춤을 췄다. 권력자가 법을 짓밟고 시스템을 파괴할 때, 우리는 빛으로 어둠을 몰아냈다. 세상 그 어떤 권력자가 감히 흉내 낼 수 있겠는가. 총칼 앞에서도 웃으며 싸우는 이토록 우아하고, 이토록 강력하며, 이토록 아름다운 혁명을.

나의 정치는 저 위대한 빛의 명령을 따르는 것에 불과하다. 나와 민주당이 국회 안에서 내란 세력과 한 치 물러섬 없이 맞서 싸울 수 있었던 것은 저 거대한 빛의 파도가 우리 뒤를 받쳐주고 있었기 때문이다. 나는 국민이 만들어준 빛의 길을 따라 걷는, 잠시 권한을 위임받은 심부름꾼일 뿐이다.

이 책은 그 위대한 빛의 혁명을 원내사령탑으로 목격한 정치인이 이 시대의 깨어있는 시민께 바치는 헌사이자 조금은 늦은 보고서이다.

존경하고, 사랑하고, 두려운 나의 주권자, 대한국민(大韓國民)께

차례

프롤로그   주권자에게 올리는 늦은 보고서   04

Part 1   두 글자

01. 선포   27
02. 집결   42
03. 전조   49
04. 헬기   58

Part 2   역류의 시대

05. 촉발   73
06. 폭주   82
07. 선전포고   88
08. 9월의 경고장   95
09. 눈먼 감시자 또는 방조범   100
10. 감지된 진동   108
11. 반란군의 지갑   118
12. 진실의 거울이 된 게이트   128

Part 3   돌아오십시오

13. 군홧발   143
14. 해제   159
15. 병참 전쟁   168
16. 트로이의 목마   173

17. 탄핵의 불씨　178

18. 혼돈의 주말　190

19. 화이트보드와 사우나실　198

20. 스톡홀롬에서 온 편지　206

Part 4　가면 쓴 권력, 맨 얼굴의 신

21. 크리스마스의 배신　215

22. 여의도 체임벌린　220

23. 8개의 의자　227

24. 신의 옷자락　236

Part 5　심판의 시간

25. 무너지는 성벽　241

26. 체크메이트　252

27. 군인정신　260

28. 길 잃은 태극기　267

29. 법조 카르텔의 역습, 사법 탈옥　275

30. 입법 전쟁　282

31. 분노의 행진　288

32. 사건번호 2024헌나8　296

33. 대한국민의 다시 만난 세계　305

에필로그　겨울은 반드시 봄이 된다　312

부록　322

Part 1

두 글자

01

선포

그날 밤, 나는 헬기를 보지 못했다.

모든 민주주의는 한 번쯤 무너지는 밤을 맞는다. 2024년 12월 3일도 그런 밤이었다. 우리 역사에서 처음 맞는 밤은 아니었지만, 적어도 우리 세대가 성인이 된 이후로는 처음이었다. 80년대생 이후로는 생애 처음 맞는 밤이기도 했다. 44년 만에 들이닥친 계엄의 밤.

11월 말 대한민국은 갑작스러운 폭설에 발이 묶였다. 비행기가 줄줄이 연착되고 배가 결항되는 일이 이어졌다. 하지만 12월 3일 계엄이 들이닥치던 날의 서울은 달랐다. 그날 서울 평균 기온은 1.3도, 낮 최고 5.2도로 평년 기온과 별반 다르지 않은 날씨였다.

바람은 몸을 움츠리게 하는 날씨였지만, 매서운 추위라기보다는 겨울 특유의 쓸쓸함이 공기 속에 묻어 있는 정도. 불편할 만큼은 아니었다. 서울은 평소와 다름없이 하루가 저물고 있었다.

그날 저녁 나는 자전거를 타고 여의도 주변을 달렸다. 겨울 공기가 차가웠지만 아직은 탈 만했다. 오히려 머리를 식히기에 적당했다. 11월 29일 예산안 의결이라는 중차대한 고비를 넘기고 한숨 돌리던 시기였다.

국회는 「국회선진화법」 도입 이후 최초로 예결위 법정시한 내에 예산안을 처리하는 기록을 남겼다. 11월 29일에 감액안을 의결하여 12월 1일 정부 원안이 본회의에 자동으로 올라가는 상황을 원천적으로 막아냈다. 전체 삭감 규모는 예년 수준이었으나 내용의 무게는 달랐다. 검찰의 특수활동비(특활비)와 특수업무경비(특경비)를 전액 삭감하고 과도한 예비비를 조정했기 때문이다.

큰 고비를 넘겼다는 안도와 동시에, 불가피하게 원안 그대로 처리된 항목들에 아쉬움과 자신의 지역구 예산을 포기해준 선후배 의원들에 대한 미안함이 교차했다. 무엇보다 국민께 죄송한 마음도 한 편에 무겁게 자리했다.

권수아 비서관의 기억이다.

국회는 또 다른 결전을 앞두고 있었다. 12월 2일 최재해 감사원장과 검사 3인, 총 4인에 대한 탄핵소추안이 발의되어 다음날인 12월 4일 표결이 예정되어 있었다.

탄핵 소추 대상이 된 검사 3인은 서울중앙지검장 이창수, 서울중앙지검 4차장 조상원, 서울중앙지검 반부패수사2부장 최재훈이었다. 이들은 영부인 김건희의 도이치모터스 주가조작 의혹 수사라인의 핵심 책임자들이었다. 강제 수사 한 번 없이 내려진 무혐의 처분에 대해, 우리는 검찰이 수사기관이기를 포기하고 권력의 변호인이 되기를 자처했다고 판단했다. 헌법이 부여한 기소권을 특정인을 보호하는 데 사용한 명백한 직무유기였다.

최재해 감사원장의 경우, 문제는 더욱 심각했다. 대통령실 관저 이전 의혹에 대한 감사가 맹탕으로 끝난 것은 물론 국회의 정당한 자료 제출 요구마저 거부했다. 특히 "감사원은 대통령의 국정운영을 지원하는 기관"이라는 발언은 헌법상 독립기관의 수장이 스스로 그 권위를 무너뜨리는 것이었다. 헌정사상 최초로 발의된 감사원장 탄핵안은 이런 이유로 추진되었다.

혹시 모를 상황에 대비해 모든 의원에게 지역구 일정 대신 여의도 인근에 대기해 있으라고 공지해 두었다. 내 지역구 인천 연수갑도 여의도에서 차로 1시간 반 정도 거리였지만, 만일의 사태에 대비해 의원회관에서 자려고 마음먹었다. 긴장의 끈을 놓을 수 없었지만 국회에서 대기하느라 오히려 약간의 여유가 생긴 밤이었다.

보좌진과 원내대표실 당직자들도 대부분 제시간에 퇴근해 각자의 저녁을 보내고 있었다. 자전거를 타겠다는 이유로 홀로 나온 나는, 조용한 곳을 찾아 생각을 정리했다. 예산안은 의결했지만, 기획재정부와 추가로 조율해야 할 실무적 쟁점들이 있었기 때문이다.

7시부터 2~3시간 정도 쟁점들에 대한 의견을 정리하고 나니 머리를 식히고 차분하게 하루를 매듭짓고 싶었다. 자전거 페달을 밟으니 마음이 차분해졌다. 붉은 브레이크등이 늘어선 대로변을 벗어나, 국회 담장을 따라 한강으로 접어들었다. 길은 한적했다. 잡념이 사라지고 자전거 바퀴가 땅을 스치며 내는 소리, 바람을 가로지르는 소리에 온전히 집중할 수 있었다.

시간은 마른하늘에 날벼락 같은 사건이 벌어진 10시 23분으로 향하고 있었다. 휴대전화에서 진동이 울리기 시작했다. 처음에는 알림일 거라고 생각했다. 그러나 진동이 규칙적으로 계속 울려서 전화기를 꺼냈다. 화면에 찍힌 이름은 김용민 원내정책수석부대표. 늦은 밤 동료의원으로부터 오는 전화는 대체로 일상의 평온을 깨는 소식이다. 그것도 수석부대표의 전화라니. 수화기 건너 몇 개의 단어가 조각난 유리처럼 박혀왔다.

전화를 끊고 살펴보니 직전에도 부재중 전화가 찍혀 있었다. 천준호 당 전략기획위원장이었다. 두 사람의 전화로 명확해졌다. 평범했던 겨울밤은 단숨에 낯설고 차가운 얼굴로 돌변했다. 곧장 의원단 텔레그램 방을 열었다. 천준호 당 전략기획위원장을 시작으로 의원들의 메시지가 올라오고 있었다. 천 위원장은 얼마나 급했는지, 계엄을 '게엄'으로 적어 보냈다.

동료의원들은 동시다발적으로 국회로 모일 것을 서로 독려하고 있었다. 그러나 나는 원내 사령관으로서 동참을 넘어 명확한 지침을 내려야 했다. 누가 어디로, 어떤 통로를 통해 모이고, 무엇을 준비해야 할지. 자발적 결집은 이미 시작됐지만 체계적 대응은 나의 몫이었다.

밤 10시 41분 짧은 문장을 남기고 스마트폰으로 대통령 윤석열의 비상계엄 선포 방송을 재생하며 다시 페달을 밟았다.

을 통해 망국의 나락으로 떨어지고 있는 자유 대한민국을 재건하고 지켜낼 것입니다.

이를 위해 저는 지금까지 패악질을 일삼은 만국의 원흉 반국가 세력을 반드시 척결하겠습니다. 이는 체제 전복을 노리는 반국가 세력의 준동으로부터 국민의 자유와 안전, 그리고 국가 지속 가능성을 보장하며, 미래 세대에게 제대로 된 나라를 물려주기 위한 불가피한 조치입니다. (중략)

저는 오로지 국민 여러분만 믿고 신명을 바쳐 자유 대한민국을 지켜낼 것입니다. 저를 믿어주십시오.

한 문장 한 문장, 단전에서부터 욕이 끓어올랐다. 동시에 주머니 속에서 울리는 진동은 묵직한 압박으로, 끊임없는 독촉으로 전해졌다. 사실 단체방 알림은 그전부터 울리고 있었다. 국정운영 관련 다양한 주제의 메시지들이 올라오곤 했기 때문에 보기를 잠깐 미뤄뒀던 것이었다. 그러나 이제는 달라졌다. 알림이 아니라 비상경보였다.

사안의 심각성에 비해 이상하리만치 마음은 침착했다. 아니, 침착했다고 생각한다. 무섭지도 놀랍지도 않았으니 말이다. 그러나 미리 고백하자면 그날 밤에 벌어진 일들과 내가 뱉은 말, 만난 사람들에 대한 기억 일부가 없어졌다. 침착하지 않았거나, 너무 많은 정보가 짧은 시간에 쏟아진 탓이 아닐까 생각한다.

엄마들이 느끼는 산고의 순간이 이럴까? 가장 큰 기쁨과 산통이 몰려오는 그 순간, 기억에 깊이 박힐 것 같은 고통이 오히려 희미하게 느껴진다고 한다. 극심한 고통과 긴장이 계속되기 때문에, 뇌가 감각을 차단하고 기억을 덮어버린다는 것이다. 계엄의 밤도 나에게는 그와 비슷했다.

그중 하나가 이재명 대표와의 통화다. 계엄 소식을 듣자마자 즉각 통화를 했고, 어떤 대화를 나눴는지는 기억하지만 누가 걸고, 누가 받았는지는 우리 둘 다 기억하지 못한다. 통화목록을 확인해 보니 발신자는 분명히 나였다.

텔레그램에 긴급 공지를 남긴 후, 의원실 보좌진 출신으로 당시 원내대표실 부실장을 맡고 있던 전기은 부실장에게 전화를 걸어 현재 상황을 파악해 보라 지시했다. 연이어 이재명 당대표와 통화했다.

전쟁은 속임수다(兵者 詭道也)

손자병법의 첫 문장은 공격은 예상하지 못한 시점에, 방비가 없는 지점을 찌르는 법(出其不意 攻其不備)이라 말한다. 만약 계엄군이 사전에 철저히 준비했다면 어느 지점을 찌를 것인가? 계엄을 해제할 유일한 권한은 국회에 있기에 국회와 야당의 주요 인물에 대한 긴급 조치에 나서지 않겠는가? 그러자면 우원식 국회의장, 이재명 민주당 대표, 그리고 원내대표인 내가 첫 번째 표적이 될 것이었다.

이 표적들을 어떻게 처리하려고 할까? 나는 비록 홀로였지만 대한민국 정치의 심장부인 여의도에 있었다. 보는 눈이 지천이니 아무리 무도한 권력이라 해도 길거리에서 야당 원내대표를 쥐도 새도 모르게 납치하듯 끌고 가기는 어려울 터였다.

우원식 국회의장의 안위도 걱정되었으나, 국회의장에게는 국가 차원의 24시간 밀착 경호가 붙어 있다. 당장 물리적인 위협이 닥치더라도 최소한의 방어막은 있는 셈이었다. 물론 그들이 작정한다면 길거리 납치든, 의원회관 급습이든 가리지 않을 것이다.

문제는 이재명 당대표였다. 평소 같으면 집에 있을 시간인데, 단독주택이 아닌 이상 대부분의 주거지에는 뒷문이나 비상 탈출로가 없지 않은가? 출입문 하나로만 드나들 수 있는 장소는 나오는 순간이 곧 포획의 위험이 가장 클 것이었다.

대표님, 안전하십니까?
- 네, 괜찮습니다.
어디 계십니까? 빨리 건물 밖으로 나오셔야 합니다. 건물안이 가장 위험합니다.

- 이미 나와서 이동 중입니다.

다행입니다. 지금 국회에서 집결할 예정입니다.

- 잘 해주십시오. 저는 저대로 국회로 가겠습니다.

나중에 들으니 이재명 대표도 같은 걱정을 했다고 한다. 문을 여는 순간을 가장 경계했고, 미안하지만 부인 김혜경 여사를 먼저 내보내 주변 상황을 확인한 뒤 본인이 뒤따라 나오는 방식을 택했다고 한다.

어쨌든 이재명 대표도 안전하다는 것을 확인했다. 나는 다시 단체방에 공지를 남겼다.

💬 본청으로 모여주세요

밤 10시 41분. 그때 이미 수방사 제35특임대 선발대가 한남대교를 넘어 국회로 향하고 있었다. 나중에 알게 된 사실이지만 내가 체포를 예상한 우원식 국회의장, 이재명 당대표, 그리고 나까지 셋 다 처음부터 담을 넘어 국회로 들어왔다. 우리는 모두 기꺼이 체포당할 각오로 그 밤을 헤쳐 나가고 있었다.

12월 3일 밤 10시 50분경 국회 근처에 도착했다. 어떤 루트로 국회에 진입할지 생각했다. 처음부터 문으로 걸어 들어갈 생각은 없었다. 체포되든, 죽게 되든, 계엄을 해제하기 전에는 안 된다. 일단 국회에 들어가야 한다는 생각이었기에 담을 넘을 생각뿐이었다.

정문은 가장 먼저 통제될 가능성이 컸다. 고민하다가 정문과 가까운 2문에서 3문 방향으로 가는 길 사이의 어둑한 담을 골랐다. 국회의 주 출입문에 해당하는 2문은 의사당대로와 맞닿아 있어서 24시간 사람들의 통행이 있는 곳이다. 이에 반해 3문은 2문에서 여의2교 방향의 담장을 따라 여의서로로 꺾어진 다음에 나타나는 문으로, 2문과의 거리가 별로 멀지 않아서 의원회관에 근무하는 직원이나 소통관 출입이 많은 기자단이 아니라면 출입이 많지 않았다.

2문과 3문 사이를 고른 결정적인 이유는 국회 경비대가 상주하는 곳 바로 옆이었기 때문이다. 오히려 시선이 덜 미칠 수 있겠다고 생각했다. 등잔 밑이 어둡다 하지 않나.

어두워서 그런지, 왜 그렇게 담은 높아 보였는지…. 국회 담장은 돌기둥 사이를 잇는 흰색 철책으로 되어있고, 철책은 모양을 내기 위해 위아래가 말발굽처럼 둥글게 휘어 있는 반원 모양으로 장식되어 있다. 나는 먼저 아래 철책의 위 반원에 한 발을 걸고, 이어 몸을 들어 윗 철책의 반원에 다른 발을 올렸다가 담을 넘으려 했다.

두 발이 차례로 위 철책 반원을 딛는 순간까지는 괜찮았다. 그런데 그 순간, 담장 옆 경비대 건물의 문이 갑자기 열렸다. 형광등 불빛이 먼저 쏟아져 나오고 이내 사람들도 나왔다.

지금 이 상태로 들키면 안 된다는 생각으로 급하게 몸을 던졌다. 철책의 반원은 발을 올릴 수 있어서, 그대로 상체의 힘만 밀어주면 넘어갈 수 있을 것으로 생각했다. 발끝이 반원의 둥근 철재 위를 '딛는다'고 착각한 것도 그 때문이었다.

하지만 철책 위쪽은 생각보다 더 많이 둥글게 말려 있었다. 둥근 철재가 내 발을 잡아끌 듯 붙잡았다. 상체는 이미 담장 너머로 기울어 있었고, 그 상태에서 발목이 걸리니 순간 몸 전체가 축처럼 꺾였다. 그대로 머리부터 떨어졌다.

안경이 공중으로 튀어 올랐고 왼쪽 광대뼈 부근에 바닥의 충격이 그대로 꽂혔다. 숨이 턱 막혔다. 통증은 얼굴에서 왔지만, 반사적으로 목부터 만졌다. 만약 국회 담장 주변에 조경용으로 놓인 바위 위로 떨어졌다면 목이 부러질 수 있는 상황이었다. 목이 움직이는지부터 살폈다.

천운이라고 해야 하나. 다행히 지난가을 낙엽을 모아둔 곳으로 떨어져서 머리나 목을 다치지는 않았다. 문제는 다리였다. 철제 창살 사이에 껴 있던 두 발이 걸려 꺾였다. 하마터면 '악' 소리를 지를 뻔할 정도로 강한 통증이 밀려왔다. 발이 철제 창살에 꼈다 떨어지는 바람에 발등과 발가락 사이가 너무 아팠다. 바로 일어설 수 없을 정도였다.

몸을 다친 짐승은 주변 안전부터 살핀다. 넘어지는 순간의 충격도, 얼굴을 타고 흐르는 통증도 뒷전이었다. 본능이 먼저 작동했다. 나는 최대한 나무 그늘에 몸을 낮춘 채 주변을 훑었다.

다행히 경비대 건물에서 나온 사람들은 나를 보지 못했다. 문제는 담에 걸려 넘어진 것도, 내가 바닥에 처박힌 것도 아무도 못 봤다는 것이다. 누군가 발견해 도와줄 가능성도, 반대로 들켜 상황이 악화할 가능성도 모두 희박했다.

둘러보니 발이 걸릴 때 신발 한 짝은 담장 바깥으로 튀어 날아간 상태였다. 통증 때문에 남은 한쪽 신발마저 벗고 갈까 고민하며 철책 아래에서 호흡을 가다듬고 있는데 마침 담장 건너편으로 누군가가 지나갔다. 초로의 남성이었다. 산책 나온 지역 주민인지, 국회 직원인지는 알 수 없었다.

"저기요. 저 신발 좀 주워서 던져주세요."

생각해 보니 신기한 일이다. 이상하게 생각할 법도 하고, 거절할 수도 있었건만 행인은 아무 말 없이 신발만 던져주고 무심하게 다시 가던 길로 걸어갔다. 그 밤의 혼란과 무심한 일상의 온도 차. 그 이질적인 감각은 어둠 속에서 기묘하게도 선명했다.

밤 11시 정각 다시 단체방을 열었다.

원내대표로서의 두 번째 지침이었다. 국회 진입로가 통제되기 전 동료의원들이 들어올 수 있는 통로를 안내해야 했다. 나도 마음이 급했던가 보다. 천준호 당 전략기획실장처럼 오타가 섞여 있었다.

국회경비대가 더 지나가지는 않는지 살피다가 국회 담장 안쪽 메타세쿼이아 나무 안쪽에 있는 따릉이 보관소로 갔다. 퇴근길에 많이들 사용해서 그 시간이면 따릉이가 없을 법도 한데 마침 딱 한 대가 남아 있었다.

다급해 보이면 의심받을까 봐 아무렇지 않게 자전거를 타고 국회 담을 따라 돌기 시작했다. 거의 10년 가까이 다닌 직장이자 시시때때로 먹고 자던 곳에서 들킬까 조심해야 한다는 생각을 하다니… 이걸 뭐라고 해야 하나, 묘한 기분이었다.

그런데 감상에 빠져 있을 때가 아니었다. 2문을 시작으로 시계 반대 방향으로 도서관과 박물관, 본청과 의원회관을 거쳐 다시 2문까지 돌았다. 다행히 다리의 통증은 덜 느껴졌다.

02

집결

확인된 사실은 두 가지였다. 모든 문이 통제되고 있지 않았지만, 이미 경찰 배치는 완료되어 있었다. 언제 통제가 되더라도 순식간에 전면 통제할 수 있는 준비 상태였다. 다행히 국회 경내로 군인이나 경찰이 들어와 있는 상황도 아니었다.

국회 담을 따라 두 바퀴 도는 데 20분 정도 걸렸다. 국회 본청 출입은 막혀 있지 않았다. 2층 원내대표실부터 들렀다. 아무도 없던 것으로 기억한다. 그러나 의원실 보좌진 출신인 원내대표실 전기은 부실장과 유광종 부실장의 기억은 다르다.

내가 전기은 부실장과 통화할 때 두 부실장은 국회 앞에서 인천 지역 보좌진들, 언론인들과 저녁 식사를 막 마치고 여의도를 벗어나려던 참이었다고 한다. 유광종 부실장 차량으로 집으로 향하던 중 비상계엄 소식을 듣고 잠시 진짜인지 가짜인지 여부를 파악했다고 한다. 공중파 뉴스로 송출되고 있는 진짜 뉴스라는 것을 확인하고 국회로 가야 한다고 판단, 유턴 신호를 기다리던 때에 나와 통화가 되었다고 한다.

원내대표님 위치부터 확인해야 했습니다. 다행히 국회 인근에 계신다는 소리를 듣고 곧바로 국회로 향했습니다. 저희도 국회 정문이 위험할 수 있다고 생각하고 3문으로 향했습니다. 일대를 확인하려고 정문 앞을 거쳐 3문 방향으로 유광종 부실장 차로 이동하고 있었죠. 사람들은 드나들 수 있었는지 확실하지 않은데, 정문의 차량 출입은 막혀 있었습니다.

3문으로 간 저희 앞에 택시 3대가 있었는데 문 앞에 서더니 줄줄이 국회 보좌진들이 내려서 뛰어가더라고요. 그걸 기다렸다가 들어가려는데 3문이 닫히고 있었습니다. 지금 못 들어가면 안 된다는 생각으로 오히려 차 속도를 높였습니다. 차가 지면에서 뜨는 것 같다고 느껴질 정도였어요. 닫히고 있던 문은 그대로 계속 움직이고 있었죠. 조금만 늦었으면 뽑은 지 얼마 안 된 유 부실장 새 차가 반파될 수도 있었습니다. 물론 저희도 어떻게 됐을지 모르죠.

우선 의원회관으로 향했습니다. 원내대표 당선 직후부터 원내대표님은 인천 자택보다 의원회관에서 주무시는 날이 많았거든요. 저는 보좌진들에게도 국회로 와달라는 긴급 공지를 보내기 위해 차에서부터 더불어민주당보좌진협의회(민보협) 회장과 통화하던 중이었습니다. '이런 상황이니 보좌진들한테 문자 공지를 해달라, 다 들어오게 해달라'고요.

유광종 부실장의 기억은 더 구체적이다.

차를 세운 뒤, 우리 두 사람은 갈라졌어요. 전기은 부실장은 정문으로, 저는 원내대표님을 지키러 가야겠다고 생각해 의원회관 804호로 달려간 거죠. 그런데 804호 안에는 아무도 없었습니다. 원내대표님의 소재를 정확히 확인하지 못한 채, 다시 판단해야 했습니다. 본청으로 가서 원내대표실과 원내행정실이 어떻게 움직이고 있는지, 누가 어디에 배치돼야 하는지를 먼저 확인해야 한다고 생각했습니다.

이후 본관 원내대표실로 이동해서 원내행정실장과 함께 누가 본청으로 들어오고 있는지, 어느 의원이 도착했고 누

가 아직 밖에 남아 있는지를 계속 확인했습니다. 본청 복도
와 원내대표실 주변을 오가며 의원들의 도착 상황과 동선
을 점검하는 일이 제 역할이 되었습니다.

그렇게 한참을 분주히 움직이고 있는데 원내대표님이 모
자와 패딩점퍼 차림으로 원내대표실에 들어섰습니다. 얼
굴은 까져 있었고, 다리를 절뚝이는 상태였습니다.

유광종 부실장이 기억하는 그 순간 나의 말은 딱 세 글자
였다고 한다. "약 있냐?"

유 부실장은 서랍을 뒤져 진통제와 다친 얼굴에 바를 연
고를 챙겼다. 나중에 돌이켜보면 발 부상이 더 심각했지만, 나
는 계속해서 "얼굴이 까졌다"고 걱정하며 연고를 찾고 있었
다고 한다. 필요한 응급조치를 해준 뒤 유광종 부실장은 다시
본청 복도와 원내대표실을 오가며 상황 파악과 인원 점검을
이어갔다. 그사이 나는 다시 국회 본청 결전의 장소, 그날 밤
우리가 지켜야 할 장소들로 향했다.

첫 번째로는 김민기 국회 사무총장실로 찾아갔다. 김민기
사무총장의 기억으로는 밤 11시 23분이었다고 한다. 이후 국
회가 어떻게 대응해야 할지 논의하기 위해서였다. 우원식 국
회의장, 이학영 국회부의장, 이재명 당대표의 동선 파악과 안
전, 향후 이동통로 확보도 중요했다. 김민기 국회 사무총장은

동갑내기 친구이기도 하지만, 그날은 국회를 사수하는 동지로 만나서인지 더 반갑게 느껴졌다.

우리는 국회 경비대 상황을 확인하고 본청 내부의 동선을 어떻게 통제할지 논의했다. 국회의장과 부의장, 당대표의 안전을 누가 확인할지, 또 어떻게 안전을 확보하며 본회의장에 도착하게 할지 등.

계엄 가능성을 처음 제기한 날부터 우리 두 사람은 종종 진짜 계엄이 벌어지면 어떻게 할 것인지 이야기를 나눠왔다. 국회의장단이 할 일, 국회 사무를 총괄하는 사무총장이 할 일, 민주당이 할 일, 원내대표인 내가 해야 할 일 등. 그러나 추후 알려진 것처럼 매뉴얼을 만들어두진 않았다. 정확히 말하면 문서로 매뉴얼을 만들어 두진 않았다.

우리가 적어도 다섯 차례 이야기는 나눴을걸? 계엄을 주제로 이야기하자고 시간 약속을 잡거나 하지는 않았어. 지나가다 복도에서 이야기하기도 하고, 회의 끝나고 남아서 이야기하거나, 둘이 밥 먹다가 이야기하기도 했지. 그런데 매뉴얼을 남겨놓지는 말자고 했었어.

김민기 사무총장의 말처럼 계엄 대비 매뉴얼을 문서로 남기는 것 자체가 약점이 될 수 있었다. 만약 계엄을 꾀하는 세력이 역으로 매뉴얼을 손에 넣는다면, 우리의 대응은 미리 읽힌 각본이 되고 만다. 오히려 그들이 국회를 무력화할 비책을 만들 수도 있었다. 그래서 우리는 문서가 아닌 대화로만 준비했다.

만약 진짜 계엄이 오면, 의원들은 바로 국회 본회의장으로 모이게 해야 해. 계엄 해제부터 해야잖아. 계엄 해제 전에 이미 국회가 계엄군에 점령된다면 국회의장과 함께 다른 장소에 가서 본회의를 열 것도 염두에 두어야 해.
국회의장과 부의장은 만약을 대비해서 따로따로 움직여야 하고. 사무총장은 국회 경위를 움직이고 본회의장을 지켜야 한다. 단전, 단수, CCTV도 수시로 확인하고. 무방비 상태로 허둥지둥하지 않도록 원내를 안심시키며 지휘해야 해.

기억을 더듬어 나눴던 내용을 적었다. 녹음하거나 따로 기록하지 않았으니 실제 대화와는 다를 수 있다. 그러나 주요 내용은 머릿속에 깊숙이 각인되어 있었다. 문서로 작성된 매뉴얼이 없었을 뿐, 우리가 각자의 위치에서 무엇을 해야 할지는 이미 정해져 있었다.

그날 밤 사무총장실에서 우리는 오랜 대화의 축적을 꺼내 썼다. 따로 회의할 필요도, 긴 문장을 주고받을 필요도 없었다. 5분 정도, 몇 가지 빠르게 확인하고 짧은 다짐으로 마무리했다.

무조건 버티자.

- 그래. 잘 버티자.

오늘 밤 반드시 해제해야 한다.

- 오늘을 넘기면 안 되지.

그 무렵 의원들이 본청으로 모여들기 시작했다. 누구는 담장을 넘어오고, 누구는 닫히고 있는 문 사이로 뛰어 들어오고, 누구는 혼잡함을 틈타 잠깐 열린 문을 비집고 들어오기도 했다. 한 명 한 명이 목숨을 걸고 내린 결단이었다. 총구가 겨눠질지 모르는 사지로 스스로 걸어 들어온 것이었다. 그렇게 국회는 점차 거대한 저항의 요새이자 결집의 공간으로 변해갔다.

03

전조

계엄이 선포되던 밤과 달리, 12월 3일 낮 여의도는 국회 주변은 평소와 같았다. 정치 일정도 늘 그렇듯 바쁘기는 했지만 예상 가능한 수준이었다.

그러나 나중에 드러난 사실들을 종합해 보면 비상계엄은 하루아침에 결정된 우발적 도발이 아니었다. 국민의 눈을 피해서 내란 세력은 오래전부터 칼을 갈며 준비해 왔다. 병력을 계산하고, 이동 경로를 짜고, 헌법 기관을 무력화할 시나리오를 완성해 두고 있었다.

11월 9일 방첩사령관 여인형은 체포대상자 명단을 작성했다. 이재명, 우원식, 박찬대, 조국, 한동훈 등의 이름을 담아

'검거 작전표'를 완성했다. 적국의 간첩을 잡는 부대가 입법부 수장들을 사냥할 준비를 하고 있었다. 국방부와 합참 일부 인사가 이를 공유했다.

11월 17일, 국군정보사령부(정보사), 대북 첩보 부대의 총구는 엉뚱하게도 중앙선거관리위원회를 겨누고 있었다. 선관위 직원 30명을 타깃으로 특정하고, 이들을 제압할 정보사 요원들을 '체포임무자'로 지정해 편성까지 마쳤다. 후에 체포임무자들에게는 밧줄과 케이블타이, 절단용 재단기까지 지급됐다. 모든 지시는 구두로 이루어졌고 문서 기록은 남기지 않았다.

12월 1일 특수전사령부 제707특수임무단에 비상대기 명령이 떨어졌다. 이틀 뒤, 수도권 군 병원은 '전시 환자 분류 훈련'을 실시했다. 표면상 훈련이었지만 사실상 계엄 대비였다.

12월 3일 계엄을 위한 모든 톱니가 맞물렸다. 육군 제1공수특전여단, 제707특임단, 수도방위사령부 제35특임대, 군사경찰단 특임대, 제9사단 예비대대가 전원 대기했다. 9사단 전차부대는 이미 시동을 걸었고, 특전사 항공작전단의 블랙호크 12대와 군용차량 107대가 지정 위치에서 대기 중이었다. 실탄 1만 발이 지급되었으며, 전술통신망이 국방부 직통으로 전환됐다.

그날 낮 국방부장관 김용현은 국방부 산하 TF인 국방혁
신기획단 관계자들과의 점심 자리에서 이렇게 말했다.

탱크로 국회를 밀어버리겠다.

국방부장관 김용현은 오후부터 합참과 국방부 상황실을
오가며 작전 보고를 받았다. 대통령 윤석열은 삼청동 안가에
서 경찰청장과 서울청장을 불러 임무 수행을 다짐받았다. 모
든 준비가 완벽히 끝났다고 판단한 대통령 윤석열은 계엄을
선포했다.

44년 만의 불법 계엄 선포. 그 충격적인 소식에 놀라지 않
았다면 거짓말일 것이다. 정작 중요한 것은 우리의 즉각적 대
응이었다. 우리는 혼비백산하여 흩어지거나, 계엄 세력의 압
도적인 무력 앞에 일방적으로 밀리지 않았다.

12월 3일 이전 이재명 대표, 김민석 최고위원, 국회 국방
위원과 정보위원들의 계엄 경고는 예상했던 수순을 공식 채
널을 통해 확인하는 차원에 가까웠다. 그랬기에 우리는 우왕
좌왕하는 대신, 즉각적으로 집결할 수 있었다.

12월 3일의 계엄 선포를 이해하기 위해서는 그해 봄에 있
었던 단 한 번의 영수회담을 빼놓을 수 없다. 22대 총선 직후
인 2024년 4월 29일 월요일 오후 2시 용산 대통령실에서 영

수회담이 열렸다. 대통령 윤석열과 국회 제1야당 더불어민주당 이재명 대표가 처음으로 마주 앉은 자리였다.

당시 회담에는 박성준 당 수석대변인, 진성준 당 정책위의장, 천준호 당대표 비서실장이 배석했고, 대통령실에서는 비서실장 정진석, 정무수석 홍철호, 홍보수석 이도운이 자리했다. 민주당과 야당이 총선에서 대승한 직후였다. 대통령 윤석열이 마지못해 받아들인 첫 영수회담이었지만, 언론의 관심은 컸고 당 내부도 분주했다.

그러나 회담 전후의 분위기를 돌이켜 보면 그것이 '협의'와는 거리가 먼 자리였다는 점이 분명했다. 형식상 영수회담이었지만, 사전 실무 과정에서는 의제 선정 과정조차 매끄럽게 진행되지 않았다. 대내외에서 회담 자체가 의미를 갖기 어렵다는 말들이 오갔다. 회담 준비 과정에서 우리에게 보고된 분석 역시 신중했지만 결론은 같았다. 대통령이 국정 기조를 선회할 가능성은 거의 없으며, 야당에 대한 압박 기조가 완화될 이유도 없다는 것이다.

언론도 같은 기류를 읽고 있었다. 《경향신문》은 회담 당일, '의제가 없다', '주도권을 뺏긴 대통령'이라는 표현을 쓰며 회담 준비 과정에서 의제 조율 자체가 제대로 이뤄지지 않았다고 보도했다. 민주당이 제시한 김건희 특검, 민생 의제 등에 관해 사전 협조가 없었고, 대통령실은 끝까지 '열린 회담'

이라는 모호한 태도만 유지하고 있었다. 《조선일보》는 '정례화만 합의해도 성과'라며 사실상 회담의 실질 성과를 기대하기 어렵다고 평가했고, 《한국일보》는 '정책 우선순위 판단만 재확인될 것'이라고 전했다.

예상은 벗어나지 않았다. 회담에 배석했던 당시 박성준 당 수석대변인의 기억이다.

전체 회담 시간이 2시간가량이었지만, 양측이 쟁점을 두고 의견을 주고받는 대화는 거의 없었습니다. 대부분의 시간은 대통령 윤석열이 자신의 판단과 입장을 길게 설명하는 방식으로 채워졌습니다.
이재명 대표는 필요한 지점에서 의견을 전달하려 했지만, 흐름은 좀처럼 바뀌지 않았어요. 회담 장소 자체가 소통의 장이라기보다, 이미 결론이 난 이야기를 일방적으로 확인하는 자리처럼 느껴졌죠.

실제로 회담은 120분 동안 이어졌지만, 그중 110분을 대통령 윤석열이 혼자 말했다. 영수회담은커녕, 개인 간의 대화라고도 볼 수 없었다. 대통령 윤석열의 말은 길었지만 논리는 없었다. 생각나는 대로 주절거렸고, 이야기는 계속 엉뚱한 방향으로 흘렀다. 정책도, 현실도, 대화의 맥락도 없었다. 대통령 윤석열은 누군가의 의견을 듣기보다, 자기 목소리로 회담 전체를 채우는 데 목적이 있는 듯했다. 대화와 설득, 토론과 타협이 아니라 권력을 일방적으로 행사하겠다는 태도의 확인에 가까웠다.

박성준 당 수석대변인의 기억은 당시 기사들과 정확히 겹친다.《동아일보》는 회담의 주요 장면을 '대통령 독주'라고 표현했고,《중앙일보》는 '의제·시간 제안 없는 사막형 회담'이라며 대화의 실체가 없었다고 보도했다.《경향신문》은 아예 '일방적 강경 요구, 대화 도움 안 돼'라는 제목을 달았다.

그날 이후, 오래도록 그 장면이 머릿속을 맴돌았다. '그저 불통이라고만 보기에 대통령 윤석열의 태도는 지나치지 않은가? 이 정권은 권력을 내려놓을 생각이 없는 것 아닌가?'

예감은 몇 주 뒤 현실의 고민으로 옮겨갔다. 대통령 윤석열은 대놓고 야당을 적대시했기 때문이다. 회담 이후 여당과 대통령실 메시지는 전보다 더 신경질적으로 변했다. 대통령 윤석열은 국민의 뜻이 국회를 통해 전달될 때마다 반송을 택했다. 주요 법안에 대해 거부권 행사를 남발했던 것이다.

대통령 윤석열의 첫 번째 거부권 행사는 2023년 4월 4일 「양곡관리법」 개정안이었다. 농민들의 피눈물은 포퓰리즘으로 치부됐다. 그 뒤를 이어 간호 인력의 처우를 바로잡기 위한 「간호법」, 노동자의 권리를 지키기 위한 「노란봉투법」, 언론 자유를 회복하려는 「방송법」 개정안이 줄줄이 거부권에 막혔다.

2024년으로 넘어오며 거부권 행사가 폭주했다. 「화천대유 특검법」, 「김건희 특검법」, 「이태원 참사 특별법」, 「채상병 특검법」, 「전세사기 구제법」, 「민주유공자 예우법」 등 하나같이 국민의 눈물과 정의를 담은 법안들이 거부되었다. 사회적 합의와 국회의 숙의를 거쳐 통과된 법안들이 대통령의 책상 위에서 손쉽게 찢겨 나갔다.

11월 26일 「김건희 특검법」에 대한 '3차 거부'로 거부권을 행사한 숫자는 스물다섯이 되었다. 대한민국 헌정사상 어떤 대통령도 한 임기 안에 이만큼의 거부권을 행사한 적은 없었다.

선언적으로 대통령 윤석열은 법을 부정하지 않았다. 다만, 자신이 동의하지 않는 법을 부정했다. 그게 더 위험했다. 법치를 내세우면서도, 법을 피했다. 툭하면 보도되는 '대통령의 격노'. 대통령 윤석열은 기분대로 나라를 움직이고 싶어 했다.

당연히 야당은 물론 정치권과의 대화도 끊겼다. 말이 있다고 해도, 대화가 아니라 명령이었다. 법에 막히면 입법을 거부했고, 정치에 막히면 정당을 무시했다. 그럴수록 정권은 점점 더 고립됐다. 그리고 잘 알다시피, 고립된 권력은 언제나 위험하다.

당시 우리가 불길함을 느꼈던 것도 바로 그 지점이다. 정치가 멈춘 자리에는 권력자의 욕망이 침투한다. 이 나라는 이미 그런 장면을 여러 번 겪어왔다. 탱크 굉음으로 새벽의 적막을 깨며 헌정을 유린한 5·16 군사정변은 삼선개헌과 10월 유신이라는 박정희의 영구 집권 광기로 기형화되었다.

선배 독재자들의 야만을 그대로 답습한 전두환·노태우 신군부는 12·12의 총구로 또다시 권력을 찬탈했고, 급기야 5·18 광주의 숭고한 외침마저 군홧발로 짓밟는 참극을 자행했다. 그들도 숱하게 입에 올린 단어는 자유, 민주주의, 법치, 호헌이었다. 대통령 윤석열은 그들의 모습을 빼닮았다. 법과 질서를 말하지만, 통제와 복종을 원했다.

4월 29일 영수회담이 남긴 불편함의 이유를 깨닫는 순간, 계엄에 대한 의심이 피어올랐다. 정치가 자리를 잃었을 때 권력에게 남은 건 '영구집권'의 욕망뿐이기 때문이다.

5월 3일 원내대표로 선출된 이후 어느 날, 이재명 대표와 단둘이 있던 시간에 조심스레 화두를 꺼냈다.

윤석열은 내려올 생각이 없습니다. 극단적인 방법까지 생각할 가능성이 높습니다.

　이재명 대표는 잠시 침묵하다 고개를 끄덕였다. 그 표정엔 놀라움보다 확신이 있었다. 우리가 처음으로 '계엄'을 입에 올린 순간이었다. 계엄은 더 이상 역사교과서 속의 단어, 국가의 위기관리 매뉴얼에 적힌 비상조치가 아니라 현실 정치의 시나리오로 다가왔다.

　그때부터 우리는 계엄을 가정하고 논의했다. '그럴 리 없다'는 낙관 대신, '그날이 오늘이라면'이라는 현실적인 질문을 전제로 삼았다.

04

헬기

12월 3일 낮 대통령 윤석열의 공개일정은 빽빽해 보였다. 사디르 자파로프 키르기스스탄 대통령의 방한(訪韓). 그것도 최고의 예우를 갖춘 '국빈 방문' 일정이었다.

두 정상은 마주 앉아 양국 간의 '포괄적 동반자 관계' 수립을 선언했다. 국가 간의 백년대계를 논하고 미래를 약속하는 그 엄중한 외교적 수사(修辭)들 사이에서, 불과 반나절 뒤 헌정질서를 멈춰 세울 '비상계엄'의 징후는 전혀 감지되지 않았다.

통상 국빈 방문 중에는 외교적 결례를 피하기 위해서라도 국내 정치의 갈등을 수면 아래로 감추는 것이 관례다. 계엄이 있더라도 12월 3일, 바로 그날일 것이라고 예상하지 못한 이유가 여기에 있었다.

외교란 무엇인가. 국가의 생존과 이익을 위해 1분 1초를 다투며 국력을 쏟아부어야 하는 '총성 없는 전쟁터'가 아닌가. 그런데 대통령 윤석열은 외교의 현장마저 고작 자신의 불법적인 계엄 준비를 감추기 위한 '연막'으로 소비했다. 국익을 위해 치열하게 계산기를 두들겨야 할 시간을 국민을 제압할 군대 이동 시간을 버는 데 써버린 것이다.

이것은 명백한 직무유기이자, 국가에 대한 배신이었다. 권력 유지를 위해서라면 국민의 이익, 국가의 안위 따위는 언제든 편취할 수 있다는 그들의 위험한 본색이 바로 그 외교 일정 속에 숨어 있었다.

국방부도 겉으로는 평범한 하루를 보내는 것처럼 보였다. 군 통수권의 핵심 라인이 움직이고 있었음에도 국방부 복도를 지나던 실무진들조차 그날 밤 군화 발소리가 국회를 향하리라고는 상상조차 할 수 없을 만큼, 모든 것은 완벽하게 연출된 평온 속에 있었다.

그러나 비상계엄 선포 몇 시간 전부터 대통령과 군, 경찰 사이에서는 국회를 장악하기 위한 준비가 차근차근 진행되고 있었다.

오전 8시 특전사령관 곽종근은 간부들을 불러 모아 대비

태세를 갖출 것을 명령했다. 오전 10시, 전 정보사령관 노상
원은 정보사령관 문상호에게 1팀 정도를 보안 유지하며 준비
하라고 지시했다. 정보사령관 문상호는 소령급 인원 8명을
선발해 무장을 지시했다.

오전 11시 반경 특전사령관 곽종근은 특수작전항공단장
에게 "헬기 출동 훈련이 있으니 대비하라, 불시 훈련이니 보
안을 유지하라"고 지시했다. 바로 대통령 윤석열이 키르기스
스탄 대통령과 정상회담을 진행하고 있던 시간이었다.

계엄군은 부지런히 움직였다. 특전사령관 곽종근은 707
특임단에 작전 준비를 지시했고, 국방부장관 김용현은 국방
부 전작권전환TF팀장 방정환에게 2기갑여단장과 함께 대기
하라고 명령했다.

점심 무렵부터 대통령 윤석열은 직접 또는 부속실을 통
해 국무총리 한덕수 등 국무위원과 국가정보원장 조태용에게
"대통령실로 빨리 들어오라"고 지시했다.

오후 4시부터 육군참모총장 대기 명령, 과천 중앙선관위
청사에 정보사 투입 지시, 3공수여단 비상소집 지시, 방첩사
출동 준비 등이 진행되었다.

이윽고 오후 7시 20분 대통령 윤석열은 경찰청장 조지호
와 서울경찰청장 김봉식을 삼청동 대통령 안전가옥(안가)으로
급히 불러들였다.

국방부장관 김용현은 A4 한 장짜리 계엄 계획을 직접 두 사람에게 전달했다. 계엄군이 출동할 시간과 장소, 그리고 작전 개시 시각이 구체적으로 적힌 문서였다. 여기에는 '2200 국회', '2230 민주당', '비상계엄', '여론조사 꽃' 등이 적시되어 있었다.

안가에서 나온 두 경찰청장은 이동 중 관용차 안에서 바로 국회 통제 방안을 협의했다. 서울경찰청은 즉시 야간 운용 가능한 기동대 현황을 점검하고 국회 투입 준비를 시작했다.

모든 준비가 되었다고 생각한 대통령 윤석열은 카메라 앞에 섰다.

밤 10시 22분. 담화의 첫 문장은 전례 없이 직설적이었다.

계엄 선포는 헌법상 국무회의 심의와 국회 통고가 필수지만 그 절차는 무시됐다. 밤 9시 17분에 열린 국무회의는 5분 만에 끝났다. 국무회의 개최 직전 도착한 농림수산식품부장관 송미령은 "상황을 몰라서 무슨 회의를 하는지 여쭀다. 딱 두 글자 들었다. '계엄'"이라고 말할 정도였다. 국회 통고 절차 역시 이행되지 않았다.

대통령 윤석열의 담화 시작과 동시에, 국방부장관 김용현은 방첩사령관, 수방사령관, 특전사령관에게 담화를 시청하라고 지시했고, 이들은 즉시 대기했던 병력을 출동시켰다.

밤 10시 30분 그러니까 내가 막 김용민 정책수석부대표의 전화를 받고 있던 무렵, 서울경찰청장 김봉식은 경비부장에게 전화를 걸어 국회 출입을 전면 통제하라고 지시한다. 이어 경비안전계장이 무전망을 통해 명령한다.

6개 기동대를 국회 각 출입문에 배치하라.

경찰버스와 기동대가 빠르게 여의도 국회로 몰려들었다. 수방사령관 이진우는 "계엄군이 국회로 출동한다"고 경찰에 알렸고, 경찰도 "곧 국회에 배치된다"고 답했다. 군과 경찰이 국회 통제라는 공통의 목표로 결탁한 순간이었다.

경찰 기동대는 국회 출입문 앞에 배치되었고 경찰 버스를 세워 차벽을 구축하기 시작했다. 경찰 지휘부는 논의 끝에 국회의원을 포함한 모든 인원의 출입을 전면 차단하기로 결정한다.

경비안전계장이 무전으로 차단을 지시했다.

경찰은 경찰버스 168대, 28개 기동대가 투입됐다. 사실상 국가 폭력에 의한 국회 봉쇄 작전의 시작이었다. 입법부 출입 권한은 경찰 지휘망으로 넘어갔다. 국회는 더 이상 입법부가 일하는 공간이 아닌 군·경 합동작전의 현장이었다.

경찰이 국회의 문을 닫아걸던 바로 그 시각, 또 다른 장면들이 펼쳐지고 있었다. 서로 다른 길을 통해 수많은 사람들이 뛰어오고 있었다. 보좌진도, 시민도, 기자도, 국회로 달려오고 있었다. 그날 그 자리에 있던 모두는 국회에 들어가는 순간 위험하리라는 것을 알고 있었다. 다치거나, 체포되거나, 심지어 죽을 수도 있다는 것. 그럼에도 그들은 주저하지 않았다.

원내대표실의 막내 비서관 중의 한 명인 문정경 비서관의 기억이다.

저는 퇴근하고 경기도 집 근처 카페에 있었어요. 연말이고 해서 생각도 정리할 겸 혼자 있을 시간이 필요했거든요. 막 집에 가려고 버스 정류장에 서 있을 때 휴대전화로 속보가 뜨는 거예요. 처음에는 별로 실감이 안 났어요. 의원실 단체방에서 선배 보좌진들이 '이거 심각한데'라고 하는 걸 보고서야 진짠가 보다 했지요.

국회로 들어가면 밤새야 할 것 같아서 옷을 챙기려고 일단 집으로 갔어요. 짐을 챙기는데 아버지가 "택시 안 잡힐 것 같으니 내가 태워줄게"라고 하셨어요. 지금 생각해 보니 가지 말라는 소리도 안 하셨네요.

어머니는 벌써 여의도에 가 계셨어요. 동료들과 있다가 뉴스를 보고 그대로 여의도로 가신 거였죠. 마지막이 될지도 모른다는 예감이 들었지만, 그래도 그 자리에 있자는 생각이셨대요. 그날 밤 국회에 오신 다른 분들도 그런 생각으로 오셨겠죠. 그런 분들이 계시니까 저도 운 좋게 국회로 진입할 수 있었어요.

들어가고 싶어도 밖에서 지키는 더 어려운 걸 하고 계신 분들이 있다고 생각하니까 내가 뭐 하나라도 더 할 수 있는 게 없을까 하는 마음이 들어서 국회 안으로 들어오자마자 할 수 있는 일, 해야 하는 일을 찾아 여기저기 뛰어다녔어요.

홍보 업무를 담당하는 권수아 비서관의 기억도 비장하다.

국회 인근에서 살고 있는 저는 바로 택시를 잡아타고 국회로 왔어요. 오래 걸리지 않을 거리죠. 기사님은 라디오로

뉴스를 듣고 계셨어요. 저는 국회로 들어가면 통화도 어려울 것 같아서 택시 안에서 어머니에게 전화를 했어요. 어쩌면 마지막일지도 모른다는 말도 했죠.

어머니는 말려봤자 제가 갈 거라는 걸 알고 계셨어요. "어차피 갈 건 아는데 그래도 안 다쳤으면 좋겠어"라고 하셨어요. "내가 다치더라도 시간을 좀 벌 수 있으면 괜찮아요" 했더니 어머니가 울려고 하시더라고요. "엄마 울면 하고 싶은 일 다 못 하니까 울지 마세요" 했더니 "알겠다"고 하시며 전화를 끊으시더라고요.

그런데 보니까 기사님이 어머니랑 통화하는 사이 라디오를 끄셨더라고요. 통화가 끝나자마자 다시 라디오를 틀어주시고요. 그렇게 국회 인근까지 왔는데 더 이상 차로 갈 수 있을 것 같지 않았어요. 기사님이 그러시더라고요. "여기까지인 것 같습니다. 다치지 마세요." 그런 기사님들도 그날 국회를 지킨 분들이라고 생각해요. 감사하다고 인사만 하고 내려서 뛰었죠.

그런데요, 국회 앞 의사당대로가 장관이었어요. 여기저기 골목에서 사람들이 튀어나오고, 저처럼 택시에서 내려서 뛰는 사람들이 보이는데 OTT 드라마 〈킹덤〉의 좀비들이 뛰는 장면 같았어요. 목에는 목걸이가 달랑달랑하고요. 아시죠? 국회 출입증 목걸이요. 다 보좌진들이고 직원들이

잖아요. 그걸 보면서 뛰는데 반갑고 안심이 되더라고요.
그날 카메라에는 안 잡혔지만, 우리는 그걸 봤잖아요. 지
금은 웃으면서 말하는데, 12·3 비상계엄을 영화화하면 경
찰차벽으로 막힌 국회 앞 대로를 좀비처럼 뛰던 사람들부
터 시작하면 어떨까 해요.

김민기 사무총장은 국회 봉쇄를 풀기 위해 여기저기 전
화를 돌리고 있었다.

💬 빨리 푸세요. 역사가 심판합니다.

그의 통화 내용이 고스란히 카메라로 생중계되었다. 다른
생중계에서는 김우성 비서관이 국회 정문에서 경찰과 싸우고
있는 모습이 잡혔다.

국회 앞에서 저녁을 먹다가 계엄 소식을 듣고 바로 뛰어왔
어요. 국회 정문에 도착했을 때는 밤 10시 59분이었어요.
상황이 심상치 않았어요. 경찰관들이 정문 앞에 모여들어
라인을 만들기 시작했거든요.
그 순간 직감이 스쳤어요. 지금 국회를 봉쇄하려고 하는구
나. 그런데 아직 경찰도 혼란스러워 보였어요. 지휘 체계

가 완전히 정돈되지 않았는지, 눈치를 보며 명령을 기다리고 있는 것으로 보였죠. 이 혼선을 파고들어야 한다고 생각했어요. 좋게 말하면 '기만전술', 나쁘게 말하면 '거짓말'을 해야겠다고요. 국회의장실과 교감 된 바 없었지만, 원내대표실에 있으면서 국회 시스템을 더 잘 알게 된 게 도움이 됐죠. 국회의장실에서 나올 만한 지침을 확신하며 소리쳤어요.

"지금 국회의장님께서 비상계엄 상황이라도 정문을 막지 말라고 지시 내렸습니다! 신분증 있는 사람은 들여보내라고 했습니다!"

말씀드린 대로, 의도된 거짓말이었어요. 당연히 경찰들도 안 믿죠. 그래도 저는 반복적으로 밀어붙였어요. "국회 직원, 보좌진, 언론인 출입 막으면 안 됩니다!"

그때 검은 옷을 입은 경찰관이 무전을 치기 시작했고, 상황이 미묘하게 변했어요. 완전히 막지도, 열지도 못하는 애매한 상태가 됐길래, 순식간에 문 안으로 몸부터 밀어 넣었습니다.

그런데 생각해 보니 저만 들어간다고 될 일이 아니더라고요. 더 많은 사람들이 들어와야 했죠. 이미 수많은 시민, 국회의원, 보좌진, 언론사 카메라에 유튜버 카메라까지 문 앞에 와 있어서 자신있게 더 몰아붙였어요.

"신분증 있는 분들 출입 허용됐습니다! 신분증 머리 위로 들고, 밀고 들어오세요!"

제 외침에 보좌진들이 신분증을 머리 위로 번쩍 들고 들어왔어요. 경찰이 저를 제지하느라 우왕좌왕하는 사이 한 명, 두 명 계속해서 안으로 비집고 들어오고 있었어요.

그때 경찰 무전기에서 다급한 지시가 떨어졌어요.

"지금부터 모든 사무처 직원, 보좌진 전면 통제. 차벽 설치하라."

그 소리를 듣자마자 목이 터져라 외쳤어요.

"지금 들어오셔야 합니다! 통제 곧 바뀝니다! 빨리 들어오세요!"

경찰관이 나에게 '선동하지 말라'고 위협했어요. 그런다고 어쩌겠어요. 계속해야죠.

나중에는 너무 분해서 울면서 소리 지르며 싸웠어요. 그런 사람이 저 혼자가 아니었어요. 나중에 들으니 약 20분가량 실제 통제가 풀렸다고 해요. 그때 국회의원, 보좌진들이 우르르 들어갈 수 있었어요. 그리고 계엄이 해제될 때까지 다시는 정문이 열리지 않았죠.

밤 11시 반을 넘어가면서 상황은 더 노골적이고, 더 거칠고, 더 무자비해졌다. 군과 경찰은 국회를 '통제'하던 단계를 지나 탈환해야 할 목표물처럼 다루기 시작했다. 대통령 윤석열이 여러 차례 전화로 이를 독촉했다.

계엄 병력이 국회로 향했다. 경찰은 이들을 차단하지 않았다. 오히려 "군 관련자는 진입 허용"이라는 지침을 무전으로 하달하며 계엄군의 진입을 안내했다. 특전사와 공수여단은 완전 무장을 갖춘 상태였다. 공포탄, 테이저건, 케이블타이가 기본으로 지급됐고, 지휘관 이상은 실탄을 따로 보관했다.

또다시 무전이 울렸다. 조지호 경찰청장이 서울청장에게 말한다.

포고령에 따라 국회를 전면 통제하라.

곧바로 각 문에 배치된 기동대에 지시가 떨어졌다. 그리고 밤 11시 43분 국회 상공에 헬기 3대가 나타났다.

Part 2

역류의 시대

05

촉발

위험한 곳을 과감하게 뛰어드는 것만이 용기가 아니다. 뛰어들고 싶은 유혹이 강렬한 곳을 외면하고 묵묵히 나의 길을 가는 것도 용기다. 순류에 역류를 일으킬 때 즉각 반응하는 것은 어리석다. 상대가 역류를 일으켰을 때 나의 순류를 유지하는 것은 상대의 처지에서 보면 역류가 된다. 그러니 나의 흐름을 흔들림 없이 견지하는 자세야말로 최고의 방어 수단이자 공격 수단이 되는 것이다.

윤태호 작가 원작의 웹툰 〈미생〉과 동명의 드라마에 나오는 문장이다. 12월 3일 불법 비상계엄을 막아낸 본질도 그랬다. 상대가 역류를 일으킬 때 흔들리지 않고 제 속도로 흘러가는 것. 그것이 민주주의가 지닌 가장 강력한 힘이었다.

대통령실은 국회를 무시했다. 법안을 만들어도 대통령 윤석열은 서명 대신 거부를 선택했고, 국정은 행정부 단독의 통치 체제로 수렴되고 있는 비정상의 상황이었다.

결론부터 얘기하면, 민주당과 야당이 한 일은 헌법이 정한 절차를 밟은 것뿐이었다. 2024년 5월 3일 원내대표 당선 이후 가장 많이 쓴 단어가 '따박따박'이었다. 해야 할 일을 미루거나 피하지 않고, 제때제때 해나간다는 뜻으로 쓴 표현이었다. 그런데 바로 그 '정상성'이 비정상적인 권력을 자극했다.

4월 10일 우리는 그동안 수도 없이 분석을 나누고, 분위기를 확인하고, 여론의 결을 짚어왔다. '압승이 가능하다'는 흐름이 여러 데이터에서 뚜렷하게 포착되고 있었다. 그래서 모두가 어느 정도의 승리를 예상했다.

민심은 오래 쌓인 분노를 한꺼번에 터뜨렸다. 제20대 대통령선거와 제8대 전국동시선거가 있었던 2022년 이후, 제22대 총선까지 전국 단위 선거가 없었다. 그 2년 동안, 국민들은 국정운영에 목소리를 내봐야 반영되지 않은 현실을 참아내고 있어야만 했다. 검찰 독재, 이태원 참사, 해병대 수사 외압, 엇나간 외교, 언론 장악…. 입에 담기 버거울 정도의 사건들이 연달아 터졌지만, 국민은 그 모든 것을 투표로 심판할 기회조차 없었다.

그 답답함이 4월 10일 출구조사 화면에 그대로 쏟아졌다. 범야권이 190석이 넘는 의석을 확보할 것으로 예측했다. 민심은 놀라운 균형 감각을 보였다. 야권에 압도적인 승리를 안겨주면서도 그 숫자는 개헌선 바로 아래에서 멈췄다. 민심은 "정권을 심판한다"는 뜻과 함께, "그래도 나라를 뒤흔들 만큼의 극단적 구조 변화는 허락하지 않겠다"는 신호를 동시에 보냈다.

하지만 문제는 정권 쪽이었다. 정치는 대화와 견제를 통해 움직이는 것인데, 이 정부에는 그런 감각이 애초에 없었다. 이분법적 사고, 검찰식 권력 운영, 성찰 없는 폭주를 우리는 지난 2년 동안 뼈저리게 봐 왔다.

21대 국회에서도 민주당은 제1당이었다. 다수 의석을 가진 책임 정당으로서, 우리는 매 순간 국정의 무게를 버티며 권력의 폭주와 정면으로 맞붙어야 했다. 그러나 윤석열 정부의 폭주를 막는 데에는 언제나 구조적 한계가 존재했다.

선거 예상 결과가 알려진 직후 상황 분석이 이어졌다. 이번 결과가 정권의 성찰로 이어질 가능성은 낮았다. 다음 국면으로 빠르게 전환될 것이 명확했다. 오히려 정부가 국회를 더 강하게 밀어내는 지렛대로 삼을 수 있다는 판단이 뒤따랐다.

실제로 이런 판단은 바로 다음 날부터 확인할 수 있었다.

대통령실은 축하 인사도, 협치 언급도 하지 않았다. 그 침묵은 "국회는 대화 상대가 아니다"라는 선언이나 다름없었다. 민주당과 야당의 승리가 곧바로 국정을 안정시키는 방향으로 이어지지는 않을 것이라는 점도 분명했다. 이런 상황에서 국회의 첫 과제는 원구성(院構成)이었다.

국회는 선거로 뽑히지만, 투표만으로 작동하지 않는다. 국회의 시작은 '원구성'이다. 상임위원장을 어떤 당이 맡느냐, 상임위 의석을 어떻게 배분하느냐에 따라 입법의 방향이 정해지고, 권력의 견제선이 그어진다. 이때 결정된 위원장과 위원 배분은 법안의 '문턱'을 높일 수도, 낮출 수도 있다. 그래서 원구성의 첫 단추가 잘못 끼워지면, 민주주의의 4년이 흔들릴 수 있다.

우리 민주당 171명 의원 모두가 분골쇄신의 각오로 국민의 뜻을 받들겠습니다. 무엇보다 국회 입법권을 포함한 국정 감시 권능을 국민을 위해 적극적으로 행사하겠습니다. 이를 위해 야당에게 국회 운영의 막중한 책임을 부여해 주신 총선 민심이 원구성에서부터 제대로 반영될 수 있게 하겠습니다. 지난 국회에서 충분한 국민적 공감대를 이뤘음에도 처리되지 못하거나 아니면 정부 여당에 의해서 거부된 법안들도 최대한 신속하게 처리하겠습니다. 개원 즉시 몽골 기병 같은 자세로 민생입법과 개혁 입법 속도전에 나서겠습니다. 국정이 더 이상 퇴행하고 비정상적으로 운영되지 않도록, 국회가 가지고 있는 국정 감시·견제 권능을 최대한 활용하겠습니다.

- 2024.5.30. 제1차 의원총회 이재명 당대표 모두발언

특히 22대 국회 원구성을 대하는 우리의 자세와 각오는 남달랐다. 우리는 '국회의 기능을 회복해야 한다'는 원칙을 세웠다. 그 첫 실천이 바로 관례를 깨고 운영위원장을 가져오겠다는 선언이었다. 대통령비서실을 감사할 수 있는 유일한 통로를 정상화하자는 것이었다.

5월 20일 여당 국민의힘 원내대표단과 마주 앉았다. 원구성 법정시한은 6월 7일. 민주당은 171석의 의석을 기반으로 헌법이 정한 다수결 원칙에 따라 11대 7의 상임위원장 배분안을 제시했다. 11개의 상임위원장에는 운영위원장과 법제사법위원장이 포함되어 있었다. 여당은 "관례상 법제사법위원장은 제2당, 운영위원장은 여당이 맡아왔다"며 '관례'를 내세워 두 위원장 모두 여당 몫이라고 주장했다. 여당이 절대 사수하겠다는 법제사법위원회는 검찰공화국의 방패였고, 운영위원회는 대통령실로 향하는 문이었다. 협상은 처음부터 파행했다.

국민의힘 주장대로 운영위원장은 관례적으로 여당이 맡아온 것이 사실이다. 한국 정치사에서 여당 동의 없이 야당이 운영위원장을 맡은 적은 없었다. 그래서 국민의힘은 시간이 지나면 우리가 적당히 타협할 거라 믿는 눈치였다. 여의도의 오래된 방식, 서로 기싸움하다가 적당히 나누는 방식이 반복될 거라고 생각했을 것이다.

나는 그 관행을 거부했다. 이 관례를 깨기로 한 것은 윤석열 정부에서 가장 문제가 되는 것이 대통령실이었기 때문이다. 당시 대통령실은 잇단 인사 논란과 정책 조율 실패로 국민적 비판에 직면해 있었다.

지난 총선의 실패를 거울삼아서 국민의힘이 원구성 협상에 적극적으로 임해야 합니다. 총선의 민의를 받드는 것이 국민의힘이 일하는 것이고, 지금은 윤석열 정권의 비정상화를 정상화하는 데 있어서 국회의 책무를 다해야 하는 것이라는 점을 말씀드리는 것입니다. 따라서 민주당은 이제 결단해야 할 시기입니다. 그 결단은 무엇이냐 하면 윤석열 정권이 나라를 망가뜨리고 망치는 부분을 과감하게 견제해야 하는 것이고, 그 첫 단추가 국회법을 준수해서 원구성을 하고 상임위를 18개 다 구성해서 현안 질의하고, 업무 보고 받고, 민생입법 만들라고 하는 것이 지금 시대적 과제이고 그것이 민주당 여당의 논리는 어떤 면에서는 아주 단순했다. 국회가 대통령실을 불편하게 만드는 것을 막겠다는 것이다. 그러니 협상은 계속 지지부진했다. 아니 한 발짝도 앞으로 나아가지 못했다.

나는 6월 2일 기자간담회를 열었다.

법정시한을 넘기지 않겠습니다. 국회는 법에 따라, 절차에 따라 구성돼야 합니다. 원만하게 협상이 이뤄진다면 11:7 비율로 상임위를 배분하게 될 것입니다. 그러나 6월 7일까지 원구성이 완료되지 않으면 민주당 단독으로라도 원구성을 추진하겠습니다. 국민의힘이 시간만 허비한다면 표결을 통해 민주당이 18개 상임위를 다 가져올 수 있는 부분도 있습니다.

나는 '18개 상임위 전석 석권'의 가능성을 내비치며 여당을 거세게 몰아붙였다. 으름장이 아니었다. 이 시국에 '협치'라는 미명하에 행정부의 폭주를 눈감아주는 것은 국회의 직무유기였다. 무너진 민주주의를 복원하고 고삐 풀린 권력을 통제하기 위해 강력한 행정부 견제가 우선이었다.

기자간담회에서 천명한 대로 민주당은 원구성 법정시한인 6월 7일, 상임위원회 및 특별위원회 명단을 제출했다. 국회의원 수 배분에 따라 민주당 11개, 국민의힘 7개 상임위의 위원장 후보를 통보했다. 그러나 여당은 위원장 후보 명단 제출도 거부했다.

이어 6월 10일 본회의에서는 11개 상임위원장을 선출했다. 원내대표인 내가 운영위원장으로, 법제사법위원회(정청래) 과학기술정보방송통신위원회(최민희) 교육위원회(김영호) 행정안전위원회(신정훈) 문화체육관광위원회(전재수) 농림축산식품해양수산위원회(어기구) 보건복지위원회(박주민) 환경노동위원회(안호영) 국토교통위원회(맹성규) 예산결산특별위원회(박정) 위원장이 선출되었다.

11개 상임위는 분명한 이유를 갖고 선택했다. 운영위와 법사위는 타협할 수 없는 정권 견제의 심장이었다. 법안의 수문장인 법사위를 가져와야 '특검법' 등 개혁 입법의 맥이 끊기지 않을 수 있었고, 야당이 운영위를 맡아야만 성역으로 숨어버린 대통령실을 감시할 수 있었기 때문이다.

과방위 역시 양보할 수 없었다. 정권의 노골적인 방송 장악 시도로부터 언론의 자유를 지켜낼 최후의 방어선이었기 때문이다. 나머지 상임위들 또한 마찬가지였다. 국토위는 양

평 고속도로 의혹의 진실을, 행안위와 환노위는 무너진 국민의 생명과 노동권을 지키기 위한 필수적인 진지였다.

여당은 '독주'라고 비난했지만, 우리에게는 선택권이 없었다. 이 11개의 교두보마저 없다면, 대한민국이 브레이크 없는 버스처럼 벼랑 끝으로 질주할 것이 뻔했다. 당연히 국민의힘은 받아들이지 않았다. 일괄 사임서를 제출하는 등 강경하게 맞섰다. 국회 일정을 전면 거부하고 '입법 폭주'라며 맹비난을 퍼부었다.

6월 11일, 국민의힘이 지속적으로 협조에 응하지 않는다면 나머지 7개 상임위원장도 선출할 것이라 다시 한번 경고했다. 국민의힘은 강경 일변도로는 부족하다고 판단했는지 지연 전략에 나섰다. 6월 12일 국민의힘은 국회 보이콧에 나서며 협상 테이블에 앉지 않았다. 14일에는 원구성을 전면 백지화하겠다고 선언했고, 17일에는 '목요일까지 대화하겠다'며 태도를 조정했다. 그러나 협상은 여전히 진전되지 않았다.

6월 19일 국민의힘 원내대표 추경호가 법제사법위원회와 운영위원회 순환제를 제안했다. 나는 순환제의 조건으로 대통령의 거부권 중단 등 세 가지를 걸었다. 마찬가지로 우리의 조건은 받아들여지지 않았다.

06

폭주

6월 27일, 제22대 국회 원구성이 마침내 완료됐다. 우리가 제안했던 그대로 11대 7로 위원장을 배분했다. 국회가 행정부 견제 기능을 갖춘 것이다. 그러나 바로 그날부터 다른 톱니가 회전을 시작했다. 대통령실이었다. 국회가 대통령과 행정부를 확실하게 견제하겠다는 신호에 대통령실이 반격을 시작했다. 대통령실은 그날 밤 논평을 냈다.

야당이 상임위원회를 독식하며 국정을 마비시키고 있다.

입법부가 정상적으로 작동할 토대를 만들자, 권력은 그것을 '마비'라 불렀다. 며칠 뒤 대통령실 고위 관계자의 발언이 뉴스에서 흘러나오고 있었다.

'반문명'이라는 단어가 국가 최고 권력자를 대리하는 사람들의 입을 통해 처음 등장한 날이었다. 민주적 절차를 불순한 행위로 낙인찍는 것이었다. 낙인의 언어는 곧바로 전염되었다. '반문명', '폭주', '입법독재' 같은 단어들이 일종의 레토릭으로 반복되기 시작했다. 사실관계나 맥락은 삭제되고, 낙인과 자극이 그 자리를 채웠다.
7월 5일 《조선일보》 사설은 이렇게 썼다.

이제 '입법 폭주'는 여권의 공식 논리가 되었다. 여당의 모든 브리핑, 대통령실의 메시지, 언론의 해설에서 반복됐다. 이후 2주간 정치 뉴스는 한 편의 복사본 같았다. 7월 10일 SBS 라디오에 출연한 권성동 의원이 말했다.

입법 독재의 폭주가 심각하다.

며칠 뒤 같은 방송에 출연한 권영세 의원은 이렇게 말했다.

야당의 입법 폭주를 막기 위해 저항하다가 이런 사태가 벌어진 것이다.

7월 12일 YTN 리포트는 이 현상을 이렇게 요약했다.

입법 드라이브와 1당 독주 프레임이 정치권의 중심 이슈로 떠올랐다.

언론의 문장과 여당의 문장이 구별되지 않았다. 법을 지키는 쪽이 반문명 세력으로, 헌법을 지키는 쪽이 국정을 마비시키는 존재로 둔갑했다.
7월 중순이 되자 대통령실의 메시지는 더욱 강경해졌다.

야당의 독주를 막기 위한 대통령의 거부권 행사는 불가피하다. - 2024.7.16. 대통령실 브리핑

입법 폭주라는 말은 처음엔 경고로 시작됐지만, 시간이

지나면서 '정당화'의 도구로 변했다. 12월 3일 불법 비상계엄이 선포되었을 때 대통령 윤석열은 비상계엄의 이유를 이렇게 설명했다.

6개월간 쉼 없이 반복해온 바로 그 문장이, 불법 비상계엄의 이유로도 쓰인 것이다. 정권이 격앙되는 동안에도 우리는 절차를 따라 움직였다. 원구성이 끝난 직후부터 나는 국회가 어떤 방식으로 움직여야 하는지 명확한 기준을 세워두고 있었다.

특히 나는 국회 운영 방식이 여당 프레임에 의해 흔들리는 것을 가장 경계했다. 절차 하나가 멈추면 전체 기능이 흔들리고, 흔들린 기능은 곧 권력 감시의 공백으로 이어진다. 윤석열 정권은 그 공백을 정치적 이익으로 전환하는 감각이 빠른 조직이었다. 협치를 통한 국정운영보다 언어를 통해 상대의 정당성을 파괴하는 방식을 택한 권력이었기 때문이다.

정부의 방송 장악 시도에 맞선 과방위의 활동은 행정부 견제가 왜 필요한지를 보여주는 가장 단적인 사례였다. 6월부터 9월 사이, 방통위는 합의제 기구라는 본질을 무시한 채 대통령 추천 2인만으로 운영되는 기형적인 '2인 체제'를 고

수했다. 이 기형적인 구조를 악용해 KBS와 MBC 이사진을 정권 입맛에 맞는 인사들로 갈아 치우려는 시도가 노골적으로 자행되었다.

우리는 물러서지 않았다. 여당의 태업에도 불구하고 상임위 일정을 정상적으로 가동해 방통위를 소환했다. 방통위원장 이진숙 후보자 지명에 대해 즉각 지명 철회를 요구했고, 전례 없는 '3일 청문회'를 통해 부적격 사유를 낱낱이 파헤쳤다. 언론 단체와의 합동 기자회견, 방송독립 수호 활동 등이 이어졌다. 여권은 이 과정을 '야당의 방송 장악 시도'로 규정했다. 그렇게 규정한 근거는 없었다.

국정 감시 기능은 상임위에서만 시작된 것이 아니었다. 우리는 '전세사기'로 삶의 터전을 잃은 청년들, '오송 지하차도 참사'로 사랑하는 가족을 떠나보낸 유가족들 곁으로 달려갔다. 전세사기TF, 오송참사TF 등 국회의 각종 현안 대응 기구들을 만들어 현장에서 문제를 직접 확인하고 이를 입법·감시 활동으로 연결했다.

전세사기TF는 접수센터를 만들고 주요 현장을 방문했다. '선(先)구제 후(後)회수' 해법도 제시했다. 오송참사TF는 현장 도보순례, 사회적 보고회, 전문가 간담회 등을 통해 참사의 구조적 원인을 분석하고 개선책을 제시했다. 국민의 눈물을 닦아주는 정당 본연의, 너무나도 당연한 '의무이행'이었다. 그러나 윤석열 정권은 그 움직임을 '정치공세'라 불렀다.

정권이 프레임을 만드는 과정은 기계적이었다. 국회가 감시하면 공세로 규정하고, 절차를 밟으면 폭주로 규정하고, 대안을 제시하면 의도라고 규정했다. 입법 폭주라는 말은 그 전형이었다.

그러나 민주주의는 달랐다. 민주당은 여전히 국민의 손을 잡고 걷고 있었고, 국회는 제시간에 따박따박 회의를 열어 정부를 견제했다. 법안이 막히면 다시 제출했고, 거부되면 재의결을 추진했다.

생각해 보면 '입법 폭주' 같은 말은 무너지는 권력의 발악이었던 것 아닐까? 윤석열 정권의 불안은, 국회가 제 기능을 제대로 할수록 커지고 있었다.

07

선전포고

2024년 8월 15일 세종문화회관 제79주년 광복절 경축식. 통상 광복절 경축식은 과거를 기억하고, 현재를 위로하며, 미래의 통합을 이야기하는 자리다. 일본의 식민 지배를 뚫고 일어선 선열들의 피와 땀을 기리는 날이다. 그러나 이날 대통령 윤석열의 입에서 나온 언어들은 경축사가 아니었다.

　단상에 오른 대통령 윤석열은 '조국의 독립을 위해 헌신하신 순국선열'을 짧게 언급했다. 그리고 곧바로 본색을 드러냈다. 그가 읽어 내려간 연설문에는 광복절 경축사에 반드시 포함되어야 할 '일본'과 '역사'에 대한 언급이 없었다. 과거사에 대한 성찰도, 일본 정부를 향한 당당한 요구도 사라졌다.

이날 경축사에서 가장 많이 등장한 단어는 단연 '자유'였다. 무려 50번이나 반복됐다. 그러나 그가 외친 자유는 우리가 아는 민주적 자유가 아니었다. 대통령 윤석열 지지하면 '자유 시민'이고, 반대하면 '반국가 세력'이라는 이분법적 강요였다.

대통령 윤석열은 이렇게 목소리를 높였다.

문장을 뜯어보면 소름 끼치는 논리가 숨어 있다. 정부에 비판적인 목소리는 '가짜 뉴스'이자 '선동'이고, 이를 말하는 야당과 언론은 '사이비 지식인'이자 '반자유 세력'이라는 것이다. 따라서 이들은 대화의 상대가 아니라, 척결해야 할 '적'이 된다. 결론적으로, 이들을 척결하는 것이야말로 '자유'를 지키는 길이다. 대통령이 앞장서서 이웃과 싸우라, 야당과 싸우라고 내전(內戰)을 선동한 꼴이었다.

나는 묻고 싶었다. 도대체 윤석열 대통령이 말하는 '질서와 규범'이란 무엇인가. 헌법인가? 법률인가? 아니다. 그가 수십 차례 거부권을 행사하며 무력화시킨 것이 바로 헌법적 질서였다. 그가 지키려는 질서는 오직 자신과 아내 김건희의 안위를 위한 질서 아닌가? 내부의 적을 규정한 대통령 윤석열은 이어서 대한민국의 뿌리를 흔들었다. 그는 헌법이 명시한 임시정부 법통을 비틀고, '1948년 정부 수립'만을 강조했다. 뉴라이트의 '1948년 건국절' 주장을 공식화한 것이다.

왜 1948년인가? 1919년 임시정부의 법통을 계승하면 독립운동이 역사의 중심이 된다. 그러면 친일파는 청산의 대상이 된다. 하지만 1948년을 건국으로 잡으면, 독립운동의 역사는 축소되고 친일 부역자들은 '반공 투사'와 '건국 유공자'로 신분 세탁이 가능해진다. 친일을 넘어 숭일(崇日)로, 독립운동을 지우고 그 자리에 '반공'과 '독재 미화'를 채워 넣으려는 시도였다. "1945년 광복은 없었다"고 망언을 내뱉는 김형석을 독립기념관장에 앉힌 것도, 독도 지우기 논란도 이 뒤틀린 '숭일' 역사관이 낳은 필연적 결과였다.

김민석 최고위원은 이를 정확하게 간파했다.

뉴라이트라는 영어 이름으로 포장한 친일매국병자들을 옹호하는 윤석열 정권이야말로 반국가세력 아닙니까? 독립기념관장이 일제 강점의 불법성을 부정하고, 군이 독도를 지도에서 지우는 것이야말로 최고의 반헌법, 반국가행위입니다.

마지막 퍼즐은 '대북 강경책'이었다. 이날 대통령 윤석열은 '8·15 통일 독트린'이라는 것도 발표했다.

자유가 박탈된 동토의 왕국, 빈곤과 기아로 고통받는 북녘땅으로 우리가 누리는 자유가 확장되어야 합니다. 한반도 전체에 국민이 주인인 자유 민주 통일 국가가 만들어지는 그날, 비로소 완전한 광복이 실현되는 것입니다. 저는 오늘, 헌법이 대통령에게 명령한 자유민주주의 평화통일의 책무에 의거해서, 우리의 통일 비전과 통일 추진 전략을 우리 국민과 북한 주민, 그리고 국제사회에 선언하고자 합니다.

얼핏 들으면 그럴싸하다. 그러나 속내를 들여다보면 위험천만하기 짝이 없다. 겉으로는 평화를 말했지만 실상은 '흡수통일론'이었다. "북한 주민이 자유 통일을 원하도록 변화를 만든다"는 말은 대화가 아니라, 북한 체제를 흔들어 붕괴시키겠다는 위험천만한 도박을 하겠다는 것이었다. 안 그래도 오물 풍선과 대북 전단으로 접경지역의 불안이 극에 달한 시점에, 대통령이 불난 집에 화염방사기를 들이댄 격이었다.

도대체 왜 이토록 전방위적으로 긴장을 고조시켰을까? 이유는 하나로 귀결된다. 독재자는 언제나 통치를 위해 '공포'와 '적'을 필요로 한다. 히틀러에게 유대인이, 박정희에게

빨갱이가 필요했듯, 윤석열에게는 '반국가 세력'과 '전시 체제'가 필요했다. 외부의 위기를 고조시켜야 내부의 통제를 정당화할 수 있고, 그래야만 계엄을 만지작거릴 명분이 생기기 때문이다.

그날 우리가 8월의 뙤약볕 아래서 느꼈던 한기(寒氣)는 착각이 아니었다. 대통령 윤석열이 "자유는 투쟁으로 얻는 것"이라며 싸움을 독려했을 때, 투쟁의 대상은 북한도 일본도 아니었다. 바로 우리 국회였다. 12월 3일 대한민국을 얼어붙게 만든 비상계엄의 씨앗은 바로 이날의 광기 어린 연설문 속에 이미 잉태되어 있었다.

경고는 끝났다. 선전포고에 이어 실제적인 움직임이 시작됐다. 바로 안보라인의 전격적인 교체였다. 8월, 대통령 윤석열은 경호처장 김용현을 국방부장관 후보자로 지명했다. 김용현이 누구인가. 용산 대통령실 이전을 주도하고, 입틀막 경호로 과잉 충성 논란을 빚었던 대통령의 복심이자, 충암고 선배다. 안보 전문가도, 덕망 있는 장군 출신도 아닌 그를 굳이 국방부장관에 앉힌다는 것은 '군을 사유화하겠다'는 선언이나 다름없었다.

8월 19일 제1차 최고위원회의에서 김병주 최고위원은 가장 먼저 경고음을 울렸다. 4성 장군 출신다운 판단이었다.

한반도 상황이 매우 불안정합니다. 윤석열 정부의 잦은 안보라인 교체로 국제 정세의 불확실성에 제대로 대처할 수 있을지 우려됩니다. 특히 김용현 국방부장관 후보자에 대해서는 지명 철회를 강력히 요구합니다. 첫째, 김용현 후보자는 국민의 입을 틀어막아 민주주의를 훼손했습니다. 둘째, 대통령실 졸속 이전으로 국민의 혈세를 낭비했고 안보 위기를 초래했습니다. 셋째, 채 해병 외압 의혹의 핵심 관련자입니다. 수사 상황에 따라 언제든 피의자로 전환될 수 있습니다. 이런 사람이 국방부장관을 맡으면 군령이 제대로 설지 의문입니다. 특히 이러다 탄핵 정국에 접어들면, 박근혜 전 대통령처럼 무너지지 않고 군을 동원해 계엄령을 선포하는 것은 아닌지 많은 국민들이 걱정하고 계십니다.

이때까지만 해도 언론은 '설마' 했다. '과도한 우려'라며 야당을 공격했다. 하지만 퍼즐 조각은 계속 맞춰졌다. 국가안보실 1차장 김태효의 "중요한 건 일본의 마음" 발언, 국방부장관 신원식의 국가안보실장 이동 등 안보라인이 '전투형'이자 '친일·뉴라이트' 일색으로 재편되고 있었다.

8월 21일 제2차 최고위원회의에서 김민석 최고위원은 더 구체적인 시나리오를 제시했다.

차지철 스타일의 야당 입틀막 국방부장관의 갑작스러운 교체와 대통령의 뜬금없는 반국가세력 발언으로 이어지는 최근 정권 흐름의 핵심은 국지전과 북풍 조성을 염두에 둔 계엄령 준비 작전이라는 것이 저의 근거 있는 확신입니다. 탄핵 국면에 대비한 계엄령 빌드업 불장난을 포기하기 바랍니다. 계엄령 준비 시도를 반드시 무산시키겠습니다. 유신독재와 부마항쟁, 5·18을 딛고 일어난 21세기 최고 민주국가 대한민국에서 조잡하게 계엄령 따위는 꿈도 꾸지 마십시오. 국가와 민생보다 정권과 대통령 가족의 안위를 먼저 생각하면 경제가 더 어려워지고 시장만 불안해집니다. 지금은 정권 보위 계엄이 아니라 민생회복 경제긴급조치를 고민해도 모자랄 시점입니다. 정신 차리십시오.

2017년 대통령 박근혜 탄핵 당시, 국군 기무사령부는 계엄령 준비 문건을 작성한 바 있다. 기시감이 느껴졌다.

08

9월의 경고장

12·3 내란 석달 전 2024년 정기국회가 시작됐다. 9월 4일 교섭단체 대표연설. 나는 단상에 오르며 비장한 각오를 다졌다. 지난 8월 15일, 대통령이 광복절 경축사를 통해 국민을 향해 '이념 전쟁'을 선포했다면, 오늘 나의 연설은 그 위험한 선전포고에 대한 우리의 공식적인 '답장'이어야 했다. 대통령이 실체 없는 '이념'과 '반국가 세력'을 떠들 때, 나는 가장 확실하고 강력한 실체인 '헌법(憲法)'에서 길을 찾았다. 보수와 진보를 넘어, 대한민국이라는 국가가 발을 딛고 서 있는 유일한 대지가 바로 헌법이기 때문이다.

나는 연설의 서두를 이례적으로 헌법 조문 낭독으로 채

웠다.

우리 헌법은 대한민국의 정통성과 정체성을 규정하고 있습니다. 그중 제1장 제1조부터 제3조까지는 주권, 국민, 영토에 대해 규정합니다.

제1조, 대한민국은 민주공화국이다.

대한민국의 주권은 국민에게 있고, 모든 권력은 국민으로부터 나온다.

제2조, 대한민국의 국민이 되는 요건은 법률로 정한다.

국가는 법률이 정하는 바에 의하여 재외국민을 보호할 의무를 진다.

제3조, 대한민국의 영토는 한반도와 그 부속도서로 한다.

대통령은 헌법 제66조에 따라 국가의 독립·영토의 보전·국가의 계속성과 헌법을 수호할 책무를 집니다.

헌법 제69조에 따라 대통령은 취임식에서 다음과 같이 선서합니다.

"나는 헌법을 준수하고 국가를 보위하며 조국의 평화적 통일과 국민의 자유와 복리의 증진 및 민족문화의 창달에 노력하여 대통령으로서의 직책을 성실히 수행할 것을 국민 앞에 엄숙히 선서합니다."

헌법 제1조부터 제3조, 그리고 대통령의 선서가 담긴 제 69조까지 따박따박 읽어 내려갔다. 그리고 질문을 던졌다.

대통령 윤석열이 이미 헌법을 어기고 있다는 회초리였다. 이어서 나는 주저하지 않고 실명을 거론하며 직격탄을 날렸다. 친일파 명예회복을 주장하는 김형석을 독립기념관장에 앉히고, "일제강점기 우리 국적은 일본"이라던 김문수를 노동부장관에 임명한 것은 인사 실패에 그치는 것이 아니었다. 헌법 전문에 명시된 '임시정부의 법통'을 정면으로 부정한, 사실상의 '반헌법 사태'였다.

무엇보다 심각한 것은 안보라인의 붕괴였다. 일본 제국주의의 상징인 욱일기 사용을 용인했던 국방부장관 신원식을 국가안보실장으로 영전시킨 것에 대해서도 목소리를 높였다. 대통령이 그토록 찾아 헤매던 '반국가 세력'은 야당도, 국민도 아니었다.

대통령이 말한 반국가세력의 실체가 있다면, 바로 친일을 미화하고 식민지배를 정당화하며 헌법을 부정하는 세력일 것입니다.

연설해 나가는 동안 방해를 위한 국민의힘 측의 고성이 이어졌다. 하지만 나는 멈추지 않았다. 독도를 분쟁지역이라 표기한 군 정신교육 교재, 지하철 역사에서 소리 소문도 없이 사라진 독도 조형물까지 따졌다. 나는 연설 내내 "진짜 독재는 대통령이 하고 있다"며, 시행령 통치와 거부권 남발이 결국 민주주의 시스템을 붕괴시키고 있음을 경고했다. 그리고 민심을 거스르는 권력의 비참한 말로를 예언했다.

여당은 야당이 의회독재를 한다고 주장하지만, 진짜 독재는 대통령이 하고 있습니다.
순천자흥 역천자망(順天者興 逆天者亡)이라고 했습니다. 민심은 권력이라는 배를 띄우기도 하지만 성나면 배를 뒤집습니다.

지금 와서 복기해 보면, 그날의 연설은 12·3 비상계엄을 예고하는 불길한 예언서 같기도 하다.

영토 침탈 야욕을 감추지 않는 일본에 항의는커녕, 일본제국주의의 상징인 욱일기 사용을 공식 인정한 국방부장관을 안보실장으로 임명했습니다. 도둑을 경찰서장에 임명하고서 치안에 아무 문제가 없다고 한다면 누구도 믿지 않을 것입니다.

연설의 마지막, 나는 평소 애송하는 성경 구절을 인용하며 정치의 본령을 이야기했다.

즐거워하는 자들과 함께 즐거워하고, 우는 자들과 함께 울라.

그날 나는 연설을 이렇게 마쳤다.

정치인은 국민으로부터 소중한 권한을 잠시 위임받은 대리인입니다. 그 기준은 헌법입니다.

9월 4일, 국회 본회의장에서 내가 외쳤던 "위기의 시대, 헌법으로 돌아가야 합니다"라는 연설 제목은 대통령 윤석열이 자신을 돌아볼 수 있는 마지막 기회였을지도 모르겠다. 하지만 대통령은 끝내 헌법을 버리고 계엄이라는 내란을 택했다. 그리고 우리 깨어있는 시민들은 그날의 연설처럼 정확히 '헌법'으로 돌아가 나라를 지켰다.

09

눈먼 감시자 또는

방조범

불안한 징후들은 9월 1일, 여야 대표회담 테이블 위로 올라왔다. 국회 본청 3층 오픈홀. 이재명 대표와 한동훈 대표가 마주 앉았다. 모두발언에서 이재명 대표는 작심하고 계엄을 꺼냈다.

특히 최근에 계엄 이야기가 자꾸 이야기되고 있고 종전에 만들어졌던 계엄안에 보면 계엄 해제를 국회가 요구하는 것을 막기 위해서 국회의원들을 계엄 선포와 동시에 체포, 구금하겠다는 그러한 계획을 꾸몄다는 이야기도 있습니다. 이것은 완벽한 독재국가 아닙니까? 이러한 문제에 대해서도 우리

장내가 술렁였다. 국회 제1당이자 제1야당 대표가 공개 석상에서 그것도 여당 대표 면전에서 계엄 체포조의 존재 가능성을 언급한 것이다.

한동훈 대표와 여당 측 배석자들 표정이 굳어졌다. 그들은 이 발언을 '정치적 공세'로 받아들였다. 불길한 징후를 감지하고도 애써 눈을 감아버리는 '비겁한 외면'이었다. 권력의 폭주를 제어해야 할 여당이, 스스로 눈과 귀를 막고 '설마 그런 일이 있겠냐'며 자기 최면을 걸고 있었던 것이다.

하지만 이재명 대표의 발언은 허투루 나온 것이 아니었다. 광복절 경축사에서 드러난 대통령 윤석열의 적대적 인식, 국방부장관 김용현으로 완성된 충암파 안보라인, 그리고 곳곳에서 들려오는 군 내부의 수상한 움직임. 이 모든 데이터를 종합했을 때, 계엄은 실재하는 위협이었다.

정치에서 말은 정말 중요합니다.

이재명 대표의 말처럼, 대통령 윤석열이 광복절 경축사를 빌려 한 말은 씨앗이었고, 인사는 줄기가 되어 자라고 있었다. 우리는 그 나무의 끝에 끔찍한 독과(毒果)가 매달려 있음을 보았다. 그래서 소리쳤다. 저 나무를 베어야 한다고. 그러나 여당은 물론 대부분의 사람들은 귀를 열지 않았다.

우리가 쏘아 올린 경고 신호가 여의도 상공에 퍼지자 용산 대통령실과 여당, 그리고 보수 언론은 하나의 단어로 응수했다. '괴담(怪談)'. 그들에게는 야당의 합리적 의심을 무력화하는 전가의 보도였다.

8월 27일 《중앙일보》는 「용산 '독도 지우기, 계엄령… 민주당 왜 괴담 퍼뜨리나'」라는 기사를 썼다. 대통령실 고위 관계자의 입을 빌려 우리의 주장을 '납득하기 어려운 주장'으로 규정했다. 같은 날 《서울신문》은 사설 「이번엔 '독도 지우기'… 이런 선동, 낯부끄럽지 않나」를 통해 '밤중에 홍두깨식의 음모론'이라며, '괴담 선동으로 병상 정치에 골몰하기보다 회복에 전념하라'고 이재명 대표를 비난했다.

8월 30일 《서울신문》은 「괴담 공화국의 피해자들」 칼럼에서 이렇게 말했다. '민주당 김병주 최고위원은 지난 전당대회 때 '계엄령 준비설'을 꺼냈다. 구체적 근거는 제시하지 않은 채 대통령 윤석열이 충암고 1년 선배인 김용현을 발탁한 것을 거론했다…. 설사 계엄이 선포된다 해도 국회 재적의원 과반수 의결로 즉각 해제시킬 수 있으므로 170석의 민주당이 계엄을 걱정할 일은 없다.' 그러면서 우리의 경고를 '공포 마케팅'이라 불렀다.

그러나 12월 3일 대통령 윤석열은 그 '과반수 의결'을 막기 위해 국회의원들을 체포하려 들었다. 묻고 싶다. 국민을 진짜 피해자로 만든 것은 누구였는가.

9월 1일 여야 대표회담에서 이재명 대표가 "계엄 해제를 막기 위해 국회의원들을 체포·구금하겠다는 계획을 꾸몄다는 이야기도 있다"고 공개적으로 발언한 후, 언론의 포화는 고조됐다. 9월 2일 《중앙일보》는 「갑자기 '계엄령' 꺼낸 이재명… 용산 "말도 안 되는 공세"」라는 기사에서, 이 발언을 '돌발 발언'으로 규정하고 용산 대통령실의 "황당하다"는 반응을 대서특필했다. 《경향신문》 역시 「대통령실 "말도 안 되는 정치공세" 반발」이라는 제목으로 용산의 목소리를 실어 날랐다. 다음 날인 9월 3일 《서울신문》은 사설 제목을 아예 「소설 같지도 않은 야당발 '계엄령설'」로 뽑았다. '완벽한 독재국가가 아니냐고 했다. 대체 현 정부의 누가 계엄 선포를 꿈꾸고 있다는 건지… 이쯤 되면 집단 망상이라 해도 할 말이 없을 판이다.' 그들이 명명한 '집단 망상'. 하지만 그 망상을 현실로 옮기고 있던 자들은 바로 용산 대통령실에 있었다.

9월 2일 열린 국방부장관 후보자 김용현 인사청문회. 이날 회의는 '충암파'가 계엄을 위한 '제2의 하나회'일 수 있다는 우리의 섬뜩한 경고와 이를 숫자로 덮으려는 후보자 김용현의 공방으로 요약된다.

박선원 위원은 이들을 '용현파'로 규정하며, 후보자 김용현이 방첩·특전·수방사령관 등 계엄 핵심 지휘관들을 비밀리에 한남동으로 불러들인 것을 '내란 예비 음모'라고 몰아붙였다. 특히 행안부장관, 국방부장관, 방첩사령관 등 유사시 계엄 지휘라인이 온통 충암고 출신으로 채워진 기형적 구조를 지적했다. 추미애 위원 역시 학연·지연·근무연을 고리로 한 '3대 군벌'의 탄생을 경고했고, 김병주 위원은 "4명이라는 숫자가 아니라 그들이 쥔 '핵심 보직'이 본질"이라고 꼬집었다.

하지만 국방부장관 후보자 김용현의 답변은 한결같았다. "장성 400명 중 충암고 출신은 4명뿐입니다." 그는 이 4명이 핵심 요직을 장악했다는 우려를 '군 분열 조장'이라 일축하며, 끝내 숫자 뒤로 숨었다. 언론은 이 '숫자놀음'을 훌륭한 방어 논리로 포장해 주었다. 9월 3일《조선일보》는 「김용현 "충암고가 軍 장악? 장성 400명 중 4명뿐"」이라는 기사를 통해 김용현의 해명을 그대로 제목으로 뽑아주었다. 《한국일보》는 「'계엄 준비 의혹'에 파묻힌 국방장관 청문회」라며, 우리의 검증을 '정쟁'으로 치부했다. 그러나 김병주 위원의 지적처럼 계엄은 사람 숫자로 하는 것이 아니다. 국방부장관, 방첩사령관, 수방사령관, 특전사령관. 이 핵심 4명이면 충분하다는 것을 군을 조금이라도 아는 사람이라면 모를 리 없다. 언론은 몰랐던 것인가, 아니면 모른 척했던 것인가.

가장 뼈아픈 것은 소위 '식자층'이라 불리는 칼럼니스트들의 오만이었다. 그들은 자신들의 얄팍한 상식으로 다가올 위기를 '히스테리'로 진단했다. 9월 5일,《중앙일보》칼럼「언어의 하이퍼인플레이션」을 보자. 필자는 이재명 대표의 계엄 발언을 두고 "극도의 불안에 빠진 민주당과 그 지지층이 부리는 집단 히스테리"라고 조롱했다. "새로 등장한 '계엄령'은 평범한 인플레이션을 넘어 하이퍼인플레이션에 해당한다… 달랑 1원짜리 '상상력'이다." 달랑 1원짜리 상상력이 대한민국 헌정질서를 구했다. 그 화려한 언어들은 결국 독재의 길을 닦아주는 카펫에 불과했다.

같은 날《중앙일보》또 다른 칼럼「계엄 괴담과 국민 모독」에서 "김용현 후보자는 '지금 대한민국 상황에서 계엄을 한다고 하면 우리 군에서도 안 따를 것 같다'고 말했다. 그의 말이 맞다고 본다"고 썼다. 그는 "만약 그렇게(계엄이 가능하다고) 여긴다면 위대한 우리 국민에 대한 모독"이라고까지 했다. 당신들이 '괴담'이라 비웃던 계엄은 벌어졌고, 보란 듯이 민의의 전당을 짓밟았다. 국민을 모독한 것은 야당의 경고가 아니라, 설마 그럴 리 없다고 믿게 만든 당신들의 안일한 펜대였다.

언론은 헌법 조항을 들어 계엄이 '불가능'하다고 주장하기도 했다. 9월 3일《조선일보》는「계엄 유지하려면, '불체포

특권’ 야 의원 42명 체포해야」라는 팩트체크 기사를 냈다. 기사는 “의원 과반 반대 땐 바로 계엄 해제… 반대 막으려 의원 체포한다 해도 현행범 아니라면 잡아갈 수 없다”며 우리의 주장을 ‘비현실적 가정’으로 결론 내렸다. 그들이 ‘비현실적’이라며 비웃었던 그 시나리오. “의결정족수 미달시키려면 야당 의원 42명 이상을 현행범으로 체포해야 한다”는 논리는 놀랍게도 12월 3일 밤, 계엄군이 실행하려 했던 작전의 ‘청사진’이었다. 《조선일보》는 불가능을 증명하려 했지만, 결과적으로 대통령 윤석열에게 ‘성공하려면 이렇게 해야 한다’는 힌트를 준 셈이 되었다.

9월 5일 추경호 국민의힘 원내대표는 교섭단체 대표연설에서 이렇게 목소리를 높였다.

> 얼마 전부터 민주당은 정부가 계엄령을 준비하고 있다는 황당무계한 가짜뉴스까지 만들어 퍼뜨리고 있습니다. 국민을 바보로 여기는 것입니다.
> 탄핵을 한다면 이런 거짓 괴담으로 대한민국을 혼란과 분열로 몰아넣는 이런 세력들을 탄핵해야 하는 것 아닙니까, 여러분?

우리의 경고가 계속되자 언론의 논조는 ‘비판’을 넘어 ‘저주'에 가까워졌다. 9월 6일 《한국일보》는 「민주당, 망상(妄想) 정치 할 때 아니다」라는 칼럼에서 "정치도 상상력의 예술이 긴 해도 이 정도면 상상력이 아니라 정치적 망상이다. 정신의학적으로 망상은 근거 없고 비현실적인 주관적 신념을 고집스럽게 확신하는 병증"이라고 썼다. 《조선일보》는 「윤 대통령, 감정의 정치」라는 칼럼에서 "다른 의원들은 갑자기 윤 대통령이 계엄을 준비한다는 음모론을 확산 중이다. 윤 대통령으로선 평정심 유지가 힘든 상황의 연속이다"라며 대통령의 심기를 걱정했다.

이 기사들을 다시 읽는 지금, 묻지 않을 수 없다. 누가 망상에 빠져 있었는가? 누가 국민을 바보로 알았는가? 계엄의 징후를 '괴담'이라 매도하고, 진실을 말하는 입에 재갈을 물리려 했던 당신들. 당신들은 그날 밤 국회로 향하던 헬기 소리를 들으며 무슨 생각을 했는가. 12월 3일의 비극은 윤석열 혼자 만든 것이 아니다. "설마 그럴 리 없다"며 야당을 조롱하고, 권력의 폭주를 방조했던 언론과 지식인들. 당신들은 역사라는 법정이 열린다면 피고석을 피할 수 없는 눈먼 감시자였거나, 윤석열의 방조범이었다.

10.

감지된 진동

2024년 10월 국정감사는 여느 때보다 긴장이 높았다. 국정 전반에서 감지되던 이상 신호들을 조심스레 점검했다. 우리가 반복해서 던진 질문은 하나였다.

윤석열 정부는 '계엄'이라는 이름의 친위 쿠데타를 준비하고 있는가.

10월 8일 국회 국방위원회. 가장 먼저 계엄 문제를 정면으로 꺼낸 것은 박선원 위원이었다. 박선원 위원은 초선이지만 참여정부 통일외교안보전략비서관, 문재인정부 국가정보원 제1차장 등을 역임한 안보통이다. 박 위원은 대통령 윤석열, 국방부장관 김용현, 국군방첩사령관 여인형을 지목하며 이렇게 말했다.

국방부 감사 아주 좋습니다. 제 느낌을 말씀드리겠습니다. 충암고 기운이 넘쳐요. 장관께서 또 여인형 방첩사령관 하는 것 보면 전두환, 차지철 같아서 아주 좋습니다.

국방부장관 김용현은 이 심각한 질의에 이렇게 답했다.

감사합니다.

같은 날, 김민석 위원도 문제를 지적했다.

여인형 사령관 앞으로 나오시지요. '충암파라고 통칭되는 이상민 행안부장관이 방첩사를 방문했다.' '충암파라고 이야기되는 김용현 현 장관이 경호처장 시절에 세 사령관을 불러서 비밀 모임을 했다.' 이 두 가지를 놓고 이것의 모임이 목적이나 대상이나 성격에 있어서 적법 타당하냐 하는 이슈가 하나 있고, 두 번째로는 이것이 적절하게 군기에 따라 보고되었는가라는 두 가지 이슈가 있습니다. 그것은 아실 것이라고 보고. 방첩사령관은 이 두 가지에 다 연루되어 있는데 이 두 케이스 다 서면보고는 안 하신 것으로 되어 있잖아요, 그렇지요?

방첩사령관 여인형은 너희가 알면 어쩔 거냐는 듯, 빳빳하게 대답했다.

예, 서면보고는 안 했습니다.

방첩사령관 여인형의 검은 속내를 정확히 포착해낸 것은 공군 소령 출신이자 국방부 대변인을 지낸 부승찬 위원이었다. 부승찬 위원은 방첩사가 7월에 은밀하게 개정한 '훈령'의 실체를 폭로했다. 핵심은 정보 수집 시 인권 침해 여부를 심사해야 할 '인권보호관'의 검토 의무를 삭제해 버린 것이었다. 부승찬 위원의 질타는 매서웠다.

방첩사가 과거 보안사 시절처럼 무소불위의 권력을 휘두르겠다는 것 아닙니까? 인권보호관의 통제를 없앤 것은 결국 '민간인 사찰'을 마음 놓고 하겠다는 선언이나 다름없습니다!

정확한 지적이었다. 군 정보기관이 합법적으로 국민을 감시하고 정보를 수집할 수 있도록, 마지막 남은 안전장치인 '입마개'를 스스로 풀어버린 것이었다. 그러나 이들의 태도는 끝까지 거만했다. 황희 위원의 질문에 국방부장관 김용현은 숫제 비속어까지 사용했다.

좌중은 아연실색했다. 국방부장관 김용현은 국회의 권위를 시궁창에 처박았다. 국민을 대표하는 헌법기관 앞에서도 서슴없이 욕설을 내뱉는 국무위원. 최소한의 품위와 법적 의무조차 짓밟는 그 오만함이야말로 국회를 짓밟아 뭉개야 할 적으로 보고 있다는 명백한 증거였다.

내용도 문제였다. 민주국가에서 군인이 군복을 입는다는 것은 '정치적 중립'과 '상명하복'을 서약한다는 뜻이다. 군복 입은 자가 자신의 소신이나 정치적 견해를 거침없이 말하기 시작할 때, 군대는 '국가의 칼'이 아니라 '정치 집단'이 된다. 그러니 국방부장관 김용현의 '군복은 입었지만 할 말은 하겠다'는 발언은 군인의 중립을 '비겁'으로 매도하여 군의 정치적 개입을 정당화하는 논리가 될 수 있었다. 5·16, 12·12처럼 언제든 '군복을 입고 헌법 위에 서겠다'는 섬뜩한 선언으로 들렸다.

법제사법위원회 군사법원 국정감사에서도 계엄 문제가 다시 등장했다. 여당 박준태 의원과 국방부장관 김용현이 주고받는 질의·응답이 가관이다. 이해를 돕기 위해 전문을 싣는다.

○박준태 의원: 투철한 애국심과 헌신으로 국방 수호 의무를 다하고 계신 국방부장관님 이하 우리 군의 모든 구성원들께 깊이 감사드리면서 경의를 표합니다. 계엄 괴담이 2개월째 이어지고 있습니다. 제도권 정치에서 이런 주장이 나오는 것도 황당한 일인데 야권의 핵심 지도부가 이런 괴담과 선동의 진원지라는 것이 믿기지 않습니다. 야당 수석최고위원이 선봉에서 주장을 합니다, '최근 윤석열 정권 흐름의 핵심은 국지전과 북풍 조성을 염두에 둔 계엄령 준비 작전이라는 게 저의 확신이다. 계엄 시 척결 대상에 문재인·이재명이 포함될 수도 있다'. 이게 대체 어느 나라의 언제적 얘기입니까? 군사정권으로 회귀하자 뭐 그런 권유입니까? 장관님!

○김용현 국방부장관: 예.

○박준태 의원: 국방부장관이 모르는 계엄 준비가 가능합니까?

○김용현 국방부장관: 불가능합니다.

○박준태 의원: 불가능하겠지요? 그러면 계엄 준비하고 계십니까?

○김용현 국방부장관: 그렇지 않습니다.

○박준태 의원 : 당연히 아니겠지요. 왜 이런 주장이 이루어진다고 생각하십니까?

ㅇ김용현 국방부장관 : 이게 계엄과 관련해서는 법적으로 요건이 딱 정해져 있습니다. 그런 법적 요건이 전시·사변 또는 그에 준하는 국가비상사태라고 딱 정해져 있는데 이런 요건이 정해져 있고 이런 요건을 충족하더라도 발령되고 나면 국회에서 해제할 수 있는 권한이 보장돼 있습니다. 이런 것들이 다 돼 있는데도 불구하고 계엄, 계엄하시는 것에 대해서는 저도 이해가 잘 안 갑니다.

ㅇ박준태 의원: "선동은 한 줄로도 가능하지만 그것에 반박하려면 수많은 문장과 증거가 필요하다. 그런데 그걸 반박하려고 할 때에는 이미 사람들은 선동당해 있다." 나치의 선전 장관이었던 괴벨스의 말입니다. 다들 아실 텐데요. 이 수법으로 나치는 수많은 독일 국민들을 기만하고 전쟁의 광기 속으로 몰아넣었습니다.

김민석 의원은 두 달 동안 계엄에 대해서 아무런 증거도 내놓지 못했습니다. 오히려 정부를 향해서 '내 말이 틀렸다는 증거를 대라, 입증해라' 이렇게 큰소리치고 있습니다. 이런 계엄령 선동이 먹힐 것으로 생각한다면 우리 국민의 수준을 대단히 얕잡아 보는 겁니다. 민주당 위원님들께서도 이런 주장은 좀 자제시켜 주십시오.

장관님이 짚어 주셨는데 현실적인 얘기를 더 해 보겠습니다. 정부가 계엄령 발동한다고 해도 우리 헌법에 따라서 국회가 재적과반수 찬성으로 해제를 요구하면 계엄령 즉각 해제됩니다. 그렇지요?

ㅇ김용현 국방부장관: 그렇습니다.

ㅇ박준태 의원: 이 점을 지적하자 이재명 대표께서 이렇게 얘기합니다, "계엄 해제를 막기 위해 국회의원을 계엄 선포와 동시에 체포·구금하겠다는 계획이라는 얘기를 들었다." 누구한테서 들은 겁니까? 김민석 최고한테 들은 겁니까? 민주당을 비롯한 범야권이 192석을 갖고 있는데 40명 구속시켜서 계엄을 한다는 겁니까? 이 자리에 계신 민주당 위원님들께서 계엄 선포돼서 구속되시는 분 계시면 제가

선봉에 나서서 석방 집회하겠습니다. 장관님!

○김용현 국방부장관: 예.

○박준태 의원: 경호처장 시절에 수방·특전·방첩 사령관이 경호처장 공관에서 몰래 만나서 계엄을 논의했다 이런 주장도 있던데 어떻습니까?

○김용현 국방부장관: 그것은…

○박준태 의원: 사실이 아니지요, 당연히?

○김용현 국방부장관: 아닙니다. 계엄 논의한 게 아니고 작년 연말에 전임 국방부장관께서 저하고 차담을 하면서—전임 국방부장관이면서 수방사령관도 전임입니다—당신이 수방사령관 할 때는 경호처장이 격려 식사도 해주고 이렇게 했는데 왜 그게 없냐 말씀하시길래 제가 '사실은 용산 이전 때문에 생각을 못 했다, 여건 봐서 하겠다' 그래서 봄에 한 번 식사를 했습니다.

○박준태 의원: 만나신 적 있다는 거지요?

○김용현 국방부장관: 예.

○박준태 의원: 그것이 아니더라도 이분들 보면 경호작전의 핵심 관계자들입니다. 수시로 만나서 의견 교환하고 회의하는 것이 당연해 보이는데 어떻습니까?

○김용현 국방부장관: 맞습니다.

○박준태 의원: 군 내에 충암고등학교를 졸업한 장군들이 제2의 하나회가 돼서 계엄을 준비한다는 그런 주장도 있습니다. 사실이 아니지요?

○김용현 국방부장관: 그렇습니다.

○박준태 의원: 충암고 출신 장성이 몇 명입니까?

○김용현 국방부장관: 4명입니다.

○박준태 의원: 4명?

ㅇ김용현 국방부장관: 예.

ㅇ박준태 의원: 4명 이상 장군을 배출한 학교는 여럿 있지 않습니까?

ㅇ김용현 국방부장관: 많습니다.

ㅇ박준태 의원 : 그래서 이런 근거 없는 계엄설이야말로 군의 사기를
저하시키는 선동적 행위다, 저는 이렇게 보고, 더 이상 이런 논란이
나오지 않도록 이런 얘기가 나왔을 때 장관님께서 단호하게 입장을
정리해 주시기 바랍니다.

ㅇ김용현 국방부장관: 그렇게 하겠습니다.

10월 30일 정보위원회 국정감사. 이날은 계엄 의혹이 가
장 구체적으로 다뤄진 날이었다. 박선원 정보위 간사는 방첩
사가 계엄을 검토했다는 의혹을 제기했다.

방첩사가 '치안이 흐트러지면 계엄 전환 가능'이라고 말했
다는 보고가 있다. 실제로 계엄 검토를 했는가.

방첩사령관 여인형은 국회에 다음과 같이 보고했다.

계엄을 검토할 이유도, 필요도 없다. 전시(戰時) 전환 과정
에서 개념상 등장할 뿐, 평시에 검토한 적 없다.

그러나 이 답변에는 결정적 문제가 있었다. 방첩사는 내

부 설명에서 실제로 다음과 같은 표현을 사용한 것으로 알려졌다.

이 표현은 나중에 여야 간사에게 보고할 때 '전시 전환 시 계엄 가능'이라는 문구로 바뀌었다. 박선원 간사는 또한 '충암고 출신 장성들의 경호처장 공관 회동' 의혹을 제기했다. 이에 대해 방첩사령관 여인형은 다음과 같이 회피했다.

1980년대부터 이어져 온 관례적 정보교류 모임이다. 올해 봄에 한 차례 열렸을 뿐, 계엄 논의는 일절 없었다.

10월 국정감사의 기록을 모으면 하나의 흐름이 보인다. 민주당은 꾸준하게 계엄 준비 의혹을 제기했고, 군은 '계엄은 아니다'고 부인했다. 그러나 그 답변 사이에 묘한 공백이 존재했다. 분명히 무언가를 숨기고 있다는 기류가 감지됐다. 당시 원내 상황을 알고 있던 보좌진들도 같은 감각을 갖고 있었다. 유광종 부실장은 이렇게 회상했다.

10월 국감에서 군과 대통령실이 말을 아끼는 걸 보면서, '뭔가 있다'는 느낌이 들었어요. 국방부가 답변을 회피할수록 오히려 의심이 더 커졌죠.

10월의 국정감사는 지진계처럼 계엄을 감지하고 있었다.

11

반란군의 지갑

민주당 내부에서는 하나의 판단이 굳어지기 시작했다. 무언가 준비되고 있다는 의구심, 그리고 그 움직임이 국정운영의 핵심인 예산 흐름과 맞닿아 있다는 판단이었다.

권력의 실체는 결국 예산에서 나온다. 법과 제도가 뼈대라면, 그것을 움직이는 피는 돈이기 때문이다. 따라서 11월 국회는 예산권을 둘러싼 정부와 국회의 치열한 힘겨루기가 예고된 시기였다.

나는 원내대표에 취임하자마자 소수 정예의 '예산 특공대'를 꾸렸다. 나는 회계사 출신의 전공을 살렸고, 송현석 원내정책실장, 예산 실무의 베테랑 이준호 당 예산전문위원, 세법 전문가 장기홍 전문위원까지 4명이 6개월간 매일 같이 머리를 맞댔다. 국회의 예산심의권은 폭주하는 권력을 제어할 수 있는 핵심 장치이기 때문이다.

정부가 예산안을 편성하면, 국회가 이를 심의·확정한다. 겉으로는 정부와 국회가 균형을 이루는 듯 보이지만, 실상은 달랐다. 우리 예산 시스템은 오랫동안 기형적으로 작동해 왔다. 국회가 받아 드는 예산안은 사실상 완성된 통보서나 다름 없었다. 기획재정부는 매년 5월부터 각 부처의 예산 요구를 취합하지만, 최종안은 기획재정부 내부의 판단에 따라 '조정'이라는 이름으로 사실상 결정됐다. 이렇게 만들어진 정부안은 9월이 되면 국회로 넘어온다.

이 불합리한 구조를 지탱하는 것은 헌법 제57조다. 국회가 예산을 늘리려면 정부의 동의를 받아야 한다는 이 조항은 기재부에게 '사실상의 거부권'을 쥐어주었다. 선출된 권력인 국회가 임명직 공무원인 기재부의 허락 없이는 국가 재정의 큰 물줄기를 바꿀 수 없는 기형적인 구조 말이다. 기재부는 이 막강한 권력을 이용해 국회를 길들여 왔다. 바로 '쪽지예산'이라는 달콤한 미끼였다. 그들은 지역구 민원 예산 몇 건을 선심 쓰듯 던져주고, 그 대가로 정부 예산안의 거대한 뼈대를 지켜냈다.

여기에 한국의 독특한 구조가 하나 더 있다. 많은 나라에서는 예산(豫算)과 세제(稅制)가 서로 다른 기관에 의해 관리된다. 그러나 대한민국 행정부에서는 기획재정부가 예산·세법·국가재정운용을 모두 쥐고 있는 '슈퍼 부처'다. 말 그대로 올 인 원all-in-one 구조로, 국회가 예산 구조를 건드리기 더 어렵게 만들었다. 기획재정부 국장·과장급 실무자가 국회의원보다 더 큰 힘을 행사한다는 우스갯소리가 나오는 이유도 여기에 있다.

하지만 예산을 어떻게 쓰고, 국민의 세금을 무엇에 사용할지 결정하는 일은 민주주의의 핵심이자 주권자의 권리다. 우리는 관료들에게 빼앗긴 이 권리를 되찾아와야 했다. 나와 3인의 실무진으로 구성된 '예산 특공대'가 칼을 댄 곳은, 바로 예산의 입구이자 뼈대인 「세법(稅法)」이었다.

왜 하필 세법이었을까? 기재부의 오만함은 믿는 구석에서 나왔다. 바로 '본회의 자동 부의' 조항이었다. 국회 선진화법에 따라 11월 30일까지 국회가 예산안과 세입 부수 법안(세법) 심사를 마치지 못하면, 다음 날인 12월 1일 정부가 제출한 원안이 자동으로 본회의에 올라가게 되어 있다.

2025년도 예산안 심의 과정에서 가장 극적인 순간은, 정부가 전혀 예상하지 못했던 선택, '감액안 단독 의결'이었다. 정부 여당이 강공만 고집하며 손 놓고 있는 사이, 우리는 미리 준비한 감액안을 전격 의결하여 예산 심의의 주도권을 장악했다.

거기에 미리 준비한 세법도 마련되어 있었기에 12월 1일 정부안 자동부의를 막을 수 있었다. 그렇지만 예산안 감액을 국회가 단독으로 처리하겠다고 결심한 순간, 예상되는 가장 큰 난관은 기획재정부의 '비협조'였다. 기재부가 예산 수정 실무를 거부할 것이 뻔했기 때문이다.

기재부의 또다른 믿는 구석은 '시트Sheet 작업'이라 불리는 예산명세서 수정 업무였다. 700조 원에 달하는 방대한 예산의 숫자를 하나하나 뜯어고쳐 엑셀 시트를 다시 짜는 일을 국회가 할 수 있겠냐는 거였다. 찾아보니 2013년 이후 국회가 예산 시트를 직접 손댄 적이 없었다. 국회가 "이 사업에서 얼마 깎고, 저 사업에 얼마 더해라"라고 지침만 주면, 기재부 공무원들이 밤을 새워 엑셀 시트의 숫자를 맞춰오는 식이었다.

기획재정부는 예상대로 태업했다. 우리가 감액안을 의결하려 하자, 그들은 시트 작업을 거부했다. 국회가, 민주당이 절대 이 복잡한 숫자를 맞추지 못할 것이라 확신했던 것 같다. 사실 숫자 하나만 틀려도 예산 전체가 꼬이는 초고난도 작업이었다. 하지만 그들은 간과했다. 제1야당 원내대표가 평생 숫자를 다뤄온 회계사 출신이라는 사실을 말이다. 고맙게도 예산 실무의 베테랑 이준호 당 예산전문위원, 세법 전문가 장기홍 전문위원이 총대를 멨다. 밤을 새워가며 엑셀 시트와 씨

름했고, 기획재정부 도움 없이 그 방대한 시트를 오류 하나 없이 완벽하게 만들어 냈다. 국회 선진화법 이후 최초로 입법부가 행정부의 손을 빌리지 않고 스스로 예산안을 완성해낸 순간이었다. 6개월간 치밀하게 준비해온 데이터가 있었기에 가능한 일이었다.

기획재정부는 사실상 대응 불가였다. 국회가 이렇게 준비해서 맞붙은 적이 없었기 때문이다. 다급해진 쪽은 오히려 기획재정부였다. 유광종 부실장의 증언이다.

우리가 계속 '감액안만 의결할 수 있다'고 신호를 보냈어요. 그런데 기획재정부는 우리를 믿지 않았어요. '너희가 쪽지예산을 포기할 리 없다'는 거죠.
어느 날은 기획재정부 예산실 과장급이 찾아와서 '증액 사업 리스트 달라'고 하는 겁니다. 16개를 달라고 했어요. 그 정도면 파격적으로 많이 주는 거예요. 보통 의원 한 명당 3개씩만 주거든요.

기획재정부의 논리는 공식 같았다. "너희가 그 정도 '미끼'를 안 받고 버틸 수 있겠느냐"라는 것이었다. 수십 년간 형성된 예산 관행, 기획재정부가 증액을 흘려주고 국회는 그걸 받아 지역구에 가져가는 구조에 비춰보면 그들의 판단은 충분히 합리적이었다. 그러나 이번에는 달랐다.

실무진들은 감액안 단독 의결을 앞두고, 마지막까지 '혹시 모를 협상'을 대비해 기획재정부가 요구한 16개의 증액 리스트도 준비하긴 했다. 그러나 그 리스트는 결국 제출하지 않았다. 당시 상황을 유광종 부실장은 이렇게 기억한다.

제출 시한이 다 됐을 때, 제가 리스트를 들고 원내대표께 물었습니다.

"이거 정말 안 넣습니까?"

그런데 돌아온 대답은 단호했습니다.

"하지 마."

그 순간 진짜로 감액안 단독 의결로 간다는 걸 확신했습니다. 지역구에 돌아가 죄송하다 읍소하고 다녀야 하지만, 나라를 위해 옳은 일을 하는 거잖아요. 저희 실무진도 더이상 망설일 이유가 없었습니다.

그런데 유광종 부실장의 기억이 좀 부족하다. 나는 "하지 마"란 말 다음에 소금도 뿌리라고 했다. 소금을 뿌려 내쫓으라는 단호한 거절이었다. 물론 이것은 나 한 사람의 결단만으로는 불가능했다. 자신의 지역구 예산을 포기하고 당론을 따라준 170명 민주당 의원들의 결단, 그리고 예산결산특별위원회를 지휘하며 생색 한번 안 낸 박정 위원장과 허영 간사의 헌신적인 노고가 있었기에 가능한 일이었다. 우리는 개인의 욕망을 내려놓고, '헌법적 책무'라는 하나의 깃발 아래 똘똘 뭉쳤다.

사실 원내지도부가 본인 지역구 예산을 포기하는 건 있을 수 있는 일이다. 그런데 모든 의원이 자기 걸 포기한 건 정말 있을 수 없는 일이라고 봐도 무방하다.

앞으로도 가능할까 싶은 일을 해낸 것은 바로 예비비 때문이었다. 전체 예산 중 감액된 예산액은 4조 1천억. 다른 해와 비교해도 튀는 숫자는 아니다. 그런데 '예비비'가 문제였다. 정부는 2025년도 예비비로 무려 4조 8천억 원을 책정해 두었다. 이것이 얼마나 기이한 숫자인지는 2024년 예산과 비교해 보면 명확해진다. 2024년 본예산 기준 예비비는 4조 2천억 원이었다. 6천억 원 증액은 얼핏 보면 크게 보이지 않을 수 있다.

문제는 정부가 '건전 재정'을 부르짖으며 허리띠를 졸라매라고 강요하던 시기라는 것이다. R&D 예산은 '카르텔'이라며 무참히 삭감하고, 지역 화폐와 서민 복지 예산은 '돈이 없다'며 난색을 표하던 정부가 유독 용처를 밝히지 않아도 되는 비상금만은 6천억 원이나 더 늘리겠다? 앞뒤가 맞지 않았다. 국가 재정이 어렵다면서 비상금만 늘리는 가장(家長)을 어떻게 신뢰할 수 있겠는가.

우리는 즉각 칼을 들었다. 4조 8천억 원 중 불요불급한 증액분과 과다 편성된 부분을 쳐내고, 절반인 2조 4천억 원을 과감하게 삭감했다. 거기에 특수활동비(특활비)와 특수업무경비(특경비)까지 약 4조 1천억 원이 감액되었다.

더 이상한 점은 기획재정부장관 최상목이 예산안 통과 전 찾아와서 딱 한 가지를 요청했는데, 그게 바로 예비비만 원안대로 통과시켜달라는 것이었다. 정부 사업비는 깎아도 되는데 예비비는 안 된다? 정말 기이하지 않은가. 경제를 살릴 돈도 아니고, 서민을 도울 돈도 아니다. 그저 정부가 마음대로 쓸 수 있는 현금 뭉치를 지키기 위해 장관이 읍소를 하다니.

그 의문은 12·3 내란 이후 발견된 일명 '최상목 문건'을 보고서야 풀렸다. 문건에는 대통령의 지시 사항이 선명하게 적혀 있었다. 1) 예비비를 조속한 시일 안에 충분히 확보해 보고하고 2) 대한민국 국회 관련 자금을 완전 차단하고, 3) '국가비상 입법기구' 관련 예산을 편성하라는 내용이었다.

소름이 끼쳤다. 기재부장관 최상목이 그토록 필사적으로 지키려 했던 예비비는 계엄군을 움직이고, 비상 입법기구를 운영하며, 내란을 지속하기 위해 필요한 '군자금'이었던 것이다. 윤석열 정권은 자신들이 짓밟아 무력화시키려는 국회를 향해, 그 내란을 수행할 '거사 자금'을 승인해 달라고 떼를 쓰고 있었던 것 아닌가? 국민을 찌를 칼값을 국민에게 청구한 셈이다.

반란군의 지갑을 채울 돈을 마련하지 못하자 12월 3일 밤, 대통령 윤석열은 감액 예산을 계엄의 이유로 들기도 했다.

국가 예산 처리도 국가 본질 기능과 마약범죄 단속, 민생 치안 유지를 위한 모든 주요 예산을 전액 삭감하여 국가 본질 기능을 훼손하고 대한민국을 마약 천국, 민생 치안 공황 상태로 만들었습니다.

민주당은 내년도 예산에서 재해대책 예비비 1조 원, 아이돌봄 지원 수당 384억 원, 청년 일자리, 심해 가스전 개발 사업 등 4조 1천억 원을 삭감하였습니다.

심지어 군 초급간부 봉급과 수당 인상, 당직 근무비 인상 등 군 간부 처우 개선비조차 제동을 걸었습니다. 이러한 예산 폭거는 한마디로 대한민국 국가 재정을 농락하는 것입니다.

예산까지도 오로지 정쟁의 수단으로 이용하는 이러한 민주당의 입법 독재는 예산 탄핵까지도 서슴지 않았습니다.

그러나 이는 모두 사실이 아니었다. 마약·치안 예산은 단 1원도 삭감되지 않았다. 검찰·경찰 수사예산도 정부 원안 그대로 통과했다. 국회가 건드린 것은 특활비·특경비와 예비비,

즉 권력의 어두운 뒷돈뿐이었다.

계엄 직전인 11월 30일 뉴스에는 이런 말이 흘러나왔다.

대통령실 고위 관계자의 발언이었다. 그들의 시각에서 '국정'은 '대통령의 통치'였고, 국회는 거기에 순응해야 할 부속 기관이었다. 그러니 뜻을 따라주지 않는 국회를 향해 입법폭주, 예산폭주 운운하는 것이었다.

그러나 헌법은 그렇게 말하지 않는다. 공무원은 '국민 전체에 대한 봉사자(제7조)'이며, 국회의원은 '국가이익을 우선하여 양심에 따라 직무를 행한다(제46조)'고 명시한다. 이 두 조항의 정신을 합치면, 국회의원은 권력의 부속이 아니라 국민 전체를 위한 양심의 대리자이자 봉사자다.

우리는 우리가 가야 할 길을 따박따박 걸을 뿐이었다. 민주주의의 가장 현실적인 속도였다. 그러나 그 속도가 독재를 바라는 세력에게는 너무 귀찮고, 너무 느린 속도였다.

12.

진실의 거울이 된

게이트

11월 1일 아침, 신문 1면에는 빠짐없이 같은 이름과 같은 문장이 올라와 있었다.

'명태균'

"김영선이를 해줘라"

명태균이라는 이름이 언론에 본격적으로 등장하기 시작한 것은 2024년 9월이었다. 처음에는 조각난 정황들만 흩어져 있었다. 공천 과정에서 김건희 여사가 특정 후보를 언급했다는 취지의 보도, 대통령 당선 직후 있었던 통화 의혹, 여권 내부에서 오가던 말들이 기사 형태로 드러나기 시작한 정도였다.

《뉴스토마토》는 9월 초부터 2022년 6월 재보궐선거 당시 대통령 윤석열 부부가 명태균과 통화하며 특정 후보를 밀어준 정황이 있다는 단독 보도를 내기 시작했다. 그러나 당시 언론은 이 내용을 완전히 단정적으로 쓰지 못했다. 결정적인 '스모킹 건'이 없었다. 대부분 "전해졌다", "알려졌다"는 식의 간접 화법이었고, 여당은 이를 "악의적인 정치공세"라며 콧방귀를 뀌었다.

그러나 9월 20일을 기점으로 파편화된 퍼즐이 맞춰지기 시작했다. SBS와 JTBC는 김영선 전 의원이 영부인을 거론하며 공천을 압박한 정황과, 명태균에게 6,300만 원을 건넨 금전 흐름을 포착했다. 이어 《서울의소리》가 공개한 김대남 녹취록, 명태균과 이준석 간의 카카오톡 메시지는 '대통령 부부의 직접 개입'이라는 연결고리를 더욱 선명하게 만들었다.

"윤 대통령 전화가 왔다. 김영선으로 전략 공천 주겠다고 말씀하셨다."

당시 전언으로만 떠돌던 내용이 실제 문자 메시지로 존재한다는 사실은 충격적이었다.

9월 24일 의혹은 '권력형 게이트'로 비화했다. 김영선 의원이 세비 절반을 명태균에게 지속적으로 건네, 총 9,677만

원을 줬다는 사실과 함께, 대선 전 3억 6천만 원 상당의 여론
조사 비용을 명태균 측이 대납했다는 정황이 드러났다. 의혹
의 성격이 단순한 공천 개입을 넘어 지속적인 금전 거래와 선
거 영향력 행사로 확대된 것이다.

10월에 들어서면서 의혹은 더욱 구체화 되었다. 10월 2일
JTBC가 김건희 여사의 텔레그램 "단수는 나 역시 좋다"는 내
용을 보도한 데 이어, 10월 4일과 6일에는 핵심 증인 강혜경
의 입을 통해 게이트의 본질이 폭로되었다.

강혜경은 MBC 보도와 유튜브 '스픽스' 출연을 통해 명
태균이 매일 여론조사 결과를 윤석열 후보에게 보고했고, 그
비용을 받는 대신 공천을 받아 왔다고 증언했다. 진행자가
"3억 6천만 원에 공천을 판 것 아니냐?"고 묻자, 그녀는 단호
하게 답했다.

판 거죠.

10월 21일, 법제사법위원회 국정감사의 주인공은 단연
강혜경이었다. 그녀는 김영선 전 의원의 회계책임자로서 지
켜본 참담한 현실을 언급하며 담담하게 말했다. "진실을 밝히
기 위해 나왔습니다."

이날 질의의 핵심은 명태균의 '진짜 위치'였다. 강혜경은

명태균이 단순한 조언자가 아니라 공천과 의사결정 전반을 쥐락펴락했던 실세였음을 증언했다. 그리고 이날 국감장을 뒤흔든 결정적 한마디가 터져 나왔다.

김영선 공천은 김건희 여사가 줬습니다.

함께 공개된 녹취 속 "여사님 전화 왔는데 선물이라고 했다"는 명태균의 목소리가 그녀의 증언을 뒷받침했다. 물론 한계도 있었다. 강혜경은 "대통령 부부와 직접 통화한 적은 없다"며 모든 것은 명태균을 통해 전해 들은 말임을 분명히 했다. 하지만 그녀는 그 '전언'이 사실일 수밖에 없는 이유를 또렷하게 설명했다. 명태균이 "대통령이 말했다", "여사가 지시했다"라고 말하면, 거짓말처럼 그 내용이 현실의 공천과 정치적 결정으로 고스란히 이어졌기 때문이다.

강혜경의 증언은 구체적이었지만, 여전히 '전언(傳言)'이라는 점이 한계였다. 이 방어막을 뚫으려면 직접적인 증거가 필요했다.

사실 명태균 게이트의 판도를 결정짓는 '스모킹 건', 녹취 파일은 내 손에 들어왔다. 최초의 단초는 《뉴스토마토》 측으로부터 소개받은 강혜경과의 접촉이었다. 날짜를 특정할 수 없는 8월 어느 날, 마포 인근에서 박성준 원내수석부대표와 저녁을 먹는 중에 《뉴스토마토》 측에서 강혜경을 연결해 주겠다고 연락이 왔다.

나는 노종면 원내대변인에게 강혜경과의 접촉을 전담시켰다. 노종면 원내대변인은 특유의 진정성으로 신뢰를 쌓아가며 그녀의 진술을 이끌어냈다. 두 달 넘는 이 작업은 나와 박성준 원내수석부대표, 노종면 원내대변인 외에는 알지 못했다. 철저하게 보안을 지켰다.

하지만 결정타는 다른 곳에서 터졌다. 친분 깊은 한 당원의 제보였다. 명태균의 통화 녹음을 대량으로 보관하고 있는 인물이 있다는 것이었다. 편의상 '제보자-X'라고 부르기로 했다. 제보자-X의 녹음파일을 들어보니 내용이 충격적이었다. 명태균이 김영선 전 의원에게 "내 말대로 안 하냐"며 쥐 잡듯 호통치는 내용들이 고스란히 담겨 있었다. 강혜경의 증언이 모두 사실임을 입증하는 물증이었다.

이번에도 나는 즉시 노종면 원내대변인을 급파해 제보자-X를 설득해서 파일들을 확보했고, 끈질긴 작업 끝에 마침내 대통령 윤석열의 육성이 담긴 파일을 찾아냈다. 그야말로 움직일 수 없는 '팩트'였다. 문제는 언제 이 파일의 존재를 알리느냐였다. 우리는 냉철해야 했다. 흥분해서는 안 된다. 이 폭발력 있는 진실을 어떻게 세상에 내놓을 것인가. 언론에서 의혹 보도가 연일 계속되고 있는 만큼, 가장 결정적인 시기에 쐐기를 박는 것이 중요하다고 판단했다.

10월 30일 밤, 나와 노종면 원내대변인, 박성준 원내수석부대표가 마주 앉았다. 우리는 머리를 맞대고 전략을 짰다. 국정감사가 끝난 직후인 다음 날, 해당 문제를 다수 취재한 MBC를 통해 터뜨리는 쪽으로 가닥을 잡았다. 노종면 원내대변인이 언론과 소통하는 창구 역할을 맡아 은밀하고도 치밀하게 움직였다. 밤은 길었고, 잠은 오지 않았다. 어둠 속에서도 대통령의 그 육성이 귓가에 맴돌았다. 이것이 불러올 파장을 가늠하느라 거의 뜬눈으로 밤을 지새웠다.

10월 31일 오전 7시 30분 원내대표 회의실. 나와 박성준 원내수석부대표, 김용민 원내정책수석부대표, 그리고 노종면 원내대변인이 비공개 최종 점검을 위해 모였다.

MBC가 오전 11시에 보도하기로 했습니다.

노종면 원내대변인의 보고를 받으며 마지막 시나리오를 점검하던 찰나였다. TV 화면 아래로 자막이 흘러나왔다.

[단독] 윤석열 대통령 녹취록 공개

아뿔싸. MBC가 보도 시점(11시)을 맞추지 못하고 속보 자막을 먼저 띄워버린 것이다. 내용은 없이 '육성 확보'라는 제목만 덜렁 나갔다. 사실상 '사고' 수준이었다. 순식간에 기자들의 전화가 빗발치기 시작했다. 상황이 변했다. 11시까지 기다릴 수 있는 상황이 아니었다.

회의는 다른 방향으로 진행됐다. 목요일 통상 일정인 정책조정회의를 그대로 진행할 것인가, 아니면 판을 바꿀 것인가. 선택의 기로였다. 원내대표인 내가 직접 나선다? 이것은 언론사 단독 보도와는 차원이 다른 문제였다. 나는 잠시 고민했다.

그때 박성준 원내수석부대표가 단호하게 제안했다.

대표님, 정책조정회의 취소하셔야 합니다. 긴급 기자회견을 열고 대표님이 직접 발표하십시오. 정치는 타이밍입니다. 이미 언론에 알려졌는데 늦추면 안 됩니다. 지금 바로 전면 공개로 가시죠.

박성준 원내수석부대표의 말은 짧았지만 상황을 꿰뚫는 정무적 판단이었다. 머릿속이 차갑게 정리되었다. 이건 에둘러 갈 사안이 아니었다. 전쟁터에 나가는 장수가 갑옷 무거운 것을 탓할 수는 없지 않은가.

나는 즉시 결단을 내렸다. 정책조정회의는 취소되었다. 긴급 공지가 언론에 발신됐다. 잠시 후, 나는 기자회견장 단상에 섰다. 수많은 카메라 플래시가 터지는 가운데 마침내 윤석열 대통령의 목소리가 스피커를 타고 회견장에 아니 대한민국 전역에 울려 퍼졌다. 공천 개입의 실체가 만천하에 드러나는 순간이었다.

대통령 윤석열의 육성이었다. 공천을 지시하는 명확한 명령조였다. 그리고 곧이어, 그 권력 앞에 납작 엎드린 명태균의 목소리가 이어졌다.

단 17초. 대통령 당선인 윤석열이 공당의 공천에 직접 개입했다는, 움직일 수 없는 증거였다. 명태균의 "평생 은혜를 잊지 않겠다"는 답변은 이 관계가 권력과 이권이 오가는 거래 관계라는 것을 방증하고 있었다.

이 녹취록 공개는 윤석열 정권의 심장부를 겨눈 치명타였다. 지지율은 10%대로 곤두박질쳤고, 보수 언론조차 "대통령 부부의 육성이 나온 이상 빠져나갈 구멍은 없다"며 등을 돌리기 시작했다. '탄핵'이라는 단어가 광장뿐만 아니라 제도권 정치 안에서도 공공연하게 거론되기 시작한 결정적 분기점이었다.

이날 이후에도 우리는 확보한 녹취록을 무작정 쏟아내지 않았다. '정보의 홍수' 속에 진실이 휩쓸려 내려가는 것을 막기 위해, 우리는 아주 독특하고 배짱 두둑한 전략을 펼쳤다. 쉽게 말하면 '집을 지을 설계도를 가져오면 필요한 재료를 제공하겠다'는 전략이었다.

언론사가 먼저 기획을 하고 상의를 해오면 그에 맞춤한 '녹취'를 제공했다. 우리가 기자회견을 하거나 보도자료를 내는 것보다 언론사들의 반응이 뜨거웠다. 한번은 한 언론사가 밋밋한 기획안을 가져왔다. 맞춤한 녹취가 없어서 제공하지 못했더니, 더 날카로운 분석 기사를 만들어왔다. 우리는 그에 걸맞는 녹취 파일을 건넸다. 언론은 단독 보도를 해서 좋고, 우리로서는 애써 확보한 녹취가 화제가 되지 못하고 떠밀려 가는 것을 막는 'win-win' 전략이었다.

이런 전략이 계속되자, 여의도 정가에는 '민주당이 명태균의 황금폰을 통째로 가지고 있다'는 추측이, 아니면 확신이 퍼졌다. 실체 없는 공포, 그것이 바로 '황금폰'의 정체였다. 우리는 긍정도, 부정도 하지 않았다. 가장 초조해진 것은 역시 여당이었다. 추경호 국민의힘 원내대표는 나를 만날 때마다 슬쩍, 하지만 절박하게 떠보곤 했다.

"진짜 '황금폰' 있는 거예요? 저번에 나온 게 다예요, 아니면 뭐 더 있어요?"

그는 우리가 어디까지 알고 있는지, 대통령의 육성이 몇 개나 더 있는지 가늠조차 못 하고 있었다. 나는 일부러 모호하게 답했다.

"글쎄요, 어떨 것 같아요? 있을 것 같아요, 없을 것 같아요?"

대신 나는 추경호 원내대표에게 대통령 윤석열과의 단절을 제안했다. 협상 파트너로서 건넨 호의였다.

'황금폰'이라는 물리적인 휴대폰 하나가 우리 손에 있는 건 아니었다. 우리가 가진 것은 여기저기서 제보받은 녹취 파일들과 그것을 적재적소에 터뜨리는 전략이었다. 하지만 그들에게는 우리의 침묵이, 내 양복 안주머니에 들어있는지 모를 그 가상의 황금폰이, 핵폭탄보다 더 무서운 공포였을 것이다.

우리는 그렇게 보이지 않는 '황금폰' 하나로 여당과 대통령실을 심리적 패닉 상태로 몰아넣고 있었다. 훗날 밝혀진 검찰 공소장에 따르면 '명태균 게이트'는 대통령 윤석열이 비상계엄을 결심하게 된 가장 결정적인 트리거^{trigger}였다.

조사 결과 대통령 윤석열은 2024년 4월 총선 전후부터 국방부장관 김용현, 방첩사령관 여인형, 특전사령관 곽종근, 수방사령관 이진우 등 이른바 '충암파' 군 수뇌부와 사적인 자리에서 '비상조치', 즉 계엄을 암시하는 이야기를 자주 나눴던 것으로 드러났다. 특히 계엄 선포 9일 전인 11월 24일, 대통령 윤석열은 국방부장관 김용현을 따로 불렀다. 이 자리에서 그는 민주당이 제기한 '명태균 공천 개입 의혹'과 이재명 대표의 재판, 그리고 수사 관련 판검사 탄핵 가능성 등을 거론하며 격앙된 반응을 보였다고 한다.

이게 나라냐. 미래 세대에게 제대로 된 나라를 만들어 주기 위해서는 특단의 대책이 필요하다.

돌이켜 보면 2024년은 윤석열 정권에 균열이 가는 소리로 가득했다. 4월 총선 완패, 억지스러운 거부권 통치, '반국가 세력'이라는 혐오와 분열의 언어, 충암파를 앞세운 군 사유화, 무리하게 확보하려고 했던 예비비, 그리고 마침내 터져 나온 명태균 게이트라는 치명타.

우리는 그 종착지가 '권력의 몰락'일 것이라 예상했다. 적어도 정권의 자기반성과 국민 앞에 고개 숙이는 '척'이라도 할 줄 알았다. 그러나 대통령 윤석열은 해법을 찾는 대신 시스템을 부수는 길을 택했다. 우리가 터뜨린 '명태균 게이트'가 썩어 문드러진 권력의 치부를 마주 보게 한 '진실의 거울'이 된 셈이었다. 대통령 윤석열은 진실의 거울에 비친 자신의 추악한 민낯을 견디지 못했다. 그는 뼈를 깎는 쇄신 대신, 거울을 깨뜨리는 길을 택했다. 자신의 불법과 비리를 덮기 위해 국가 시스템 전체를 인질로 삼는 가장 비열한 도박을 감행한 것이다.

고대 전설에 '고르디우스의 매듭' 이야기가 있다. 아무도 풀지 못한 복잡한 매듭을 단칼에 베어버린 알렉산더 대왕의 일화다. 사람들은 이를 두고 복잡한 난제를 단숨에 해결하는 영웅적 결단으로 기억한다.

궁지에 몰린 대통령 윤석열은 스스로를 알렉산더로 착각했던 것 같다. 영부인 김건희를 둘러싼 의혹, 명태균 게이트로 드러난 공천 개입, 바닥을 모르고 추락하는 지지율. 그에게 이 복잡하게 얽히고설킨 정국은 풀기 싫은, 아니 풀 수 없는 매듭이었을 것이다.

정치는 본래 인내심을 가지고 엉킨 실타래를 하나하나 풀어가는 과정이다. 대화하고, 타협하고, 때로는 치욕을 견디며 해법을 찾는 것이 민주주의의 방식이다. 하지만 대통령 윤석열에게 '과정'은 거추장스러운 장애물일 뿐이었다. 그는 복잡한 것을 싫어했다. 법대로, 원칙대로라는 말 뒤에 숨어 그는 늘 가장 쉽고 폭력적인 방법을 꿈꿔왔는지도 모른다.

"이게 나라냐." 그가 사석에서 내뱉었다는 한탄은, 매듭을 풀 능력이 없는 자의 짜증 섞인 투정이었다. 결국 그는 정치라는 인내의 과정을 포기하고, 단칼에 매듭을 끊어 새로운 세상의 지배자가 되고 싶어 했다. 입법부의 기능을 정지시키고, 언론의 입을 막고, 반대파를 척결하면 모든 골치 아픈 문제가 사라질 것이라 믿었을 것이다. 그러나 그는 결정적인 한 가지를 간과했다. 알렉산더가 끊은 것은 낡은 밧줄이었지만, 그가 내려친 칼날이 닿은 곳은 대한민국 헌법과 국민이라는 사실 말이다.

Part 3

돌아오십시오

13.

군홧발

다시 12월 3일 밤 10시 59분. 국민의힘 추경호 원내대표는 이 위급한 시각에 기이한 행보를 보였다. 국회 출입구가 경찰 버스로 막히고 무장 병력이 배치되기 시작한 밤 11시경. 헌법을 수호하려는 의지가 있었다면 어떻게든 국회 담장을 넘어서라도 본회의장으로 들어오라고 독려해야 마땅했다. 추경호 원내대표는 비상의원총회를 소집했다. 장소는 '국회'였다. 그러나 국회가 봉쇄되자마자 불과 6분 뒤인 밤 11시 09분, 장소를 '여의도 당사 3층'으로 변경했다.

명백한 꼼수였다. 헌법기관인 국회의원들을 국회가 아닌 당사에 모아, 계엄 해제 표결에 참여하지 못하게 하려는 방해

공작이었다. 그는 헌법 수호의 의무를 저버리고 내란의 방조자 역할을 자처했다.

그 시각, 용산의 시계는 사전에 모의한 대로 돌아갔다. 밤 11시 25분 육군참모총장 박안수가 계엄사령관에 임명되었다. 곧이어 밤 11시 30분경 포고령 제1호가 발표되었다. '국회·정당 활동 금지', '통제'. 대한민국 헌법 제1조가 짓밟히는 순간이었다. 대통령 윤석열이 담화를 마친 지 채 한 시간이 되지 않았을 때였다.

밤 11시 06분 우원식 국회의장이 국회 담장을 넘었다. 밤 11시 17분엔 이재명 당대표도 국회 경내 진입에 성공했다. 모든 장면이 유튜브 라이브를 통해 중계됐다. 흔들리는 화면, 거친 숨소리, 그러나 형형하게 빛나는 눈빛. 이재명 대표는 국민께 호소했다.

윤석열 대통령의 불법적이고 위헌적이고 반국민적인 계엄 선포!

국민 여러분 국회로 와주십시오. 무너지는 민주주의, 여러분이 함께 나서 지켜주십시오. 저도 지금 국회를 향해 가고 있습니다. 이제 곧 탱크와 장갑차 총칼을 든 군인들이 이 나라를 지배하게 됩니다. 이제 검찰 지배국가에서 군인 지배국가로 전환할 모양입니다. 이렇게 방치할 수는 없습니다. 국민 여러분 국회로 와주십시오.

- 2024. 12.3. 이재명 대표 유튜브 라이브

그 호소는 잠들지 못한 깨어있는 시민들의 가슴에 불을 질렀다. 시민들도 여의도로 몰려들고 있었다. 밤 11시 43분 국회 상공에 굉음이 울렸다. 헬기였다. 대한민국 민주주의의 심장부 상공에 군용 헬기가 선회했다. 영화처럼 싸락눈이 흩날리는 것이 헬기 불빛에 비춰 보였다. 아, 차라리 영화였다면. 당시 나의 상임위는 국방위원회였다. 그래서 군 헬기가 떴다는 첩보를 미리 듣기는 했었다. 박상현 비서관의 기억이다.

헬기 소리가 들리기 한 10분 전쯤 첩보를 받았어요. 계엄 선포를 보고 달려왔으면서도 설마 군사 작전까지 벌어질까, 헬기가 국회에 진입한다는 건 말도 안 된다고 생각했죠. 그런데 기어코 그 첩보가 사실이었더라고요.
원내대표실에서 비상대기를 하고 있을 때 헬기 소리를 들었어요. 윤지훈 실장에게 "헬기 소리가 들리지 않습니까?"라고 하자마자 서로 마주 봤고, 동시에 밖으로 뛰쳐나갔습니다.
마침, 경찰의 저지를 뚫고 담장을 넘은 김경환 보좌관이 머리 위로 낮게 나는 헬기를 촬영하며 본청으로 달려오고 있

밤 11시 48분 헬기가 국회 운동장에 착륙했다. 무장한 계엄군이 국회 경내로 진입했다. 전쟁터에서나 볼 법한 완전군장 차림의 군인들이 총구를 앞세우고 본청으로 진격했다.

본청 안은 아수라장이었다. 나는 본회의장 안에서 의원들이 도착하기를 초조하게 기다리며 상황을 점검하고 있었다.

문 막아! 절대 열어주지 마!

고함이 오갔다. 하지만 그 최전선에 서 있는 것은 국회의원들이 아니었다. 유리문을 깨고 밀고 들어오는 총칼 앞에 맨몸을 던진 것은 보좌진들과 당직자들, 국회 직원들, 그리고 이 모든 상황을 전국에 타전하고 있는 기자들이었다.

계속해서 박상현 비서관의 기억이다.

에 보이는 책상, 의자, 소파를 닥치는 대로 나르며 정문을 막았어요. 총을 든 군인이 마음만 먹으면 단숨에 부술 수 있는 가구들이었지만, 비무장인 우리가 할 수 있는 유일한 저항이었죠. 그저 저 군인들도 제복을 입은 선량한 시민일 것이라는 믿음 하나에 기대며 맨몸으로 집기를 지탱하고 문을 사수했어요.

다른 한편 김민기 사무총장은 의원회관, 도서관 등으로 이어진 지하 통로를 개방했다. 군이 제대로 파악하지 못한 길을 통해 국회의원들이 본회의장으로 입장할 수 있는 길을 확보해둔 것이다. 실제로 이 지하 통로를 통해 본회의장으로 입장한 국회의원이 20여 명쯤 됐다.

그 시각 우원식 국회의장과 이재명 대표는 각각 국회에서 몸을 숨기고 있었다. 우원식 국회의장은 본청에서, 이재명 대표는 의원회관과 풀숲 등을 옮겨 다니면서 계엄군을 피했다. 경호 또는 최소한의 인원들만 함께했다. 나는 이재명 대표를, 김민기 사무총장은 우원식 국회의장과 이학영 국회부의장의 위치를 수시로 확인했다.

그 긴박했던 대치의 순간, 숨겨진 이야기도 있었다. 원내대표실 안팎을 오가며 지키고 있던 박상현 비서관이 당대표 정무조정부실장을 맡고 있던 김남준 부실장을 만났다고 한다.

김남준 부실장이 제게 "군 진입 시 이재명 대표님을 피신시킬 차량이 필요하다"고 은밀히 요청했어요. 저는 즉시 김우성 비서관에게 연락해 의원회관 지하 주차장에 대기할 것을 부탁했죠. 김우성 비서관은 계엄군과의 대치 상황에서 본청 지하 통로를 통해 의원회관 지하 주차장으로 이동해서 차량 안에서 대기했어요. 다행히 군이 본회의장에 진입하지 못해 실행되지는 않았지만, 만약 계엄군이 본회의장을 점거하면 어디로 어떻게 빠져나가야 할지 고민하며 식은땀을 흘렸던 그 시간은 우리에게 또 다른 전쟁이었어요.

날짜가 바뀌어 12월 4일이 되었다. 상황은 더욱 급박해졌다. 0시 8분, 우원식 국회의장은 "군경은 동요 말고 자리를 지키라"며 비상계엄 관련 기자회견을 열고 의원 소집을 독려했다.

이 시각쯤, 국회 본회의장에 모인 인원은 여야를 합쳐 150명을 넘어섰다. 그러나 여당이 계엄 해제에 찬성표를 던질지 확신하지 못했다. 국민의힘이 당사에 숨든, 의총장에서 눈치 보기를 하든, 우리는 우리 힘으로 헌법을 수호할 힘을 갖출 때까지 기다렸다.

우원식 국회의장은 본회의장으로 이동을 시작했다. 나중

에 들으니 5층 농림축산식품해양수산위원회 전문위원실에 몸을 피하고 있었다고 한다. 문제는 직전의 비상계엄 관련 기자회견으로 의장이 현재 국회 본청에 있다는 게 노출된 것이다. 더 이상 몸을 피하기보다 본회의장을 지키는 데 나서야 했다. 0시 20분 드디어 우원식 국회의장이 본회의장에 입장했다.

이 긴박한 순간에도 국민의힘 추경호 원내대표의 방해는 집요했다. 협상 파트너인 내가 아무리 전화해도 받지 않았다. 그런데 우원식 국회의장, 한동훈 국민의힘 대표와는 통화가 되는 눈치였다.

12월 4일 0시 29분 오로지 더불어민주당과 야당, 범민주 진영 의원들만으로 과반을 넘겼다. 과반이 되기 직전 이재명 대표에게 전화했다. 이재명 대표 없이도 과반 확보는 가능해 보였지만 당대표가 국회의원, 보좌진들과 생사를 같이 해야 한다고 판단했다. 국회의원회관, 나무 그늘 등 자리를 옮겨가며 몸을 숨기고 있던 이재명 대표는 김민기 국회 사무총장이 열어둔 지하 통로를 이용해 본회의장으로 이동했다. 당시에는 몰랐지만, 이재명 대표가 본청으로 이동한 지 불과 몇 분 후 군인들이 지하 통로를 통해 이동했다. 계엄군과 마주칠 수도 있었던 아찔한 순간이었다.

우원식 국회의장은 0시 29분 "1시간 뒤 본회의를 개의하겠다"고 통보했다. 나는 바로 반발했다. 언제 군홧발이 본회의장을 넘어설지 모르는 상황이었다. 1분 1초도 지체할 수 없었다. 본회의장에 입장한 의원들도 빠른 개의와 의결을 요구하기 시작했다.

대한민국 헌정사의 모든 계엄과 독재를 경험한 박지원 의원조차 평소의 여유를 버리고 꾸짖듯 큰 소리를 냈다.

0시 반 전후 국회 본청 정문으로 완전무장한 군인들이 들어오려고 하는 장면이 생중계되고 있었다. 원내대표실 윤지훈 정무실장이 그들을 오래 설득하고 있었다. 긴 설득 끝에 장병들이 물러나는 것처럼 보였다. 카메라는 그들의 뒷모습을 찍고 있었다.

본청을 마주 보고 오른쪽으로 돌던 그들은 갑자기 국민의힘 대표실 인근 창문을 깨기 시작했다. 0시 34분, 2층 233호 국민의힘 정책위의장실이었다. 유리창이 깨지고 파편이 튀었다. 이제 병력 진입은 시간문제였다.

　보좌진과 당직자, 국회 직원들은 닥치는 대로 책상과 의자를 끌어와 바리케이드를 쳤다. 소화기를 뿌리며 시야를 가리고, 서로 팔을 걸고 인간 띠를 만들어 계엄군의 진입을 막아섰다. 밀고 밀리면서도 물러서지 않았다. "물러가라!" 목이 터져라 외치는 그들의 절규가 로텐더홀을 비롯한 국회 본청을 가득 메웠다.

> 본청 원내대표실은 이미 전시 상황이었어요. 18대 국회 때 날치기를 막아본 경험이 있는 '짬' 찬 보좌관들이 본능적으로 움직였죠. 누구인지도 모르지만 "어디 가면 뭐가 있으니 가져와", "어느 쪽이 덜 막혔으니 사람들이 가줘" 이런 지휘 소리에 다들 빠르게 움직였어요. 돌아보니 여성, 남성 가리지 않고 의자를 몇 개씩 들고 날 듯이 달려 다니더라고요. 소파와 집기 등을 끌어내 입구를 막고 바리케이드를 치는 게 첫 번째였죠.
> 원내대표실 소속인 저는 대표실 컴퓨터를 켜고, 2016년 박근혜 탄핵 당시 작성됐던 '기무사 계엄령 검토 문건' 파일을 다시 열었어요. 국회 내부 물리적 충돌에 대응해본 경험도 중요하지만, 군은 다르게 움직일 수 있다고 생각했거든요. 어떤 경로로 진입하고 무엇을 점령하려 할지 예상해야

한다고 판단했어요.

왜 그랬는지 사실 여부는 조사하고 판단해야 하겠지만, 당시 원내대표실 컴퓨터를 통해 경로를 확인하려 네이버 지도 CCTV를 켰으나, 이미 모든 서비스가 먹통이었어요. 포털의 CCTV 서비스가 차단된 것이라고 생각했죠. 계엄군의 진입로를 숨기기 위한 사전 조치가 아니었을까요?

유광종 부실장의 기억이다.

본청 정문부터 후문까지 뛰어다니며 점검했어요. 후문 방비가 부족하다고 생각해서 로텐더홀로 올라가서 후문도 막아야 한다고 소리쳤어요. 민보협 회장에게 연락해 보좌진 이동 공지 발신도 부탁했죠. 자정에 문자 공지가 나왔다더라고요.

후문은 얇은 나무 막대를 이용해 빗장처럼 걸어놓고 있었는데, 유리문을 깨려고 마음먹으면 언제든지 깰 수 있어 보였거든요.

유리문 밖으로 계엄군의 얼굴까지 다 보였어요. 현실감이 없었어요. 생각해 보세요. 대부분의 한국 남성들은 군필이지만, 군대 밖에서 무장한 군인과 적으로 만날 거라는 건 상상조차 해본 적도 없을 거잖아요.

이름도 모르는 어느 여성 방호관이 생각나요. 비현실적인 상황에 '어? 어?' 하고 있을 때, 혼자 쏜살같이 문으로 달려가더라고요. 정신 차리고 같이 달려 나갔죠. 누군가는 안내데스크를 뜯어내고 있었어요. 무장 병력이 마음먹으면 순식간에 뚫릴 건 알았지만, 그래도 끝까지 뭐라도 해보자고 하더라고요. 안내데스크 책상으로 문을 막고 싶었는데 고정되어 있다면서 그걸 뜯는 중이었죠. 같이 뜯어서 소파 등이랑 쌓았어요.

현실감이 없기로는 군인들도 마찬가지인 걸로 보였어요. 눈빛에 살기보다는 당황스러움이 읽혔어요. 만약 누군가 흥분해서 공포탄이라도 쐈다면 걷잡을 수 없는 유혈 사태가 벌어졌겠지만, 다행히 군인들도 우리 보좌진과 직원들도 선을 넘지 않으려 애썼던 것 같아요.

전기은 보좌관의 증언이다. 그리고 다음은 박상현 비서관의 기억이다.

원내대표실 창문을 누가 급하게 두드리더라고요. 창문을 여니 문서영 비서관을 비롯한 동료 보좌진들이 있었어요. 성인 키보다 높은 창문이어서 올라오기 힘들었죠. 의자를 넘겨 밟게 하고 권수아 비서관과 손을 잡아끌어 올렸죠.

무슨 괴력이었는지 모르겠어요. "하나, 둘, 셋!" 구호에 한 명씩 뽑기 기계의 인형 들어 올리듯 끌어올렸어요. 몇 명이 들어왔을 무렵, 계엄군이 진입하는 남성 보좌진의 다리를 붙잡고 늘어졌습니다. 우리는 악을 쓰며 저항했고, 다리를 잡힌 동료는 부상을 입으면서도 기어코 창문을 넘어왔어요. 둘이서 무슨 힘이 있었겠어요. 나중에 보니 올라온 보좌진들이 몸통부터 허벅지 종아리까지 다 쓸려 있더라고요.

권수아 비서관의 증언이다.

나중에는 박상현 비서관, 문서영 비서관과 원내대표실에 셋이 남아 있었어요. 보좌진과 당직자들이 와서 방화문을 잠그겠다고 원내대표실에서 나오라고 하더군요. 방화문은 로텐더홀과 외부 사이를 한 번 더 막는 역할을 해요. 방화문을 잠그겠다는 건 진입을 조금이라도 어렵게 하겠다는 의도죠.

그런데 박상현 비서관이 "남아 있자"고 하더군요. 군인들이 국민의힘 쪽 창문을 뚫고 진입했었는데, 그쪽이 막히면 2층 다른 방들로 진입을 시도할 테고, 방에 사람이 없으면 병력이 진입하기 더 쉽지 않겠느냐고요. 몇 초라도 더 막을 수 있으면 우리 할 일은 하는 게 아니겠어요? 두 번 생각할 것도 없이 남기로 했죠.

방화문을 잠그겠다며 방을 비우라고 찾아온 보좌진과 당직자들이 정말 남을 거냐고 몇 번이나 물었어요. 우리는 끝내 남겠다고 했죠. 문이 잠기고 나니 오히려 마음이 편해졌어요. 어차피 처음부터 각오했던 일이니까요.

죽음을 불사한 저항으로 시간을 벌어주고 있었다. 국회의원들이 본회의장에 입장하여 의결정족수를 채울 때까지, 그들은 자신의 몸을 방패 삼아 민주주의의 문턱을 사수하고 있었다.

계엄 해제안을 의결하기까지 걸린 2시간 30분은 내 정치 인생에서 가장 길고, 가장 고통스러운 시간이었다. 내가 할 수 있는 일이라곤 국회의원 한 명 한 명이 본회의장에 도착하기만을, 제발 체포되지 않고 이 문턱을 넘어주기만을, 피가 마르는 심정으로 기다리는 것뿐이었다. 본회의장에 들어온 야당 의원들이 몇 명인지, 의결정족수를 넘었는지 계속 셌다. 숫자는 더디게 올라갔다. 군인들이 먼저 들어올 것인가, 의원들이 먼저 모일 것인가.

누가 오는지 살펴보려고 로텐더홀로 나갔는데 낯익은 얼굴이 보였다. 부승찬 의원이었다. 그 순간, 나도 모르게 단전에서부터 비명에 가까운 고함이 터져 나왔다.

"부승찬! 빨리 들어와!"

나중에 사람들은 그 장면이 재밌다며 화제 삼기도 했지만, 지금 봐도 당시 내 얼굴은 평소 짓지 않는 절박한 표정이었다.

추경호 원내대표는 반대로 움직였다. "1시간이면 빠듯하다"며 시간을 끌려 했다. 계엄군이 창문을 깨고 들어오는 마당에 '시간'을 운운하는 것은 표결을 무산시키려는 명백한 의도였다. 국회의장이 상황의 위급함을 알리며 시간을 앞당기겠다고 했음에도 그는 "들어갈 시간을 달라"며 끝까지 지연 전술을 폈다. 심지어 추경호 원내대표는 본회의장에 미리 들어와 있던 국민의힘 소속, 특히 한동훈 대표와 가까운 친한계 의원들을 밖으로 빼내려 시도했다. 정족수 미달을 유도하여 계엄 해제를 막으려는, 사실상 내란에 동조하는 행위였다. 이는 훗날 국회법 제114조의 2 자유투표 방해죄로 엄중히 다스려져야 할 것이다.

0시 42분 군인들이 본회의장 코앞까지 들이닥쳤다. 로텐더홀은 전쟁터였다. 보좌진들의 비명과 저항하는 소리가 본회의장 안까지 들려왔다. 나는 국회의장석으로 달려가 개의 시각을 앞당겨야 한다고 강변했다. 로텐더홀을 비롯한 국회 경내에서 공방이 벌어지고 있는 사이, 국회로 진입한 계엄군의 숫자는 늘고 있었다. 특전사 공수부대, 수방사 특수임무대 등이었다.

우원식 의장은 협의가 필요하다며 다시 국민의힘 추경호 원내대표와 통화했다. 1시로 앞당긴다고 알렸고, 예고했던 1시 30분보다 40분가량 앞당겨 0시 47분에 본회의를 전격 개의했다. 제418회 국회 정기회 제15차 본회의. 안건은 단 하나. '비상계엄 해제 요구 결의안'. 본회의가 개의되고도 추가 병력은 국회에 진입하고 있었다. 1시를 앞두고는 여기저기서 문과 집기를 부수기 시작했다. 넓은 로텐더홀을 다 지킬 수 없다고 판단한 보좌진들은 본회의장 문 앞에 스크럼을 짜고 버텼다.

전기은 부실장은 나한테 전화를 걸어 화를 냈다고 한다.

"로텐더홀 3층 쪽이 뚫렸어요. 왜 의결 안 해요?" 소리를 질렀어요. 사실 쌍욕까지 할 뻔했어요. 그만큼 급했거든요. 원내대표님은 "나도 빨리 하고 싶어" 하고 끊으시더라고요. 나중에 화낸 게 죄송해서 말을 꺼냈더니 다행히 기억에 없다고 하시더라고요. 계엄 해제 의결을 해야 한다는 거 말고는 다 무의식적으로 행동하신 거죠.

본회의장 안은 긴장감으로 터질 것 같았다. 밖에서는 여전히 계엄군과 보좌진이 대치 중이었고, 안에서는 스마트폰으로 실시간 속보를 확인하는 의원들의 탄식과 분노 섞인 고성이 오갔다. 민주주의가 죽느냐 사느냐의 기로에서 숨소리조차 거칠 수밖에 없었다. 우원식 국회의장은 "통고하지 않은 것은 대통령 측의 귀책사유다. 우리는 통고 여부와 관계없이 이 안건을 상정·의결하겠다"며 표결을 시작했다. 전자 투표가 진행되는 짧은 시간, 나는 주먹을 꽉 쥐었다. 이 표결이 실패하면 우리는 모두 체포될 것이고, 대한민국은 1980년의 어둠 속으로 다시 추락할 것이다.

1시 1분. 결과가 전광판에 떴다. 재석 190인, 찬성 190인, 반대 0인, 기권 0인. 가결. 환호와 박수가 같이 터져 나왔다. 서로 얼싸안고 눈물을 흘리는 의원들도 있었다. 우리는 헌법의 이름으로, 국민의 이름으로 윤석열의 내란 선포를 무효화시키는 데 성공했다.

14

해제

하지만 싸움은 끝이 아니었다. 계엄군은 물러가지 않았다. 새벽 1시 3분 추가로 헬기 3대가 국회운동장에 착륙했다. 1시 6분 국회 본청 전력이 일부 차단되었다는 소식이 전달됐다. 군은 본청 지하가 통로로 의원회관부터 도서관까지 이어져 있다는 것을 알고 지하 통로도 폐쇄하려 했다. 국회 정문은 여전히 경찰 버스 차벽으로 막혀 있었고, 언제 다시 군 병력이 들이닥칠지 알 수 없는 상황이었다.

1시 16분 국회의장은 본회의장에서 "군은 본청에서 철수하라"는 요구를 낭독했다. 그러나 대통령 윤석열은 여전히 침묵했고, 2시가 넘어도 해제 조치는 오지 않았다. 해제 조치가

올 때까지 의원들이 자유발언을 하자는 의견이 나왔다. 모두 윤석열 비상계엄의 잘못된 점을 지적하거나 성토하고 싶어 했다. 우원식 국회의장도 진행할 수 있다고 했다.

나는 자유발언에 반대하는 입장이었다. 두 가지 이유였다.

첫째는 '실수 방지'였다. 시간은 새벽이었고, 비상계엄을 해제하는 동안 높은 긴장을 유지하느라 격앙되어 있는 분들이 많았다. 이 상태에서 마이크를 잡았다가 정제되지 않은 언어가 튀어나온다면? 저들은 그 작은 꼬투리를 잡아 명분을 흔들려 할 것이다.

둘째는, 더 냉정한 '정무적 판단'이었다. 본회의장에는 우리 민주당만 있는 게 아니었다. 개혁신당 의원들도 있었고, 여당 내 한동훈 대표 측 인사들도 섞여 있었다. 분위기에 휩쓸려 자유 발언대를 열어준다면? 그들이 올라가서 이 거대한 승리의 공을 은근슬쩍 가로채거나, 엉뚱한 정치적 셈법의 밑자락을 깔아둘 수 있었다. 목숨 걸고 싸워 계엄을 막아낸 것은 우리 민주당과 국민인데, 스포트라이트가 분산되거나 불순한 의도를 가진 자들에게 마이크를 쥐어줄 필요는 없었다.

그러나 원내사령탑으로서 순간적인 개인 판단을 밝히기는 곤란했다. 김민기 국회 사무총장과 먼저 논의했다. 김민기 사무총장의 생각도 나와 정확히 일치했다. 만약 발언에 실수가 있거나, 꼬투리라도 잡히면 계엄 해제를 뭉갤 명분을 줄 수 있다는 것이었다. 나는 의원들을 진정시켰다. "아직 끝난 게 아닙니다. 군대가 완전히 철수하고, 계엄 해제 조치가 이뤄질 때까지 긴장을 유지하고 대기합시다."

김민기 국회 사무총장은 지금도 나를 만날 때마다 그 이야기를 꺼낸다. 몇 번씩 생각해 봐도 그날 자유발언을 반대한 건 탁월한 결정이었다는 것이다. 만약 그때 누군가 마이크 잡고 횡설수설하거나 과격한 발언을 해서 대통령 윤석열이 계엄 해제를 거부했다면…. 생각만 해도 아찔하다.

우리는 자유발언 대신 이재명 당대표가 직접 계엄선포 및 계엄선포 해제 요구 결의안 가결과 관련한 입장을 내기로 했다. 1시 37분 이재명 대표가 본회의장 앞에 섰다.

존경하는 국민 여러분, 이번 윤석열 대통령의 계엄 선포는 헌법과 계엄법이 정한 비상계엄 선포의 실질적 요건을 전혀 갖추지 않은 불법, 위헌입니다.

계엄법에 따르면 비상계엄 선포는 국무회의의 의결을 거쳐서 하게 되어 있는데, 국무회의의 의결을 거치지 않았기 때문에 절차법적으로도 명백한 불법 계엄 선포입니다.

이미 절차적으로나 실체적으로 위헌, 불법이기 때문에 원천무효이지만 국회가 헌법과 계엄법에 따른 해제 의결을 하였기 때문에 대통령은 이론적으로는 국무회의를 열어 즉시 계엄 해제를 하여야 합니다.

하지만 이 계엄 선포 자체가 실체적, 절차적 요건을 갖추지 않은 원천 무효이기 때문에 국회의 이번 해제 의결로써 위헌, 무효임이 확정적으로 확인되었습니다.

따라서 원래부터 비상계엄 선포는 위헌, 무효이지만, 이번 국회 의결로 위헌, 무효임이 한 번 더 확인된 것입니다.

계엄 선포에 기반한 대통령의 모든 명령은 위헌, 무효, 불법입니다. 경찰·국군 장병 여러분, 지금부터 대통령의 불법 계엄 선포에 따른 대통령의 명령은 헌법과 법률을 위반한 명백한 불법 명령입니다.

위헌, 무효인 대통령의 명령을 따르는 것은 그 자체가 불법입니다. 상사의 불법적, 위헌적 명령을 따르는 행위조차 공범입니다. 지금 이 순간부터 국군 장병 여러분, 그리고 경찰 여러분, 본연의 자리로 신속하게 복귀하고 본연의 역할에 충실하기 바랍니다. 여러분을 지휘하는 것은 불법 계엄을 선포한, 위헌, 무효인 계엄을 선포한 대통령이 아닙니다. 여러분은 국민의, 주권자의 명령에 따라야 합니다.

국민 여러분, 비상계엄은 원래부터 무효였고, 국회 의결로 무효임이 다시 한번 확인되었습니다. 우리 국회는 주권자인 국민이 위임한 그 권한으로 국회를 지키면서 민주공화국 대한민국 헌정질서를 굳건하게 지켜 나가겠습니다.

국민 여러분, 안심하십시오. 위기는 곧 기회입니다. 이 나라가 후퇴, 후퇴를 거듭하고 있지만, 이번 불법, 위헌의 계엄 선포로 인하여 더 나쁜 상황으로 추락하는 것이 아니라 이제 그 악순환을 끊어내고 다시 정상 사회로 되돌아가는 결정적인 계기가 될 것입니다. 국민 여러분께서 이 민주 공화정을 회복하는 엄중한 여정을 함께 해주시기를 바랍니다.

저와 민주당 국회의원, 그리고 많은 이들이 목숨을 걸고 민주주의와 이 나라의 미래와 국민의 안전과 생명, 재산을 지켜내겠습니다. 안심하십시오, 국민 여러분. 저희가 목숨을 바쳐 반드시 지켜내겠습니다. 고맙습니다.

그러나 불안은 점점 커졌다. 박성준 원내수석부대표가 나섰다.

"대통령 윤석열이 비상계엄령을 다시 발령할 가능성이 있습니다."

본회의장은 다시 술렁였다. 실제로 국방부가 02시 04분 "대통령이 해제할 때까지 계엄사는 유지된다"는 입장을 내놓았기 때문이다.

" 자리를 뜨지 마십시오! 전원 경내 비상 대기입니다!"

우리는 본회의장을 사수해야 한다는 생각밖에 없었다. 화장실 가는 것조차 조를 짜서 움직였다. 나는 원내대표단과 계엄 해제 이후 즉각 대처해야 할 것과 시간을 두고 처리해야 할 일들을 논의했다. 당장 대통령 윤석열의 해제 조치가 오면 이에 대한 당의 입장을 밝히기로 하고 내용을 논의했다.

국회 사무처는 이미 1시 59분, 대통령 윤석열에게 '계엄 해제 요구 통지서'를 정식으로 발송했다. 국방부에는 2시 16분 접수된 것으로 확인했다. 헌법에 따라 대통령은 즉시 계엄을 해제하고 공고해야 했다. 그러나 대통령 윤석열은 침묵했다.

오히려 2시 17분 대통령실이 국회의 해제 요구에 대해 거부권 행사를 검토한다는 보도까지 흘러나왔다. 미친 짓이었다. 헌법에 명시된 '해제 요구 시 즉각 해제' 조항마저 거부권을 행사하겠다는 발상은 헌법 위에 군림하겠다는 것이었다.

2시 59분 비상계엄 해제 요구안 가결 이후임에도 대통령실 주변 경찰력이 증원된다는 소식이 들려왔다. 우리는 뜬눈으로 밤을 지새웠다. 여기저기 기대어 쉬는 의원, 지역구민들의 안부 문자에 답하는 의원, 삼삼오오 모여 향후 대책을 논의하는 의원들….

3시 39분 미국 국무부가 공식 입장을 밝혔다.

우리는 상황을 예의주시하고 있다. 한국 국회의 결의가 존중되길 바란다.

국제사회의 압박이 시작되자 대통령 윤석열도 더 이상 버티기 힘들었을 것이다. 우원식 국회의장이 4시 19분 긴급 담화를 발표했다. "윤석열 대통령은 즉각 국무회의를 소집해 계엄 해제를 공고하라."

4시 27분 드디어 대통령 윤석열의 대국민 담화가 방송되었다. 하지만 그 내용은 변명과 핑계, 그리고 국민 기만으로 점철되어 있었다. 그는 "국회의 요청대로 군을 철수했다"면서도, "새벽인 관계로 국무회의 의결정족수가 미달이라 정족수가 충족되는 대로 해제하겠다"고 말했다.

새빨간 거짓말이었다. 국가비상사태에 국무위원들이 자느라 연락이 안 된다는 게 말이 되는가? 게다가 방송 사고로 드러난 사실은 더욱 충격적이었다. 그 담화 영상은 생중계가 아니었다. 파일명 'XD-8104432'. 이미 03시 26분에 녹화된 영상이었다. 1시간 동안이나 영상을 묵혀두며 국회를 공포에 떨게 하고, 국민을 불안에 떨게 한 것이다. 해제를 지연시키며 또 다른 획책을 꾸미려 했던 것은 아닌지 강한 의심이 들었다.

4시 30분 마침내 국무회의에서 비상계엄 해제안이 의결되었다. 바로 10분 뒤 원내대표단과 함께 짧은 입장문을 발표했다.

더불어민주당 박찬대 원내대표입니다. 윤석열 대통령의 담화문을 보고 저희 민주당의 입장을 말씀 드리겠습니다.

계엄을 해제한다 해도 내란죄를 피할 수 없습니다. 윤 대통령은 더 이상 정상적인 국정운영을 할 수 없음이 온 국민 앞에 명백히 드러났습니다. 자리에서 내려와야 합니다.

즉시 하야하라! 국민의 명령이다!

내부적으로는 대통령 윤석열, 국방부장관 김용현, 행정안전부장관 이상민의 탄핵과 내란죄 고발에 기울었지만, 검토가 필요했다. 대통령 윤석열에게 '하야'할 기회를 주는 것으로 입장을 정리했다.

4시 49분, 계엄사령부가 해체되었다.

5시 04분, 국무총리실이 해제 의결 사실을 공지했다.

5시 54분, 우원식 국회의장이 마이크를 잡았다.

한덕수 국무총리와 통화해 4시 30분부(附)로 계엄 해제를 의결한 것을 확인했습니다.

그리고 우 의장은 곧 본회의 정회를 선포했다. 대한민국 헌정사에서 가장 길고도 위험했던 밤이 그렇게 지나가고 있었다. 피로가 몰려왔지만, 그보다 더 큰 분노와 사명감이 우리를 지탱하고 있었다.

　그날 새벽, 로텐더홀에는 눈발 대신 깨진 유리 조각이 날렸다. 구석에는 아직 어린 보좌진들이 울먹이고 있었고, 계단 참에는 지친 이들이 앉거나 누워 몸을 추스르고 있었다.

　그것은 상처 입었을지언정 결코 무릎 꿇지 않은, 민주주의의 처절한 생존 신고였다.

15.

병참 전쟁

계엄 해제의 환호가 잦아들고, 극도의 긴장이 일부 누그러진 자리에 남은 것은 지독한 피로와 현실적인 배고픔이었다. 해가 떴지만, 우리는 국회를 떠날 수 없었다. '2차 계엄이 선포될 수 있다'는 경계가 풀리지 않았기 때문이다.

원내대표실은 더 이상 원내행정 공간이 아니었다. 야전병원이자, 병참 기지였다. 본회의실 바닥에는 보좌진들이 스티로폼이나 돗자리를 깔고 새우잠을 자고 있었다. 운영위원장실 소파에도 쪽잠을 자는 직원들이 즐비했다. 그들은 1~2시간씩 교대로 눈을 붙였다가, 불침번 순서가 되면 벌떡 일어나 자리로 복귀했다.

비상계엄 소식을 듣고도 저는 국회로 올 수가 없었어요. 아직 어린아이를 키우고 있어서 잠든 아이를 두고 나올 수 없었거든요. 밤새 전화와 SNS로 상황을 파악하다가, 새벽이 되자 친정 부모님께 아이를 맡기고 며칠은 집에 못 올지 모른다는 생각에 가방을 싸서 달려왔죠.

살림을 총괄하는 양세미 선임비서관의 기억이다. 원내대표실이 무슨 일을 하는지 정확히 모르는 분들도 있을 것이다. 평상시 주요 업무는 국회 운영·교섭단체 간 협상·법안 및 예산 전략을 수립하고 실행하지만, 필리버스터 같은 때에는 병참 기지 역할을 수행하기도 한다. 12·3 비상계엄은 내가 취임하고 정확히 7개월 되는 때라, 원내대표실 보좌진들의 손발이 익어 있을 때였다. 계속해서 양세미 선임비서관의 증언이다.

6시경에 출발하는데 당장 밤새 본청을 지켰을 사람들의 아침밥부터 챙겨야겠더라고요. 문정경, 문서영 비서관 등과 통화해서 여의도를 포함해 영등포까지 문을 연 김밥집부터 전화로 수배하자고 했어요. 한 사람당 한 줄씩만 먹는다고 해도 한 끼에 500~600줄 이상 필요하겠더라고요. 한 가게에서 다 만들 수가 없어서 수십 군데 나눠서 주문했어요. 도착해서 보니 야전이 따로 없었어요. 다시 본청이 봉쇄되고 고립되면, 원내대표실에서 모든 숙식을 다 제공할 수밖에 없는 상황이 되겠더라고요. 상황회의에 들어가는 실장님들 빼고 원내대표실 보좌진 모두 김밥과 먹을 걸 들고 본청을 돌아다니며 한 사람 한 사람 손에 쥐어주었어요. 다친 곳은 없는지, 어젯밤 어떤 상황을 직면했었는지, 살 떨리는 분노와 앞으로 다가올 일에 대한 두려움을 서로 이야기하느라 난리였어요.

바로 국회소통관에 있는 하나로마트로 가서 컵라면 100박스를 샀어요. 당을 채울 수 있는 과자도 드라마에 나오는 재벌처럼 "여기서부터 저기까지 다 주세요" 하고 샀죠. 컵라면도 그냥 먹을 수 없잖아요. 뜨거운 물을 계속 끓일 수 있는 물통도 계약하고, 영등포 청과물 시장으로 달려갔어요. 냉장고에 당장 넣지 않아도 며칠은 먹을 수 있는 귤을 차에 안 들어갈 만큼 싣고 왔어요. 그래 봐야 국회의원에 보좌진에 당직자, 직원, 기자들까지 생각하면 한두 끼면 끝날 일이었죠.

국회 본청이 언제 다시 고립될지 모르기 때문에 마음이 급했어요. 삼시 세끼를 다 준비해야 하는 상황인데, 매 끼니 김밥으로 때울 수는 없으니 버거와 샌드위치 등도 주문했어요. 그들이 또 언제 무슨 일을 벌일지 모른다는 생각에 우선 할 수 있는 모든 걸 준비해야겠다고 생각했어요. 우리는 실제로 보좌진들은 국회가 다시 고립될 것을 예상하고 새벽부터 영등포 시장을 털어왔다. 귤이 상자째 천장까지 쌓였고, 당 떨어질 때를 대비한 과자와 생수 수백 병이 복도를 채웠다. 아침마다 버너에 대형 솥을 걸고 계란을 몇 판씩 쪄내 김밥과 함께 돌렸다. 점심때가 되자 밥버거와 샌드위치들이 김밥 대신 산처럼 쌓였다.

가장 인상적인 풍경은 냉장고였다. 원내대표실 보좌진은 장갑을 끼고 일렬로 서서 과일들을 깎고 썰었다. 마치 공장의 컨베이어 벨트처럼 착착 움직여 '수제 컵과일'을 만들어서 냉장고에 쟁였다. 비타민이 부족하면 버틸 수 없다는 그들의 노하우였다. 바쁘게 오가는 의원들과 당직자, 보좌진과 기자들 손에는 으레 삶은 달걀과 컵과일이 들려 있었다. 한 손에 들고 먹으며 이동하기에 그만한 전투식량이 없었기 때문이다.

"다 털어가세요. 파스도 있고 밴드도 있습니다."

원내대표실은 약국이기도 했다. 몸싸움 과정에서 긁히고 멍든 사람들이 찾아오면, 보좌진들은 개인 서랍에 있던 상비약까지 탈탈 털어 내주었다. 누구 하나 "내 일이 아니다"라고 미루는 사람이 없었다. 누군가 짐을 들면 우르르 달려가 거들었고, 서로 "너 좀 더 자라", "아니야 내가 지킬게"라며 실랑

이를 벌였다. 누군가는 원내대표실에 들렀다가 '이 방은 먹을 게 늘 풍족하네' 하고 지나갈 수 있었지만, 사실 준비하는 입장에서는 동지 누구라도 힘을 내기를 바라는 마음으로 정성을 쏟는 거였다. 원내대표실이 사람 없이 비어 있으면, 잠깐 궁둥이 붙이러 들어오는 것도 조심스러워할까 봐 잠도 당번을 정해 자면서 방을 지켰다고 한다.

대부분은 당연하게 여겼지만, 때로는 고생한다고 간식거리를 넣어주는 의원실도 있었다고 한다. 그러면 또 "알아주시는 분이 있어요"라며 뿌듯해했다. 자연스럽게 1980년 5월의 광주가 떠올랐다. 계엄군의 총칼에 포위되어 고립된 도시에는 어머니와 누이들이 양동이에 담아 나르던 '주먹밥'이 있었다. 시민군에게 건네진 주먹밥 한 덩이는 '절대 죽지 말라'는 피 끓는 당부였고, '끝까지 함께하겠다'는 눈물 섞인 약속이었다.

2024년 12월의 여의도, 메뉴는 김밥과 컵라면, 밥버거와 샌드위치, 삶은 달걀과 치즈 소세지로 바뀌었지만 그 본질은 80년 광주의 주먹밥과 다르지 않았다. 극한의 공포와 피로 속에서도 서로의 입에 밥을 넣어주는 행위. 나보다 동지의 끼니와 피로를 먼저 챙기는 마음. 독재는 총칼로 사람을 위협하지만, 민주주의는 서로를 먹이고 살리는 힘으로 버틴다는 증명이었다. 그 끈끈하고 치열한 '밥심'과 '전우애'가 국회를, 민주주의를 지탱하고 있었다.

16

트로이의 목마

12월 4일 오후 야6당이 뭉쳤다. 더불어민주당을 포함한 야당 의원 191명의 이름으로 「대통령(윤석열) 탄핵소추안」이 발의 되었다. 국회법상 탄핵소추안은 본회의 보고 후 '24시간 이후 72시간 이내'에 표결해야 한다. 12월 5일 0시 48분, 본회 의에 안건이 보고되었다. 이제 운명의 시계는 카운트다운을 시작했다.

국민의힘 의원총회장에서는 믿기 힘든 말들이 쏟아져 나 왔다. "탄핵만은 막아야 한다." "탄핵 트라우마를 잊었나?" "이 재명 대표 2심 판결까지는 무조건 버텨야 한다."

그들의 눈에는 총을 든 계엄군보다, 자신들의 공천권과

당의 존립이 더 무거워 보였다. 그들은 '탄핵 반대'를 당론으로 정했다. 오직 공멸에 대한 공포만이 그들을 옥죄고 있었다. 우리는 그 견고한 카르텔에 균열을 내야 했다. 200석. 탄핵 가결을 위해서는 우리 쪽 192표 외에 최소한 저들의 이탈표 8표가 절실했다.

12월 6일 결전의 날을 하루 앞둔 국회는 폭풍 전야였다. 본회의장은 특검 등에 대해 필리버스터(무제한 토론)가 이어졌다. 우리는 국민의힘 의원들을 설득하기 위해 총력을 기울였다.

제발 나라를 생각해 주십시오.

그런데 오전에 첩보가 날아들었다.

대통령 윤석열이 오늘 오후 국회를 방문한다.

여의도는 소문의 소용돌이에 휘말렸다. 대통령 윤석열의 국회 방문 목적을 두고 기자들과 의원들 사이에서는 확인되지 않은 시나리오들이 꼬리에 꼬리를 물고 퍼져나갔다.

가장 유력하게 거론된 방문 이유는 세 가지였다. 첫째, '하야 선언'이었다. 불법 계엄 실패로 궁지에 몰린 대통령이 국회의장과 여야 대표 앞에서 전격적으로 사임 의사를 밝힐 것이라는, 일말의 기대가 섞인 관측이었다. 둘째, '대국민 사과'였다. 계엄 사태에 대해 머리 숙여 사죄하고, 임기 단축 개헌 등을 제안하며 용서를 구할 것이라는 설이었다. 셋째, '총리 교체 및 쇄신안 발표'였다. 소통을 명분으로 국무총리를 야당이 추천하는 인물로 교체하겠다며 국면 전환을 시도할 것이라는 예측이었다.

그러나 대통령실은 국회의장실과 사전 경호 협의조차 거치지 않았다. 우리는 이를 화해의 제스처가 아닌 기습 공격으로 받아들였다. 2차 계엄이 현실화되고 있다고 판단했다. 대통령경호처는 여전히 윤석열 대통령의 친위대였기 때문이었다. 그들이 대통령 경호를 이유로 본청 출입구를 통제하고 야당 의원들을 감금한다면? 사상자가 나오는 최악의 경우도 배제할 수 없었다. 비상계엄에 한 차례 실패한 저들이 발포 명령을 내리지 않을 것이라 장담할 수 없었기 때문이다.

첩보가 들어온 직후, 나는 즉시 김민기 국회 사무총장에게 연락했다.

"총장, 윤석열이 출발했다는 얘기가 있어. 어떡하냐?"

김민기 사무총장의 목소리도 떨리고 있었다.

"막아야지. 무조건 막아야지. 경찰이랑 경호처가 사전에 밀고 들어오면 저들이 무슨 짓을 할지 몰라. 국회 정문을 아예 봉쇄해야 해.”

우리는 최악의 시나리오를 공유했다.

전기은 부실장의 기억이다.

결국 우리는 그 달콤한 소문들을 믿지 않기로 했다. 아니, 믿을 수가 없었다. 며칠 전 총을 들고 난입했던 자들이 갑자기 꽃을 들고 찾아온다는 것을 누가 믿겠는가.

초기에는 우원식 국회의장이 사태를 중재하려 한다는 관측도 있었으나, 의장은 이를 ‘트로이의 목마’로 간주했다. 오후 3시 20분 우원식 국회의장은 긴급 대국민 담화를 발표했다.

나중에 확인해 보니 대통령은 출발하지 않았거나 오다가 돌린 것으로 보였다. 하지만 그 순간, 국회 정문을 사이에 두고 우리가 느꼈던 공포는 실재하는 전쟁이었다. 우리는 트로이의 목마를 성문 밖에서 돌려보냈다.

여기에 더해 국회의장은 김민기 국회 사무총장에게 '국회 자체 경비 강화'를 지시했다. 타깃은 하늘이었다. 육상 진입이 막힌 대통령이 헬기를 이용해 국회 잔디밭에 기습 착륙할 가능성이 제기되었기 때문이다. 국회의원, 보좌진, 사무처 직원들의 차량이 국회 잔디밭으로 몰려가 헬기가 내려앉을 만한 공간을 메우기 시작했다. 옥상에는 각종 집기를 쌓아 올려 착륙을 원천 봉쇄했다. 우리는 12월 3일 밤, 헬기로 내려 국회 유리창을 깨고 들어오던 군인들을 기억하고 있었다. 두 번 다시 그들에게 길을 내줄 수는 없었다.

17

탄핵의 불씨

결전의 날을 앞두고 시계는 숨 가쁘게 돌아갔다. 12월 4일 수요일 민주당을 포함한 야6당과 무소속 의원 전원의 이름으로 「대통령(윤석열) 탄핵소추안」이 공동 발의되었다. 헌정 질서를 유린한 내란 우두머리를 단죄하기 위한 첫걸음이었다.

그러나 저들의 저항도 만만치 않았다. 같은 날 밤부터 이튿날 새벽까지 이어진 국민의힘 의원총회에서 그들은 기어이 '탄핵 반대'를 당론으로 추인했다.

우리는 고심 끝에 승부수를 던졌다. 거부권이 행사되어 국회로 되돌아온 「김건희 특검법」 재의결을 탄핵소추안 표결과 동시에 추진하기로 한 것이다. 여기에는 치밀한 전략적 판단이 깔려 있었다. 국민의힘이 탄핵 반대를 당론으로 정한 이상, 그들이 본회의장 입장 자체를 거부할 가능성을 원천 차단해야 했다. 만약 그들이 불참한다면, '윤석열 탄핵'뿐만 아니라 국민적 지지가 높은 '김건희 특검'까지 묶여 양쪽에서 따가운 비판을 받게 될 것이기 때문이다. 우리는 그 부담을 지렛대 삼아 국민의힘 의원들을 본회의장으로 끌어들이고, 기표소 안에서 일부 의원들의 자율적이고 양심적인 탄핵 찬성표를 유도하고자 했다.

다시 전운이 감돌았다. 12월 8일까지 국회의원 전원에게 국회 경내 비상대기령을 내렸다. 본회의장과 상임위별로 3개 조를 짜서 24시간 잠들지 않고 국회를 지키는 비상 체제가 가동되었다.

12월 5일 목요일 0시 48분, 국회 본회의에 마침내 「대통령(윤석열) 탄핵소추안」이 보고되었다. 국회법 제130조에 따라 본회의 보고 24시간 이후 72시간 이내, 즉 12월 6일 0시 48분부터 12월 8일 0시 48분 사이에 무기명 투표로 표결해야 했다.

나는 가장 결정적인 순간을 찾아내야 했다. 고심 끝에 12월 7일 토요일 오후 5시를 택했다. 주권자 국민이 가장 많이 참여하고 지켜볼 수 있는 때여야 했기 때문이다. 탄핵의결은 국회의원 표결로 완성되지만 그 힘의 원천은 국민에게서 나온다. 그렇기에 그 시간은 온전히 국민의 것이어야 했다.

12월 7일 토요일 오후 5시 본회의가 개의되었다. 오후 5시 6분. 팽팽한 긴장감 속에 우원식 국회의장이 의사일정 제1항 「김건희 특검법 재의의 건」 상정을 선언했다. 대통령 윤석열이 거부권을 행사해 다시 국회로 돌아온 법안이었다.

국무총리를 대신해 제안 설명에 나선 법무부장관 박성재는 "위헌 사유가 시정되지 않았다", "야당이 특검 후보 추천권을 독점한다"며 기존의 반대 입장을 되풀이했다. 의석에서는 "어딜 째려봐!", "어쩌라고!", "내란 공범!"이라는 고성이 터져 나왔다. 불과 며칠 전 있었던 비상계엄 사태의 여진이 그대로 남아, 국무위원을 향한 의원들의 분노가 적나라하게 표출된 것이다.

오후 5시 12분 무기명 투표가 시작되었다. 투표가 종료되고 개표가 진행되던 중, 안건에 대해 설명하러 온 법무부장관 박성재가 자리를 떴다. 국무위원이 법안 표결 중 국회를 뜬 전례가 없었다. 명백히 국회를 무시한 처사였다. 결국 법무부장관 박성재가 없는 상태에서 개표 결과가 발표되었다. 총 투표수 300표. 국회의원 전원이 참석한 투표였다. 가 198표, 부 102표.

재석 의원 3분의 2인 200명에서 단 2표가 모자랐다. 국민의힘에서 일부 이탈표가 나왔으나 끝내 가결 정족수를 넘기지는 못했다. 영부인 김건희의 주가조작 의혹 진상규명을 위한 특검법은 그렇게 다시 한번 부결되어 폐기되었다. 본회의장에는 무거운 탄식과 침묵이 교차했다.

오후 5시 44분. 부결의 충격을 추스를 새도 없이 의장은 곧바로 의사일정 제2항 「대통령(윤석열) 탄핵소추안」 상정을 선언했다. 탄핵소추안이 상정되자마자, 국민의힘 의원들이 본회의장을 빠져나가기 시작했다.

국민의힘 원내대표 추경호는 역사에 남을 꼼수를 부렸다. 그는 본회의가 열리는 바로 그 시간에 '비상 의원총회'를 소집했다. 소속 의원들이 본회의장에 들어와 투표하는 것을 원천 봉쇄한 것이다. 이는 국회법이 금지한 '회의장 출입 방해'이자 명백한 직권남용이었다. 박근혜 탄핵 때도 최소한 자율투표는 보장했었다. 저들은 그때보다 더 퇴행했다.

텅 빈 여당 의석을 뒤로하고, 원내대표이자 탄핵소추안 대표 발의자로서 제안 설명을 위해 단상으로 향했다. 표결을 앞두고 당내에서는 분노와 절박함이 뒤섞여 백가쟁명식 전술이 쏟아져 나왔었다. "그들이 들어오면 문을 막읍시다! 못 나가게!" "바닥에 눕자! 우리를 밟고 지나가라고 하자!" 누군가는 물리적 저지를, 누군가는 도덕적 단죄를 주장했다. 들어올 때까지 전원 기립해서 기다리자는 의견도 있었다.

모두 애국심에서 나온 치열한 고민이었다. 하지만 내 마음속에서 둔탁한 질문 하나가 고개를 들었다. '과연 그들을 모욕 준다고 해서 이 위기가 극복될까? 비난과 조롱이 닫힌 문을 열 수 있을까?' 아니었다. 지금 필요한 것은 비난이 아니라, 그들의 양심을 깨우는 호소였다. 나는 그 마지막 가능성에 걸기로 했다. 간절한 부름으로 전략을 정했다.

미리 준비했던 원고가 있었지만, 절박함이 다 전달될 것 같지 않았다. 본회의장 입장 직전, 메시지를 담당하는 김경환 보좌관에게 국민의힘 의원 명단을 가져다 달라고 했다. 박상현 비서관이 국민의힘 의원 이름과 선수(選數)를 정리해서 전달해 줬다.

명단을 받아 든 나는 떨리는 손으로 펜을 잡았다. 12월 4일 새벽 계엄 해제 표결에 참석했던 18명의 이름, 이미 내 머릿속에 각인된 이름들에 하나하나 동그라미를 쳤다. 그 18명의 이름이 대한민국을 구할 마지막 생명줄 같았다. 나는 준비된 제안 설명을 마친 뒤, 떨리는 손으로 명단을 펼쳤다. 시간을 벌어야 했다. 한 명이라도, 단 한 명이라도 이 방송을 보고 이 목소리를 듣고 마음을 돌려 본회의장으로 뛰어 들어오기를 바라는 마음으로.

"존경하는 국민 여러분, 그리고 국민의힘 의원 여러분"
본회의장에 내 목소리가 울려 퍼졌다. 그리고 108명 국민의힘 의원들의 이름을 한 명씩 호명했다.

"강대식 의원, 강명구 의원, 강민국 의원…." 이름을 하나씩 부를 때마다 목이 메었다. "권성동 의원, 김기현 의원, 나경원 의원…." 중진들의 이름을 부를 때는 국민을 버리지 말아달라고, 제발 이 참담한 현실을 외면하지 말고 국회로 와달라고 비는 마음이었다.

동그라미로 표시해둔 계엄해제 표결에 참여했던 18명의 의원 뒤에는 간곡한 덧말을 붙였다. "돌아오십시오. 제발 돌아오십시오." 다른 의원들의 이름을 부를 때는 간곡한 호소였지만 희망의 불씨 같던 그 열여덟 의원들에게는 '타는 목마름'으로 뼛속 깊은 곳에서 우러나오는 절규를 바쳤다.

본회의장을 지키고 있던 야당 의원들이 복창해 주었다. "돌아오십시오." 바로 길 건너 광장에서는 100만 시민들도 한겨울 칼바람을 맞으며 함께 목 놓아 불렀다.

어서 돌아오십시오.

비상계엄해제요구 결의안에 당의 압박에도 불구하고 국회의사당을 침탈한 계엄군을 물리치고 계엄을 해제하기 위해서 함께해 주신 국힘당의 열여덟 분의 의원님을 포함해서 국힘당 의원님들 돌아오십시오. 국민들이, 민주주의가, 대한민국이, 전 세계의 세계 시민들이 기다리고 있습니다.

지금 밖에는 내란죄 윤석열 퇴진, 국민주권 실현, 사회대개혁 범국민 촛불 대행진으로 민의의 전당 국회의사당을 둘러싼 수십만의 시민들이 국회를 쳐다보면서 우리와 함께 국힘당의 108명의 국회의원들의 이름을 부르고 호소하고 있습니다. 주권자인 국민이 명령하고 있습니다. 어서 돌아오십시오. 마지막으로 국회를 보고 있는 우리 시민들을 위해서 한 말씀 드리겠습니다.

오늘 오전 내란수괴 윤석열이 담화를 발표했습니다. 변명과 책임 회피로 가득한 개사과 시즌3였습니다. 입만 열면 거짓말, 거짓말, 거짓말! 윤석열의 거짓말에 속을 국민은 단 한 명도 없습니다. 그렇지 않습니까?

법적·정치적 책임을 피하지 않겠다면서 임기를 계속 이어가겠다고 합니다. 무장한 계엄군을 동원해 국민에게 총부리를 들이댔는데 사과가 아니라 사퇴하겠다고 해야 하는 것 아닙니까?

헌법을 준수하고 헌법을 수호해야 할 대통령이 헌법을 위반했으면 당연히 물러나야 하는 것 아닙니까?

내란수괴가 뻔뻔하게 내란 공범과 함께 국정운영을 하겠다는 게 말이나 되는 소리입니까?

내란수괴 윤석열은 대한민국 최대 리스크입니다. 친위 쿠데타를 일으킨 내란수괴가 대통령 직무를 계속한다는 것은 대한민국 헌정질서와 민주주의를 파괴하는 일입니다. 내란수괴가 군 통수권을 행사한다면 제2의, 제3의 계엄 선포는 언제든 현실이 될 수 있습니다.

시한폭탄을 짊어지고 온 국민이 불안에 떨어서는 안 됩니다. 지금이라도 당장 직무를 정지시키고 수사받고 처벌받게 해서 역사에 남겨야 합니다. 그렇지 않습니까?

탄핵 반대는 내란에 동조하는 행위입니다. 헌정질서와 민주주의를 포기하고 위헌적 독재국가로 가는 길입니다. 탄핵 반대는 망국의 길로 가는 을사오적 같은 길입니다. 그렇지 않습니까?

국민의힘은 내란 공범이 될 것인가, 국민의 편에 설 것인가 결단해야 합니다. 정치적 이익을 고려하고 소탐대실하려다가는, 을사오적의 길을 간다면 우리 국민께서, 세계 시민께서 철퇴를 내릴 것입니다. 그렇지 않습니까?

역사와 국민을 두려워해야 합니다. 내란수괴 윤석열 탄핵에 동참하는 것, 그것이 지금 국회가 해야 할 역사적 책무입니다.

민주당과 우리 여야 모든 국회의원은 반드시 내란수괴 윤석열의 직무정지를 해내겠습니다. 국가와 국민을 위해 윤석열을 반드시 탄핵하겠습니다.

이 나라의 진정한 주인이신 국민 여러분께서 함께해 주십시오. 더욱 준엄하게 내란 동조세력을 꾸짖어 주십시오.

비상계엄을 막아내 주신 국민 여러분을 믿고 우리 국회는 할 일을 해나가겠습니다. 위대한 국민의 승리를 반드시 이루어 내겠습니다.

불과 며칠 전, 목숨 걸고 국회로 들어와 '계엄 해제'에 찬성표를 던졌던 그 18명만 들어와도 210표였다. 아니, 그중 딱 8명만 들어와도 이 나라를 구할 수 있었다.

내 마음속에는 1987년의 한 장면이 오버랩되고 있었다. 서울시청 앞 광장, 이한열 열사의 장례식에서 문익환 목사님이 온몸을 불태워 민주화의 제단에 바쳐진 열사들의 이름을 피 끓게 호명하던 그 모습이었다.

전태일 열사여! 이한열 열사여!

7일 아침 나는 문익환 목사님을 기리는 노래, 〈그대 오르는 언덕〉을 한참이나 불렀었다. 목사님은 독재에 맞서다 산화한 별들의 이름을 부르며 오열했지만, 나는 민주주의를 외면하고 도망치는 자들의 이름을 부르며 절규했다. 그분은 '살아 돌아오라'고 외쳤지만, 나는 '제발 양심으로 돌아오라'고 외쳤다. 문 목사님의 부름이 영광의 호명이라면, 내가 부른 것은 역사에 영원히 기록될 치욕의 점호였다.

그 시각, 로텐더홀에서는 보좌진과 직원들도 다른 방식으로 최선을 다하고 있었다. 김우성 비서관의 기억이다.

투표하지 않고 빠져나오는 의원들을 보좌진들이 로텐더홀에서 막아섰습니다. 로텐더홀은 발 디딜 틈이 없을 정도로 사람들로 꽉 차 있었어요. 민주당 보좌진은 모두가 한목소리로 "들어가!" "배신자!"를 외쳤어요. 그런데 국민의힘 의원들이 다시 본회의장으로 들어가는 것 같더라고요. '이제 투표하나?' 싶었는데, 알고 보니 숨은 통로가 있었던 거예요. 그 통로로 빠져나가 예결위회의장 쪽으로 집결해버렸죠. 그때의 분노는 12월 3일 내란의 밤, 경찰과 계엄군을 뚫던 순간보다 더 컸던 것 같아요.

표결에 참여한 국민의힘 의원도 있었다. 김예지 의원은 누구보다 멀리 국민과 미래를 바라보며 결단했고, 김상욱 의원은 사실상 감금된 상태였던 의원총회장을 박차고 나와 헌법기관으로서의 양심을 증명했다. 처음부터 홀로 본회의장에 남아 침통한 표정으로 자리를 지킨 안철수 의원에게는 따로 감사를 표했다. 그러나 더 이상의 동참은 없었다. 닫힌 문은 끝내 열리지 않았다. 밤 9시 27분. 투표가 종료되었다. 재적의원 300인 중 투표 참여 195인…. 의결정족수 200명에 5명이 부족해서 투표는 끝내 불성립되었다.

그들은 승리했다고 생각했을까? 환호성을 질렀을까? 나중에야 알았지만, 12월 7일 1차 탄핵에서 한 연설은 실패하지 않았다. 본회의장 밖에서 연설을 지켜보던 국민의힘 의원들 중 상당수가 심리적 동요를 일으켰다. 일부 의원들은 사석에서 "다음번에는 무조건 들어간다. 들어가서 반대하든 찬성하든 내 손으로 하겠다"고 했다고 한다.

그렇지만 그날 그 사실을 알지 못하는 나는 본회의장을 나서며 주먹을 꽉 쥐었다. 국민께 면목이 없었다. 광장은 여전히 "윤석열 탄핵"을 외치는 시민들의 함성으로 넘실거렸다. '오늘 아니면 내일 또, 내일 아니면 모레 또 하면 된다'며 오히려 응원봉을 들고 집회를 즐겼다. 믿을 것은 주권자 국민뿐이었다.

헌정 사상 최초로 대통령 탄핵이 불성립된 것에 대해 사의를 표하고 재신임을 묻는 게 어떻겠냐는 우려 섞인 조언을 건네는 이도 있었다. 잠시 고민했다. 하지만 곰곰이 생각하니 내가 틀린 게 아니라는 확신이 들었다. '내가 왜? 우리가 뭘 잘못했나?'

내란 우두머리를 단죄하고 탄핵을 요구하는 것은 너무나 정당하고 역사적인 책무다. 저들의 비겁함 때문에 실패했다고 해서, 옳은 일을 한 지도부가 고개를 숙여야 하는가? 문법이 맞지 않았다. 여기서 내가 사의를 표명하고 물러난다면 그것이야말로 내란 세력에게 항복 선언을 하는 꼴이었다.

나는 마음을 단단히 먹었다. 재신임이 아니라 탄핵을 다시 추진할 때였다. 불성립은 끝이 아니라 시작이었다. 14일이 안 되면 21일에, 21일이 안 되면 28일에 다시 한다. 100만 촛불이 200만이 되고, 400만이 되고, 800만이 된다면 저들이 어떻게 버티겠는가. 나는 사직서 대신 운동화 끈을 다시 조였다.

"바로 임시회 소집 요구서 냅니다. 내일 다시 발의합니다."

나는 보좌진들에게 지시했다. 저들이 12월 10일 정기국회 종료와 함께 숨을 돌리려 하겠지만, 우리는 쉴 틈을 주지 않을 것이다. 12월 11일 임시회를 열고, 12월 14일 다시 표결한다. 김밥 포장지, 귤껍질과 과자봉지가 쌓인 책상 위에서 우리는 다시 싸움을 준비했다.

18

혼돈의 주말

12월 8일 일요일 혼란은 오히려 가중되고 있었다. 그들에게
도 첫 번째 균열이 발생했다. 12월 8일 새벽 내란의 핵심 실
행자였던 전 국방부장관 김용현이 검찰 특별수사본부에 의해
긴급 체포되었다. 검찰에 자진 출석해 조사를 받던 중 휴대전
화 교체, 텔레그램 탈퇴 등 증거 인멸 정황이 포착되어 전격
체포된 것이다.

검찰뿐만 아니라 경찰과 공수처까지 동시다발적으로 수
사에 뛰어들었다. 경찰은 국방부장관 공관과 집무실을 압수
수색했고, 공수처는 검·경에 사건 이첩을 요구했다. 언론의
표현으로는 '기관 간의 중구난방식 수사 경쟁'이었지만, 역설

적으로 이는 윤석열 대통령을 향한 포위망이 좁혀지고 있음을 의미했다.

수세에 몰린 여권은 12월 8일 오전 11시 기이한 카드를 꺼내 들었다. 국민의힘 대표 한동훈과 국무총리 한덕수가 국민의힘 여의도 당사에서 긴급 기자회견을 열고 소위 '질서 있는 조기 퇴진'과 '국정 공동 운영'을 선언한 것이다.

〈국민의힘 대표 한동훈 담화문〉

안녕하십니까. 국민의힘 당대표 한동훈입니다.

국민의 희생으로 이뤄낸 자유민주주의는 대한민국의 자부심입니다. 하지만 지난 12월 3일 대통령의 비상계엄 선포와 계엄군의 국회 진입 등의 사태는 대한민국 자유민주주의를 훼손하는 반헌법적인 행위였습니다…. 국민의힘은 집권 여당으로서 준엄한 국민의 평가와 심판을 겸허하게 받아들입니다. 질서 있는 대통령 조기 퇴진으로 대한민국과 국민들께 미칠 혼란을 최소화하면서 안정적으로 정국을 수습하고 자유민주주의를 바로 세우겠습니다…. 윤석열 대통령도 국민의 명령에 따라 임기를 포함하여 앞으로의 정국 안정 방안을 당에 일임했습니다. 대통령의 퇴진 전까지 국무총리가 당과 긴밀히 협의하여 민생과 국정을 차질 없이 이끌 것입니다.

<국무총리 한덕수 담화문>

내수 부진에 따른 서민들의 고통이 적지 않습니다. 경기 하방 위험 확대에 대한 우려도 커지고 있습니다. 국제 정세도 불확실성이 커지고 있습니다. 한미동맹을 굳건하게 유지하면서 한미일 협력을 강건하게 유지하는 것이 매우 크고 중요한 과제입니다…. 야당에도 간곡히 부탁드립니다. 비상시에도 국정이 정상적으로 운영되기 위해서는 정부가 제출한 예산안과 그 부수 법안의 통과가 절실합니다. 우원식 국회의장님의 리더십 아래 여야 협의를 통한 국회 운영 등으로 경청과 타협, 합리와 조정이 뿌리내리기를 희망합니다.

그들이 내건 '질서 있는 퇴진'이라는 카드는 겉보기엔 그럴듯해 보였다. 혼란을 줄이고 안정적으로 정권을 이양하자는 논리. 일각에서는 "그 정도면 받아들여야 하는 것 아니냐"는 유화론도 고개를 들 법했다. 하지만 나는 단 1초도 흔들리지 않았다. 내 머릿속은 오직 '무조건 탄핵'뿐이었다.

그들의 속내는 뻔했다.

첫째, 무엇보다 이것은 위헌적 발상이었다. 국민은 윤석열을 대통령으로 뽑았지, 한동훈을 대통령으로 뽑은 적이 없다. 선출되지 않은 권력이 국정을 좌지우지하겠다는 것은 헌정질서를 유린하는 또 다른 쿠데타였다.

둘째, 대통령 윤석열의 '파면'이라는 불명예를 피하려는 것이었다. 헌법재판소에 의한 파면은 보수 진영 전체의 괴멸을 의미했다.

셋째, 시간 벌기였다. 탄핵이 인용되면 60일 이내에 대선을 치러야 한다. 준비되지 않은 여당으로서는 필패의 길이었다. 박근혜 탄핵 당시 '4월 퇴진, 6월 대선'을 운운하며 시간을 끌었던 꼼수의 재판(再版)이었다.

이재명 대표는 이를 두고 "얼굴만 바꾼 2차 내란 행위"라고 일갈했다. "무슨 공산당 인민위원장이냐"는 격한 비판이 쏟아졌다.

지금 와서 복기해 보면, 그들은 12월 3일의 내란을 위해 1년 넘게 치밀하게 준비해온 정황이 드러났다. 1년 넘게 칼을 갈아온 자들에게 시간을 더 벌어준다는 건 자살 행위나 다름없었다.

무신불립(無信不立)

이미 신뢰가 깨진 자들과의 약속은 휴지 조각이나 다름없었다. 주권자인 국민을 향해 총구를 겨눈 자들에게 '명예로운 퇴진'을 보장하는 것은 타협이 아니라 야합이었다.

나는 그날 이후 밤마다 꿈속에서도 전쟁을 치렀다. 꿈에서도 누군가와 끊임없이 논쟁하고, 소리치고, 싸웠다. "안 된다! 받아들일 수 없다! 즉각 탄핵만이 답이다!" 식은땀을 흘리며 깨어나는 새벽마다 나는 다시 한번 마음을 다잡았다. 미친 자를 운전대에서 손을 떼게 하는 것. 그것만이 유일한 질서이자 국민에 대한 도리였다. 우리는 그들의 제안을 걷어차고 오직 탄핵의 외길로 직진했다.

여당의 '2선 후퇴' 주장이 거짓임은 금세 드러났다. 한동훈 대표가 "대통령은 국정에 관여하지 않을 것"이라고 호언장담한지 불과 몇 시간 후 대통령 윤석열은 이날 오후 행정안전부장관 이상민의 사표를 수리했다. 같은 날 진실화해위원장 박선영, 8일에는 국정원 1차장 홍장원의 후임으로 오호룡을 임명하기도 했다. 여전히 인사권을 휘두르며 건재함을 과시한 것이다. 대통령 윤석열이 여전히 국정 장악력을 놓지 않고 있으며, '공동정부'라는 구상은 대통령의 재가 없이는 불가능한 허상임을 스스로 증명한 셈이었다.

그 사이 사법 당국의 칼끝은 몸통을 향했다. 12월 8일 검찰 특별수사본부는 헌정사상 처음으로 현직인 윤석열 대통령을 내란 및 직권남용 혐의 피의자로 입건했다. '중대 범죄 혐의자'로 공식화된 것이다.

국방부 역시 뒤늦게 수습에 나섰다. 12월 8일부로 계엄 병력 동원에 관여했던 특전사령관 곽종근, 방첩사령관 여인형, 수방사령관 이진우 등 군 수뇌부 3인의 직무를 정지했다.

우리는 로드맵을 확정했다. "매주 토요일, 국회 본회의를 열겠다." 다가오는 토요일인 12월 14일에 윤석열 대통령 탄핵소추안을 다시 표결에 부치기로 결정했다. 만약 또 부결된다면? 그다음 주 토요일에 또다시 상정한다. 이른바 '무한 탄핵' 전략이었다. 버틸 수 있을 때까지 버텨보라는, 배수진을 친 초강수였다.

이와 동시에 우리는 정권의 숨통을 조이는 전방위적 '3중 공세'와 '병참 차단' 작전에 돌입했다.

첫째, '윤석열 내란 특검법'과 국정조사의 동시 추진이다. 일반 특검과 상설 특검을 함께 가동하는 '쌍특검'으로 내란 행위 전반과 여당의 표결 방해 의혹을 파헤치고, 국정조사를 통해 진상을 낱낱이 국민 앞에 공개하기로 했다.

둘째, 대통령을 지키는 '호위무사 제거'다. 계엄에 동조한 법무부장관 박성재와 경찰청장 조지호에 대한 탄핵소추안을 발의해 12월 12일 본회의에 보고하기로 확정했다. 국무총리 한덕수에 대해서는 '국정공백'을 우려하는 목소리가 있어, 일단 탄핵을 보류했다. 그러나 나머지 부역자들에 대해서는 가차 없는 탄핵을 예고했다. 공직 사회 전체에 "윤석열을 도우면 함께 파면될 것"이라는 강력한 경고 메시지를 보내는 효과도 겸하는 전략이었다.

셋째, 내란 세력의 지갑을 묶는 '예산 공격'이다. 우리는 정부 원안에서 4조 1천억 원을 삭감한 '감액 예산안'을 10일 처리하기로 했다. 계엄을 기획하고 실행한 권력 기관들의 '쌈 짓돈'을 전액 삭감하여 딴마음을 품을 자금줄 자체를 끊어버리겠다는 단호한 의지였다. "탄핵 없이는 예산 협의도 없다"는 박정 예산결산특별위원장의 말처럼, 우리는 예산 심사권을 무기로 내란 세력을 압박했다.

그런 가운데, 12월 9일 사상 초유의 일이 또 생겼다. 법무부가 고위공직자범죄수사처(공수처)의 요청을 받아들여 대통령 윤석열에 대한 출국금지 조치를 승인한 것이다. 현직 대통령이 범죄 혐의로 출국이 금지된 것은 헌정사상 처음 있는 일이었다. 수사 당국이 대통령 윤석열을 '내란의 정점'이자 '도주 우려가 있는 피의자'로 공식 간주했다는 의미였다. 심지어 경찰청 국가수사본부 관계자는 브리핑에서 "요건에 해당하면 긴급체포할 수 있다"며 현직 대통령에 대한 강제 수사 가능성까지 공개적으로 언급했다.

검찰 특별수사본부는 이날 전 국방부장관 김용현에 대한 구속영장을 청구하며, 범죄 사실에 윤석열 대통령을 '내란 중요 임무 종사' 혐의의 공범으로, 사실상 '내란 우두머리'로 적시했다. 김용현은 조사 과정에서 "포고령을 직접 썼고, 대통령과 내용도 상의했다"고 자백하며 대통령이 내란의 몸통임을 시인했다. 그러나 정치가 길을 잃은 사이, 경제가 비명을 질렀다. 혼란한 주말을 보낸 직후인 12월 9일 월요일, 금융 시장은 공포에 질린 '패닉' 상태였다. 코스피는 2.78% 급락해 2400선이 붕괴되었고, 코스닥은 무려 5.19%나 폭락했다.

개인 투자자들은 하루 만에 1조 2천억 원어치를 팔아치우며 '엑소더스(대탈출)'를 감행했다. 원·달러 환율은 하루 만에 17원 넘게 치솟아 1,437원을 기록했고, 장중 한때 1,440원을 위협했다. 비상계엄 선포 이후 불과 4거래일 만에 증시 시가총액 144조 원이 증발했다.

국민의힘과 정부는 "야당의 탄핵 추진이 경제를 망친다"고 경제 위기를 야당 탓으로 돌리려 했지만, 시장의 판단은 냉정했다. 경제를 무너뜨린 것은 야당의 탄핵이 아니라, 대통령의 불법 계엄, 내란으로 인한 '윤석열 리스크'였다.

반면, 국민의힘은 자중지란에 빠졌다. 한동훈계는 '탄핵보다 빠른 질서 있는 퇴진(하야)'을 주장했고, 윤석열계와 중진들은 '임기 단축 개헌'을 고수하며 맞섰다. 서범수 국민의힘 사무총장은 "탄핵보다 빠른 시기에 퇴진하는 데 공감대를 이뤘다"고 했지만, 정작 퇴진 시점이나 방식에 대해서는 아무런 합의도 도출하지 못했다. 그들은 '국정 안정화 태스크포스(TF)'라는 껍데기만 만들었을 뿐, 침몰하는 배 위에서 서로 삿대질만 하고 있었다.

19.

화이트보드와 사우나실

12월 3일 이후, 국회 본청 원내대표실 한쪽 벽면에 놓여 있던 대형 화이트보드는 우리의 전시 작전지도가 되었다. 매일 아침 8시면 원내대표단과 3실장, 부실장 등이 모여 상황회의를 했다. 방에 들어오는 사람들의 모든 눈길은 보드부터 향했다. 보드 위에는 국민의힘 의원 108명의 이름이 빼곡히 적혀 있었다. 우리는 매일 밤낮으로 수집한 첩보를 바탕으로 그 이름 옆에 기호를 그려 넣었다.

동그라미(O): 찬성 의사를 밝힌 사람
세모(△): 고민 중이거나 설득 가능한 사람

우리가 필사적으로 찾는 것은 바로 '동그라미 두 개(◎)'였다. 하지만 그 숫자는 좀처럼 늘어나지 않았다. 확실한 찬성표는 내내 6명 아래에서 멈춰 있었다. 의결정족수를 채우기에 부족한 숫자였다.

화이트보드 앞에서 우리는 나름의 치밀한 전략을 세웠다. 무턱대고 아무나 설득하려던 게 아니었다. 우리의 1차 타깃은 국민의힘 내에서 윤석열 대통령과 각을 세우고 있던 '한동훈계'였다.

우리가 파악한 한동훈계 의원은 약 25명에서 26명. 이들만 설득하면 탄핵은 가결되고도 남았다. 원내대표단은 물론이고 우리 당 다선 의원들에게 SOS를 쳤다. 개별 면담을 추진하고, 학연과 지연을 총동원해 맨투맨 마크를 붙이려 했다.

"의원님, 저쪽 누구랑 친하시죠? 제발 연락 좀 해서 상황 좀 알아봐 주세요. 설득 좀 해주십시오."

화이트보드를 채우는 정보의 출처는 다양했다. 우리가 직접 접촉한 정보, 언론사 기자들이 전해주는 첩보, 그리고 국회 내 타 정당 관계자들의 전언이 뒤섞였다. 문제는 이 정보들이 서로 충돌한다는 점이었다.

누구의 말이 맞는지 알 수 없는 혼돈 속에서, 우리는 보수적으로 판단할 수밖에 없었다.

화이트보드 위에서 가장 우리를 괴롭힌 또 다른 존재는 '엑스(X)'가 아니라 '물음표(?)'였다. 그 중심에 한동훈 대표의 최측근인 장동혁 의원이 있었다. 장동혁 의원은 참 묘했다. 보통은 아예 연락을 끊거나 피하는데, 그는 우리 측 박성준 원내수석부대표와 연락도 잘되고 만남에도 적극적이었다.

"장동혁은 할 것처럼 이야기한다. 전화도 잘 받고 잘 만나준다."

이 때문에 우리 내부에서는 "장동혁을 설득하면 한동훈계 전체가 넘어오는 것 아니냐"는 희망 섞인 관측이 돌았다. 박성준 원내수석부대표는 그에게 공을 많이 들였다.

하지만 끝내 그는 확답을 주지 않았다. 만날수록 의구심만 커졌다. "저 사람이 우리 정보를 캐내려고 만나는 건가? 아니면 한동훈의 오더를 기다리는 건가?" 친절하지만 속을 알 수 없는 그의 태도 때문에, 현황판 위 장동혁의 이름 옆에는 며칠 내내 지워지지 않는 거대한 물음표가 찍혀 있었다.

결과론적으로 말하자면, 우리는 작전과 달리 국민의힘 의원들과 거의 접촉하지 못했다. 12월 12일 이후 국민의힘 내부 분위기가 급변했다. 윤석열 대통령 탄핵 반대를 공언한 '윤핵관' 권성동 의원이 원내대표로 전면에 등장하면서 '침묵 오더'가 떨어진 것 같았다. 적어도 통화 연결은 되던 의원들조차 전화마저 받지 않았다. 재선급 이상이나 용산 대통령실 출신 의원들은 애초에 충성파라 기대도 안 했지만, 말이 통할 거라 믿었던 비윤(非尹)계 의원들마저 입을 닫았다. 전화기는 꺼져 있거나 신호만 갈 뿐, 수화기 너머에서는 아무런 응답이 없었다.

현황판의 숫자는 요동쳤다. 어제는 "투표하겠다"고 했던 사람이 오늘 아침에는 연락 두절이 되는 일도 있었다. 가장 대표적인 사례가 진종오 의원이었다. 그는 12월 11일경 언론에 투표에 참여하겠다는 의사를 밝혔다. 보드 위에 확실한 동그라미 두 개가 그려졌다. 하지만 바로 다음 날 그는 입장을 번복했다. "안 한다"는 소식이 전해지자 보드의 동그라미는 가차 없이 지워졌다. 가결 정족수에 필요한 8명이라는 목표치를 넘긴 것은 일주일간의 피 말리는 기간 중 단 한 번뿐이었다.

나는 12월 14일 탄핵이 될 것을 의심하지 않았다. 그러나 보좌진들의 기억은 다르다. 이런 일들이 반복되면서 감정도 널뛰기했다고 한다. 늘 '부결'이라는 공포와 싸우고 있었다고 한다. 일부의 투덜거림도 속상하게 한 모양이었다.

전기은 부실장의 이야기다.

정작 발 벗고 나서서 국민의힘 의원들을 설득해 주시는 분들은 별말씀 없으셨어요. 저희가 보기에 적극적으로 설득에 나서지 않는 분들이 원내대표실에 들렀다가 "야, 표 몇 명 모았어?" "확실한 거야? 안 되면 책임질 거야?" 한마디씩 툭툭 던지고 가면 속상했죠. 물론 머리로는 이해하죠. 다들 부결에 대한 두려움이 있었으니까요. 근데 "지면 책임질 거냐"는 말에 마음이 좋을 수만도 없잖아요. 정말 목 끝까지 올라온 말을 눌러 담았어요. "설득을 좀 같이 해주시던가요…."

돌아보면 가장 많은 정보, 가장 확실한 정보를 얻은 곳은 국회의원회관 사우나실이었다. 처음부터 사우나를 '비밀 회담 장소'로 기획했던 것은 아니었다. 생존을 위한 어쩔 수 없는 선택이었다. 12월 3일 이후 우리는 집에 가는 걸 포기했다. 2차 계엄의 공포가 서린 국회를 비울 수 없었고, 매일 아침 8시부터 연이어 열리는 회의와 쏟아지는 대책 논의를 감당하려면 24시간이 모자랐다.

　원내대표실 구석에서 쪽잠을 자고 부스스하게 일어난 새벽, 마음 편히 씻을 곳은 국회의원회관 사우나실뿐이었다. 살기 위해, 하루를 버티기 위해 찾아간 그곳이 역설적으로 가장 중요한 '정보의 교차로'가 될 줄은 몰랐다.

　매일 아침, 자욱한 수증기 속에서 우리는 '적'들과 마주쳤다. 국민의힘 의원들 역시 집에 들어가지 못하고 국회에서 밤을 새우기는 매한가지였다. 양복을 벗고, 배지를 떼고, 녹음이 가능한 휴대전화마저 사물함에 두고 들어온 알몸의 상태. 그곳에는 여당과 야당, 친윤과 친명이 없었다. 그저 며칠째 집에 못 가서 피곤에 절어 있는 아저씨들만 있을 뿐이었다.

　사우나 안에서 맨몸으로 마주치면, 낮에는 연락도 닿지 않고 언론인들 앞에서 날을 세우던 그들도 무장 해제가 되었다. "아이고, 박 대표. 고생이 많소." "의원님도 얼굴이 많이 상하셨습니다." 서로의 고단함을 알기에 툭 던진 인사말은 자연스레 굳게 닫힌 입을 열게 했다. 서로가 인간적으로 가장 약해진 시간과 장소였기에 가능한 대화였다.

　그 무방비 상태에서 흘러나온 말들은 '진실'에 가까웠다. 이름을 밝힐 수 없는 국민의힘 중진들이 슬그머니 속내를 털어놓기도 했다. "박 대표, 분위기가 심상치 않아. 이번에는 통과될 것 같아. ○○○의원은 찬성표 던진다던데."

보통의 상황이라면 쾌재를 부를 결정적 첩보였다. 하지만 그 말을 듣는 순간, 기쁨보다 더 큰 의심에 휩싸였다. "도대체 왜 우리한테 이런 고급 정보를 주는 거지?" 의심부터 먼저 들었다. "이건 함정일 수 있다" "될 것 같다고 흘려서 우리가 안심하게 만들려는 수작 아닐까? 우리가 표 단속을 멈추고 전화를 안 돌리게 하려는 고도의 심리전일 수도 있잖아." 만약 그 말을 믿고 설득 작업을 멈췄는데, 막상 표결 당일 저들이 "속았지?"라며 비웃는다면? 상상만 해도 몸서리쳐졌다.

보좌진들 역시 마찬가지였다고 한다. 보좌진들은 사우나 대신 신체 단련실에 있는 세면실을 주로 이용했는데, 거기서 마주친 안면 있는 국민의힘 보좌진들은 미안한 표정으로 고개를 숙이거나 "죽겠습니다, 진짜"라며 한숨을 쉬었다고 한다.

무장 해제된 공간에서 나온 말이었기에 그 무게감은 남달랐지만, 바로 그렇기 때문에 우리는 더더욱 경계했다. 진심처럼 포장된 기만일 수 있다는 공포. 그래서 우리는 그 말을 듣고도 화이트보드에 '동그라미'를 그리지 못했다. 오히려 "저들이 이렇게 나올수록 우리는 더 미친 듯이 전화를 돌려야 한다"고 긴장을 다잡았다.

그러면서도 보좌진들은 나더러 사우나에 더 자주 가고, 더 오래 있으라고 했다. 대한민국의 운명을 가를 탄핵의 향방이 첩보 위성도 도청 장치도 아닌 지하 사우나의 '알몸 대화'에서 점쳐지고 있다는 사실이 한편으로는 코미디였다. 하지만 어쩌겠는가. 거짓과 침묵으로 쌓아 올린 저들의 철옹성 앞에서 사우나실이 유일하게 대화할 수 있는 공간이었는 걸.

돌아보면 사우나실에서 들은 정보들은 꽤 정확했다. 민주주의를 지키겠다는 우리의 절실함과 헌정을 망가뜨린 부끄러움을 견디지 못한 그들의 양심이 녹음·녹취의 위험이 없는, 가장 꾸밈없는 알몸의 상태에서 우연히 스파크를 일으킨 결과였다. 역사의 물줄기가 바뀌고 있다는 결정적인 힌트는 그렇게 가장 절박하고, 가장 인간적인 아침의 루틴 속에 있었다.

20

스톡홀롬에서 온
편지

1차 탄핵이 무산되고 12월 14일 2차 표결이 확정되었지만, 우리에게는 표결을 정당화할 '언어'가 부족했다. "윤석열이 나쁘다"는 말로는 부족했다. 12월 7일의 탄핵 불성립에 분노한 시민들을 위로하고, 흔들리는 여당 의원들의 양심을 찌를 묵직한 한 방이 필요했다.

탄핵소추안 제안 설명 연설문 작성을 맡은 김경환 보좌관은 머리를 싸매고 있었다. "도대체 무슨 말을 해야 하는가. 시민들에게 어떤 메시지를 던져야 우리가 다시 일어설 수 있는가." 원래대로라면 이토록 중차대한 연설문은 집단지성의 결과물이어야 했다. 평소에는 이른바 원내대표실 3실장과 핵심 보좌진들이 머리를 맞대고 방향을 잡은 뒤, 초안을 다듬고 수정하는 치열한 토론 과정을 거치는 것이 연설 작성 시스템이었다.

하지만 비상한 시국에 시스템은 사실상 작동 불능 상태였다. 모두가 각자의 참호 속에서 전쟁을 치르고 있었기 때문이다. 참모들은 눈을 뜨면 아침 회의를 준비하고, 시시각각 변하는 화이트보드의 숫자를 점검하기에도 벅찼다. 누군가는 의원들의 참석 여부를 체크하느라 전화통에 불이 났고, 누군가는 쏟아지는 제보를 확인하러 뛰어다녀야 했다. 매일매일 터지는 돌발 변수에 대응하고 후속 조치를 하느라 메시지 회의를 차분하게 열 물리적 시간도, 정신적 여유도 증발해 버린 것이다.

결국 펜을 쥔 것은 메시지 담당인 김경환 보좌관 혼자였다. 동료들이 밖에서 표를 모으고 상황을 통제하는 육탄전을 벌이는 동안, 그는 모니터 앞에 홀로 남겨졌다. 또 다른 의미의 고립무원(孤立無援)이었다. 전기은 부실장은 당시를 회고하며 "김경환 보좌관이 부담감 때문에 너무 힘들어했다"고 표현했다. 그도 그럴 것이 이번 연설은 법리적 타당성을 넘어, 국민에게 끝까지 함께하겠다는 약속을 하고, 망설이는 여당 의원들의 심장을 뚫어야 하는 선언문이어야 했기 때문이다.

방향을 논의할 사람도, 피드백을 줄 사람도 없었다. 모두가 너무 바빠서 "그냥 네가 다 써라, 알아서 잘 써라" 하며 맡겨버린 상황. 그 막중한 책임을 오롯이 혼자 감당하며 김경환 보좌관은 백지 위에서 피 말리는 고뇌를 이어갔다.

그 답답한 침묵을 깬 것은 여의도가 아닌 지구 반대편 스웨덴 스톡홀름에서 날아온 메시지였다. 현지 시간 12월 10일 소설가 한강이 노벨문학상 시상식 단상에 섰다. 그리고 그보다 며칠 앞선 12월 7일 한강 작가는 노벨상 수락 강연에서 전율할 화두를 던졌다.

한강 작가는 자신의 소설《소년이 온다》를 집필하던 과정을 회고하며 1980년 5월의 광주를 소환했다. 스스로에게, 아니 전 세계를 향해 물었다. "과거가 현재를 도울 수 있는가?" "죽은 자가 산 자를 구할 수 있는가?" 그 목소리는 44년의 시간을 넘어, 계엄령의 공포가 휩쓸고 간 2024년 12월의 여의도에 당도했다. 그건 지금 우리에게 건네는 구원의 질문이기도 했다.

12월 14일 오후 국회 본회의장. 2차 탄핵소추안 제안 설명을 위해 단상에 오른 나는 한강 작가의 그 질문을 인용했다.

를 구할 수 있는가?'라는 질문을 뒤집어야 한다는 걸 깨달았다고 합니다.

'과거가 현재를 도울 수 있는가?', '죽은 자가 산 자를 구할 수 있는가?' 저는 이번 12·3 비상계엄 내란 사태를 겪으며, '과거가 현재를 도울 수 있는가?'라는 질문에 '그렇다'라고 답하고 싶습니다. 1980년 5월이 2024년 12월을 구했기 때문입니다. (중략)

12·3 비상계엄 선포 소식을 접했을 때, 우리 국민이 느낀 공포와 분노는 1980년 5월 광주 시민들이 느꼈던 것과 똑같습니다. 그러나 우리는 두려움에 떨면서도 물러서지 않았습니다. 44년 전 고립무원의 상황에서도 죽음을 각오하고 계엄군과 맞섰던 광주 시민들의 용기가, 그들이 지키려 했던 민주주의가 우리를 움직이는 원동력이었습니다.

과거가 현재를 도왔고, 죽은 자가 산 자를 구했습니다. 대한민국은, 대한민국의 민주주의는 광주에 큰 빚을 졌습니다.

존경하는 선배·동료 의원 여러분!

12·3 비상계엄 내란사태로 무너진 헌정질서를 바로 세우는 것이 국회의 책무입니다. 윤석열은 12·3 비상계엄 내란을 일으켜 헌정질서를 마비시켰습니다. 헌정질서를 파괴한 윤석열을 탄핵하는 것은 헌정질서를 회복하는 길입니다.

국회는 헌정질서 회복을 위해 헌법이 부여한 권한으로 윤석열의 직무를 정지시켜야 합니다. 이 길이 비상계엄 사태를 가장 빠르고 질서 있게 수습하는 방법입니다. (중략)

국민의힘 의원 여러분, 마지막 기회입니다. 역사의 문을 뛰쳐나가는 신의 옷자락을 붙잡으십시오.

헌법 제1조 1항, 대한민국은 민주공화국이다. 제1조 2항, 대한민국의 주권은 국민에게 있고, 모든 권력은 국민으로부터 나온다. 헌법 제46조 2항, 국회의원은 국가이익을 우선하여 양심에 따라 직무를 행한다.

민주공화국 대한민국의 일원으로서, 국민을 대표하는 국회의원으로서, 국가이익을 우선하여 양심에 따라 찬성 표결을 해주십시오.

국가적 위기 앞에 당리당략을 앞세우는 것은 국민에 대한 반역이자, 헌법상 국회의원의 책무를 저버리는 행위입니다. 엄중한 시국의 절박한 심정으로 호소드립니다. 대한민국의 명운이 국회의원 한 분 한 분의 선택에 달려 있습니다.

탄핵에 찬성함으로써 헌정질서를 파괴하는 자는 반드시 단죄받는다는 역사적 교훈을 남겨주시길 호소드립니다. 탄핵에 찬성함으로써 대한민국의 모든 권력은 국민으로부터 나온다는 헌법정신을 실현해 주시길 호소드립니다. 탄핵에 찬성함으로써 대한민국의 민주주의가 굳건하다는 점을 세계 만방에 보여주시기를 호소드립니다.

그날 본회의장에 울려 퍼진 한강 작가의 문장들은 각기 다른 두 대상을 향해 날아간 두 개의 화살이었다. 국민의힘 의원들에게는 '역사를 거스르지 말라'는 절절한 호소이자, 더 이상 비겁한 침묵 뒤에 숨지 말라는 준엄한 경고였다. 44년 전 광주의 비극을 되풀이하려는 자들의 편에 설 것인가, 아니면 그 비극을 막아낸 역사의 편에 설 것인가를 묻는 최후통첩이었다. 동시에, 영하의 추위 속에서 국회를 에워싸고 있던 시민들에게 보내는 최고의 헌사이기도 했다. 우리가 거리에 선 노력이 헛되지 않았음을, 1980년의 숭고한 정신이 바로 당신들을 통해 2024년에 되살아났음을 확인시켜 주는 뜨거운 위로였다.

그날의 연설은 나 스스로도 가장 가슴에 와 닿는 연설이었다. 시대를 꿰뚫은 한강 작가의 통찰, 벼랑 끝에 선 심정으로 원고를 써 내려간 김경환 보좌관의 고뇌, 그리고 대한민국 민주주의를 다시 세워야 한다는 우리의 절박함이 빚어낸 결정체였다. 우리 민주당의 최대 승부수이기도 했다. 그리고 마침내 기적이 일어났다. 침묵하던, 혹은 망설이던 양심들이 반응하기 시작했다. 나는 연설의 마지막 부분에서 이렇게 외쳤다. "국민의힘 의원 여러분, 마지막 기회입니다. 역사의 문을 뛰쳐나가는 신의 옷자락을 붙잡으십시오."

당론과 위협을 뚫고, 양심을 지킨 몇몇 의원들은 '역사의 문을 뛰쳐나가는 신의 옷자락’을 놓치지 않고 꽉 붙잡았다. 그 용기 있는 손길들이 모여 12월 14일의 기적같은 가결을 만들어냈고, 대한민국은 다시 ‘민주공화국’이라는 궤도로 돌아올 수 있었다.

이제 우리는 한강 작가의 질문에 ‘그렇다’를 넘어 다른 답을 내놓을 수 있게 됐다.

죽은 자가 산 자를 구했고, 산 자는 서로의 어깨를 겯고 도와 다시 일어섰습니다. 다시는 무너지지 않을 민주주의의 성벽을 쌓을 수 있게 되었습니다.

Part 4

가면 쓴 권력,
맨얼굴의 신

21.

크리스마스의

배신

12월 14일 윤석열 탄핵안은 총 투표수 300표 중, 가 204표, 부 85표, 기권 3표, 무효 8표로 가결되었다. 대통령 윤석열의 직무가 정지되었다. 헌법재판소의 심판이 내려질 때까지 그는 '식물 대통령'이 되었다. 그러나 내란 우두머리의 힘을 빼놓은 것뿐이었다. 내란 세력의 반격은 계속되고 있었다. 대통령이 사라진 자리에, 또 다른 '윤석열'이 들어앉았기 때문이다. 대통령 권한대행 한덕수.

한덕수는 누구인가. 12월 3일 밤 불법 계엄이 선포되던 그 시각 국무회의장에 있었던 인물이다. 헌법이 유린당하고 군홧발이 국회를 짓밟을 때, 그는 침묵했거나 동조했다. 법리적으로 따지자면 그 역시 '내란의 부역자'이자 공범이었다. 그런 사람에게 대한민국이라는 거대한 배의 키를 맡겨야 한다니. 시민들은 분노했고 당원 게시판에는 "한덕수도 당장 탄핵하라"는 요구가 빗발쳤다.

지도부의 고민은 깊었다. 당장이라도 탄핵소추안을 발의하고 싶었다. 우리에게는 국민의 심판을 받은 정권이 '대행'이라는 탈을 쓰고 국정을 연장하는 것을 지켜본 2016년의 뼈아픈 기억도 있었다. 박근혜 전 대통령 탄핵 당시 황교안 권한대행 체제. 당시 권한대행 황교안은 '관리자'에 머물지 않았다. 그는 인사권을 행사하고, 사드THAAD 배치를 강행하며 마치 선출된 권력인 양 행세했다.

한덕수라고 다르겠는가?

그 역시 윤석열 정권의 국정 기조를 그대로 밀어붙일 것이 뻔했다. 내란 관련 증거를 인멸하거나, 수사를 방해할 가능성도 배제할 수 없었다. 그렇다면 탄핵해야 하는가? 여기서 고민이 생겼다. 역풍을 우려하는 목소리도 있었다. 우리는 당분간 권한대행 한덕수에 대한 탄핵을 유보하기로 했다. 더 큰 혼란을 막기 위한 고육지책이었다. 대통령 윤석열 파면 전선을 흐트러뜨리지 않기 위한 방편이기도 했다.

하지만 그의 행보는 불안했다. 경제 단체장들을 만나며 마치 자신이 대통령이 된 양 행세했고, 국회의 요구에는 침묵으로 일관했다. 우리는 그에게 선택할 기회를 줬다. 내란 특검법과 김건희 특검법 공포, 내란 상설특검 후보 추천 의뢰, 국회가 추천한 헌법재판관 후보자를 즉시 임명이라는 세 가지 요구 조건을 걸었다. 12월 24일까지 이행하지 않으면 탄핵의 대상이 될 것이라고 분명히 밝혔다.

왜 헌법재판관 임명이 그토록 중요했는가. 당시 헌법재판소는 재판관 3명의 공석으로 '6인 체제'였다. 재판관을 충원하지 않으면 대통령 윤석열 탄핵 심판은 아예 열리지 못하거나, 기형적으로 진행될 위기였다. 더 무서운 시나리오는 따로 있었다. 탄핵 인용(파면)을 위해서는 6명의 찬성이 필요하다. 즉 단 1명만 반대해도 윤석열은 살아 돌아온다. 권한대행 한덕수가 재판관 임명을 미루는 것은 윤석열 대통령을 살리기 위한 '침대 축구'이자, 탄핵 심판을 무력화하려는 '지능적인 사보타주'였다.

국민의힘은 우리의 요구를 두고 "국정 마비를 노린 인질극"이라며 반발했지만, 우리는 내란 세력 심판을 위해 전진할 뿐이었다. 대통령이 내란 혐의로 수사를 받는데, 그 대리인이 특검을 거부한다는 건 수사를 방해하겠다는 선언이나 다름없었기 때문이다.

12월 24일 대통령 권한대행 한덕수는 국무회의를 주재했다. 그리고 보란 듯이 우리의 요구를 걷어찼다. 내란의 진상을 밝힐 쌍특검법을 안건으로 올리지도 않았고, 헌법재판관 임명마저 가로막았다.

여야가 머리를 맞대야 한다.

그는 특검과 헌법재판관 임명 모두에 '여야 합의'라는 그럴듯한 핑계를 댔지만, 실상은 거부권 행사이자 탄핵 심판 지연 선언이었다. 내란의 진상을 규명하라는 국민의 명령을, 내란 공범으로 지목된 내각이 정면으로 거부한 것이다.

이재명 대표는 분노했다.

권한대행이 아니라 '내란 대행'임을 자인한 꼴이다.

우리는 즉각 비상 의원총회를 열었다. 격론 끝에 '한덕수 탄핵'을 당론으로 채택했다. 당장이라도 탄핵소추안을 접수하자는 의견이 빗발쳤다. 탄핵 준비를 하되, 그전에 조건을 주고 이행하도록 말미를 주기로 했다. 26일 본회의에서 헌법재판관 후보자 3명의 임명동의안을 처리하기로 했다. 권한대행 한덕수가 이를 즉시 임명하는지 지켜보고, 그것마저 거부한다면 탄핵에 나서기로 했다.

12월 26일 오후, 국회 본회의장은 긴장감이 감돌았다. 우리는 야당 단독으로 마은혁, 정계선, 조한창 등 헌법재판관 후보자 3명의 임명동의안을 통과시켰다. 국민의힘은 표결에 불참하며 퇴장했다. 공은 한덕수에게 넘어갔다. 그는 국회의 뜻을 존중해 임명장에 도장을 찍을 것인가, 아니면 윤석열의 호위무사로 남을 것인가. 오후 1시 40분 권한대행 한덕수는 긴급 대국민 담화를 발표했다.

여야가 합의해 안을 제출할 때까지 헌법재판관 임명을 보류하겠습니다.

그 순간, 머릿속에서 무언가가 끊어지는 소리가 들렸다. '여야 합의'라는 말은 기만이었다. 국민의힘은 애초에 헌법재판소를 마비시키기 위해 추천 자체를 거부해 오지 않았던가. 그가 말한 '보류'는 사실상의 임명 거부이자, 윤석열 탄핵 심판을 방해하겠다는 선언이었다. 더 기다릴 필요가 없었다.

22

여의도 체임벌린

솔직히 고백하자면, 헌법재판관 임명 보류 전까지 국무총리 한덕수 탄핵에 대한 우리 당 내부 기류는 묘했다.

국무총리 한덕수 탄핵은 과하다. 힘을 주체하지 못하는 듯한 인상을 줄 필요가 없다. 이것이 하책(下策)이다.
국무총리 한덕수 탄핵하고 나면 다음은 경제부총리 최상목, 또 그다음은 사회부총리 이주호 순으로 갈 것이냐. 완급 조절을 해야 한다.

국무총리 한덕수 탄핵을 반대하는 이들의 이유는 세 가

지 정도였다.

첫째, 정무적으로는 대통령 윤석열 탄핵에 찬성할 수도 있는 중도층이나 보수 이탈표가 민주당으로 넘어올 여지를 우리 스스로 봉쇄하는 꼴이 될 수 있다는 것이었다.

둘째, 제1야당이자 원내1당으로서 국가 운영을 잘 해낼 수 있다는 것을 보여주자는 것이었다. 대통령 윤석열 탄핵과 파면 과정에서 수권 능력과 책임감을 보여줘야 한다는 주장이었다.

셋째, 아주 현실적인 계산 때문이었다. 국무총리 한덕수는 노무현 정부 때 총리를 했고, 평생을 관료로 살아온 사람이라 좋은 게 좋은 거라며 적당히 타협할 줄 알거라는 추측이었다.

냉정히 말해, 한덕수에 대해 이런 평가를 내린 분들은 한덕수의 실체를 제대로 보지 못한 것이었다. 그가 12월 3일 국무회의에 참석했음에도 불구하고 그를 주범이라기보다는 대통령의 서슬에 눌려 어쩔 수 없이 자리를 지킨 힘없는 노인쯤으로 치부하는 경향이 있었다.

아주 큰 착각이었다. 전제부터 틀렸다. 우리가 상식적인 판단을 하는 것처럼 국무총리 한덕수도 상식적인 판단을 할 것이라는 전제 말이다. 일각에서 한덕수를 물에 물 탄 듯 술에 술 탄 듯한 '밍밍한 관리자'로 오해하고 방심하는 사이, 그는 그 물렁함을 무기로 자신의 발톱을 숨기고 있었다. 그는 무능해서 가만히 있었던 게 아니었다. 대통령이 사라진 무주공산에서 자신이 깃발을 꽂을 타이밍을 노리고 있었던 것이다.

태도만 보자면 착각할 만했다. 한덕수는 12월 9일 공동정부 제안으로 정치적 야심을 슬쩍 내비쳤다가, 이틀 뒤인 11일에는 바싹 엎드려 비는 모양새를 취했다.

12월 11일 '윤석열 대통령 위헌적 비상계엄 선포 내란행위 관련 긴급현안질문'에서 답변석에 선 권한대행 겸 국무총리 한덕수는 4차례에 걸쳐 사과했다.

서영교 의원이 포문을 열었다.

"국민 앞에 국무위원을 대신해 백배 사죄하라. 90도로 굽혀서 사죄하시라."

보통의 보수 정권 인사였다면 "내가 왜 그래야 하느냐"며 대들거나 뻣뻣하게 굴었을 것이다. 하지만 한덕수는 달랐다. 그는 주저 없이 답변석 옆으로 나와 고개를 숙였다.

"대통령을 설득하려 노력했으나 막지 못했습니다. 정말 송구스럽고, 많은 죄책감을 느낍니다."

서영교 의원이 "국무위원 다 일어나라"고 호통치자 그는 "제가 대표로 하겠다"며 다시 숙였고, 거듭된 요구에 또다시 숙였다. 결국 경제부총리 최상목을 비롯해 국무위원 전원이 기립해 고개를 숙일 때까지, 그는 무려 네 번이나 허리를 90

도로 굽혔다.

이 같은 그의 태도에 방심하는 사람들이 있었지만, 나는 내용에만 집중하려고 노력했다. 과거 나치의 히틀러를 상대했던 유럽의 쟁쟁한 정치인들이 그의 겸손하고 다정한 태도에 속았다지 않은가?

역사는 소름 끼칠 정도로 반복된다. 1933년 1월 독일의 부수상 프란츠 폰 파펜은 아돌프 히틀러를 총리로 임명하도록 힌덴부르크 대통령을 설득했다. 당시 나치당의 기세가 한풀 꺾였다고 판단한 파펜은 히틀러를 얼굴마담으로 내세우고 자신과 보수 기득권층이 실권을 쥐고 흔들 수 있다고 믿었다. 우려하는 사람들에게 파펜은 자신만만하게 비웃으며 이렇게 말했다.

"우리가 그를 고용했네."

그러나 잘 알다시피, 파펜은 자신이 고용한 그 '광대'에 의해 토사구팽을 당했다.

그로부터 5년 뒤 1938년 9월 영국의 총리 네빌 체임벌린은 독일 뮌헨에서 히틀러와 회담을 마치고 런던으로 돌아왔다. 비행기 트랩을 내려오며 그는 히틀러의 서명이 담긴 종이 한 장을 흔들며 외쳤다.

"이것이 우리 시대의 평화(Peace for our time)입니다."

체임벌린 역시 당대 최고의 정치가였다. 그는 히틀러를

직접 만났고, 대화했고, 협상했다. 그리고 내린 결론은 "히틀러는 말이 통하는 사람이다. 그가 원하는 것은 단지 체코 주데텐란트일 뿐, 더 이상의 야욕은 없다"는 것이었다. 심지어 로이드 조지 전 총리조차 히틀러를 만나고 와서 그를 "독일의 위대한 지도자"라고 치켜세웠다.

그들은 히틀러라는 인간의 '악마성'이 아니라, 그가 보여준 예의 바른 태도와 합리적인 척하는 연기에 철저히 속았다. 그 오판의 대가는 1년 뒤, 폴란드 침공과 제2차 세계대전이라는 인류 최악의 비극이었다.

불행 중 다행이랄까. 권한대행 한덕수의 '착한 관료' 가면이 벗겨지는 데는 오래 걸리지 않았다. 한덕수는 어떤 면에서 대통령 윤석열보다 더 교활했다. 윤석열이 칼을 들고 설치는 망나니였다면, 한덕수는 법전과 관례 뒤에 숨어 웃으면서 등에 칼을 꽂는 노회한 승부사였다.

히틀러가 폴란드를 침공했을 때 체임벌린의 '평화'는 휴지 조각이 되었다. 마찬가지로, 12월 26일 권한대행 한덕수가 "헌법재판관 임명을 거부하겠다"고 선언한 순간, '안정적인 관리'라는 환상은 산산조각 났다. 그는 헌법재판소를 무력화시켜 탄핵 심판을 막으려는, 윤석열의 가장 충실하고도 위험한 '대리 전쟁'을 수행하고 있었다. 그가 평생 써왔던 '합리적 관료'라는 가면은, 결정적인 순간에 비수를 꽂기 위해 가

차 없이 벗어 던져졌다. 가면이 벗겨진 자리에는 비수를 품은 자객의 서늘한 민낯이 드러났다.

국민들은 본능적으로 알아봤다. 국민을 위해 복무할지, 권력을 위해 일할 것인지를 기준으로 판단했다. 국민과 같은 기준으로 바라보니 한덕수가 말이 통하는 늙은 관료가 아니라 사냥감을 앞에 둔 여우로 보였다.

'아, 저 사람은 지금 이 상황을 즐기고 있구나.' 윤석열이 식물대통령이 된 지금 자신이 대한민국 서열 1위라는 사실에 도취되어 있었다. 권한대행 한덕수는 '관리자'가 되고 싶은 게 아니었다. '통치자' 행세를 하고 싶어 했다.

더 이상 망설일 이유가 없었다. 탄핵소추안을 바로 제출할 것을 지시했다. 헌정사상 최초의 '경제부총리 대행 체제'에 보수진영과 언론의 저주가 쏟아질 것은 예상했다. 그래도 얼마든지 붙을 자신이 있었다. 헌법재판소를 망가뜨리고, 내란 우두머리를 방어하는 권한대행을 내버려 두는 것이야말로 헌정질서를 무너뜨리는 가장 큰 위협이기 때문이다.

12월 27일 국회는 한덕수 「국무총리(한덕수) 탄핵소추안」 표결에 들어갔다. 대통령에 이어 국무총리까지, 대한민국 행정부의 '투 톱'이 모두 탄핵 심판대에 오르는 순간이었다. 그들은 스스로 파국을 선택했고, 우리는 그 파국을 수습하기 위해 고통스럽지만 단호하게 칼을 뽑아 들었다.

12월 27일 오후 국회 본회의장에 다시 의사봉 소리가 울려 퍼졌다.

"가 195, 부 0. 한덕수 국무총리 탄핵소추안이 가결되었음을 선포합니다."

12월 14일 대통령 윤석열, 그리고 12월 27일 국무총리 한덕수. 불과 2주 사이, 대한민국 행정부의 수반과 2인자가 모두 국회에 의해 직무가 정지되었다.

23

8개의 의자

국무총리 한덕수를 탄핵하고 '최상목 권한대행 체제'를 맞이했을 때, 가장 중요한 것은 헌법재판소의 빈 의자를 어떻게 채우느냐였다. 당시 헌법재판소는 재판관 9명 중 3명이 공석인 6인 체제였다. 윤석열 내란 세력이 파놓은, 혹은 즐기고 있는 가장 치명적인 함정이다.

헌법상 탄핵 인용(파면)을 위해서는 재판관 6명 이상의 찬성이 필요하다. 그런데 남은 재판관이 딱 6명뿐이다. 이것은 무엇을 의미하는가? 단 한 명의 예외도 없이, 6명 전원이 만장일치로 '파면'을 외쳐야만 한다는 뜻이다. 보수 성향 재판관이 단 한 명이라도 반대하거나, 심판 도중 단 한 명이라도 건강상의 이유나 사고로 자리를 비우게 되면 탄핵 심판은 그 즉시 멈춰 선다.

하지만 6인 체제의 진짜 공포는 '숫자'가 아니라 '정당성'에 있었다. 설령 기적적으로 6명 전원이 만장일치로 파면을 결정한다 해도 문제였다. 국민이 선출한 대통령을, 정원의 3분의 2밖에 남지 않은 헌법재판소가 파면시켰을 때, 과연 그 결과에 온 국민이 승복할 수 있겠는가? 반대로 기각된다면? 어느 쪽이든 국론은 영원히 분열될 것이다.

실제로 당시 헌법재판소는 6인 체제하에서도 심리와 변론은 가능하다고 밝혔으나, 과연 최종 결론(선고)까지 내릴 수 있는지에 대해서는 내부에서도 치열한 논쟁이 이어지던 차였다. 여러 학자들이 지적한 것처럼, 정상적인 헌법재판소 기능 작동을 위해선 9인 체제로 정당성을 확보해야 했다.

12월 24일, 권한대행 한덕수는 헌법재판관 임명 보류의 이유로 '여야 합의가 필요하다'는 이유를 내세웠다. 하지만 그것은 새빨간 거짓말이었다. 합의는 이미 존재했다. 시계를 약 두 달 전으로 돌려보자. 비상계엄의 광풍이 몰아치기 전인 2024년 10월 17일 이종석 헌법재판소장과 이영진, 김기영 재판관 등 3명이 임기 만료로 퇴임했다. 당연히 국회가 후임자를 추천해 빈자리를 채워야 했다. 하지만 협상은 지지부진했다.

표면적인 이유는 '추천 몫' 때문이었다. 관례대로 여야가 1명씩 추천하고 나머지 1명은 합의하자는 국민의힘과 달리, 우리는 "민심에 의해 압도적 1당을 차지하고 있는 만큼 의석수에 따라 2명을 추천해야 한다"고 맞섰다. 실제로 1994년 의석수가 많은 민주자유당이 2명, 민주당이 1명을 추천한 역사적 전례가 있었기 때문이다.

논쟁이 계속되고 헌법재판관 공석 상태가 길어지자 헌법재판소가 직접 나서서 질타했다. 11월 18일. 나와 박성준 원내수석부대표, 그리고 국민의힘 원내대표 추경호와 원내수석부대표 배준영은 우원식 국회의장 주재하에 11월 22일까지 국회 몫 헌법재판관 3인의 추천을 마무리하기로 합의했다.

민주당은 정계선·마은혁 후보자를, 국민의힘은 조한창 후보자를 추천하기로 명단까지 정리된 상태였다. 국민의힘 원내대표 추경호가 11월 19일 기자들 앞에서 "어제 여야가 합의했다"고 직접 브리핑까지 했다.

그러나 약속한 11월 22일, 국회 본회의장에 헌법재판관 선출안은 올라오지 못했다. 도장을 찍기만 하면 되는 이 합의가 왜 휴지 조각이 되었는가? 이유는 '검찰' 때문이었다. 당시 예산결산특별위원회에서는 전쟁이 벌어지고 있었다. 우리가 검찰의 특수활동비(특활비)와 특수업무경비(특경비)를 전액 삭감하겠다고 나서자, 국민의힘과 용산 대통령실이 거세게 반발한 것이다.

국민의힘은 헌법재판관 추천을 '협상 카드'로 악용했다. "민주당이 검찰 특활비 삭감을 철회하고, 이창수 서울중앙지검장 등 검사 3명에 대한 탄핵 소추를 멈추지 않으면, 헌법재판관 선출도 없다."

그들은 헌법기관의 구성을 행정부의 쌈짓돈과 검찰 특경비·특활비를 지키기 위한 볼모로 삼았다. 11월 말 국민의힘은 국회 일정을 전면 보이콧했다. 본회의는 열리지 못했고, 법제사법위원회는 파행되었다. 헌법재판관 공백은 그렇게 12월 3일 내란의 그날까지 방치되었다.

직무대행 한덕수가 '여야 합의가 안 됐다'고 핑계를 댄 것은, 자신들이 검찰 돈봉투를 지키기 위해 국회를 멈춰 세웠던 그 '직무 유기'를 '합의 실패'라는 말로 교묘하게 포장한 것에 불과했다.

12월 27일이 밝았다. 대통령 권한대행 겸 국무총리 한덕수 탄핵 예정일이었다. 결전의 아침 나는 마이크를 잡았다. 타깃은 한덕수가 아니라 그다음 타자인 최상목 부총리였다.

최상목 경제부총리에게도 촉구합니다. 한덕수 총리가 탄핵되고, 대통령 권한을 대행하게 되는 즉시, 국회 몫의 헌법

한덕수가 탄핵으로 직무 정지되고 권한대행이 된 최상목은 적어도 한덕수처럼 "합의가 필요하다"며 버티는 뻔뻔함은 보이지 못했다. 하지만 12월 31일 그가 가져온 결과물 역시 교묘했다. 국회가 선출한 3명 중 정계선(민주당 추천)·조한창(국민의힘 추천) 두 사람만 임명하고, 우리가 추천한 또 한 명의 재판관인 마은혁 후보자는 배제했다.

이유는 치졸했다. 마은혁 후보자가 2009년 노회찬 당시 진보신당 대표 후원회에 후원금을 낸 사실을 문제 삼은 것이다. 이것은 명백한 월권이자 위헌이었다. 국회 몫 재판관에 대한 대통령의 임명권은 실질적 심사권이 없는 '형식적 임명권'에 불과하다. 대통령 또는 대통령 권한대행이 입맛에 맞는 사람만 골라 쓰는 '쇼핑 인사' 권한 따위는 헌법 어디에도 없다. 이는 삼권분립을 정면으로 위배하는 행위였다.

국무총리 한덕수를 탄핵하고 최상목 대행 체제로 전환한 것은, 꽉 막혀 있던 헌법재판관 두 명의 임명 통로를 뚫어낸 결정적 승부수였다. 우리는 4월 18일이라는 데드라인과도 싸우고 있었기 때문이다. 이미선·문형배 두 재판관은 4월 18일 퇴임을 앞두고 있었다. 신임 재판관의 임명은 계속 미뤄진 상태에서 이미선·문형배 두 재판관의 임기마저 만료됐다면? 탄핵도, 파면도, 정의도 모두 물 건너갈 뻔했다. 이 끔찍한 시나리오를 가까스로 막아낼 수 있었던 것은 다행이었다.

하지만 안도의 한숨을 내쉬기엔 일렀다. 마은혁 후보자를 끝내 임명하지 않고 버티는 이유. 나와 이재명 대표는 단박에 그 속에 숨겨진 '고도의 덫'을 간파했다. 겉으로 보기에는 판결에 큰 영향을 줄 것 같지 않은 '재판관 1명'이라는 숫자로 결과를 뒤집겠다는 치밀하고도 비열한 계산이었다. 그 한 명이 채워지지 않으면 탄핵 인용에 필요한 6명을 확보할 수 없다는 맹점을 파고들어, 헌법재판소라는 링 위에서 법리가 아닌 머릿수로 판정승을 거두겠다는 덫을 놓고 있었던 것이다.

마은혁 후보자가 임명되어 9인 체제가 완성되면 진보 대 보수 재판관 비율은 6 대 3이 된다. 탄핵 인용 정족수인 6명이 확보되는 셈이다. 일단 6명이 찬성으로 기울면 나머지 소수 의견도 역사의 심판을 의식해 대세에 따를 수밖에 없다. 전 대통령 박근혜를 탄핵할 당시 8 대 0 만장일치가 나올 수 있었던 힘도 바로 그 압도적 비율에서 나왔다. 6명이 확보되면 9 대 0 완벽한 파면을 끌어내는 구도가 갖춰진다.

하지만 마은혁 재판관이 없는 8인 체제라면? 구도는 5 대 3으로 쪼그라든다. 숫자는 하나 줄었을 뿐이지만, 3명의 보수

재판관이 끝까지 반대표를 던지며 버틴다면, 찬성표는 5표에 그치고 탄핵은 기각된다. 저들은 바로 이 '매직 넘버' 3명을 믿고 탄핵 자체를 무력화하려는 것이었다.

법조계 인사들, 평론가들, 심지어 광장의 시민들조차 '이번엔 다르다, 증거가 차고 넘친다'며 파면을 확신했다. 다수 국민이 그 낙관론에 기대고 싶어 했다. 탄핵 심판의 검사 격인 소추위원단장을 맡은 정청래 법사위원장마저 낙관의 흐름 속에 있었다. 법리적 완벽함에 정청래 의원 특유의 자신감이 얹혔다. "걱정하지 마십시오. 법리적으로 완벽합니다. 이건 무조건 8 대 0 나옵니다. 저들이 아무리 버텨도 결과는 뻔합니다." 자신감 넘치는 법사위원장의 설명에 고개를 끄덕이는 의원들도 있었다.

하지만 나와 이재명 대표의 시각은 달랐다. 재판은 법리로만 하는 게 아니다. 특히 대통령 탄핵 심판은 고도의 정치적 행위다. 저들이 심어놓은 작은 덫에라도 걸려 넘어지면 대한민국은 돌이킬 수 없는 수렁에 빠진다. 모두가 '필승'을 외칠 때, 나는 보이지 않는 시한폭탄의 초침 소리가 들리는 기분이었다. 긴장의 끈을 1분 1초도 놓을 수 없는 날들이었다.

아이러니한 것은, 이 '반쪽짜리 임명'조차 용산 대통령실의 역린을 건드렸다는 점이다. 권한대행 최상목이 정계선·조한창 2명의 헌법재판관을 임명한 직후, 대통령실 고위 관계자는 언론을 통해 "권한의 범위를 넘어선 것으로 매우 유감이다"라며 공개적으로 반발했다. 심지어 다음 날에는 대통령실 수석비서관급 이상 고위 참모진이 권한대행 최상목의 결정에 항의하며 집단 사의를 표명하는 촌극이 빚어졌다.

이것은 무엇을 의미하는가. 대통령 직무는 정지되었는데, 국민 세금으로 운영되는 '대통령비서실'은 여전히 윤석열 개인의 호위무사 노릇을 하고 있다는 증거였다. 그들은 행정부의 수장인 권한대행의 명령을 따르는 것이 아니라, 관저에 칩거 중인 '자연인 윤석열'의 심기를 경호하고 있었다. 대한민국 행정 시스템이 얼마나 처참하게 망가져 있는지를 보여주는 비상식적인 장면이었다.

1월 2일 나는 정책조정회의 모두발언으로 다시 한번 경고를 날렸다.

지금도 곳곳에서 내란을 선동하는 무리들이 준동하고 있습니다. 신속하게 내란을 진압하지 않는다면 혼란이 가중되고 대한민국의 위기는 증폭될 것이 불 보듯 뻔합니다. 내란 진압과 국가 정상화를 위해 다음과 같은 조치를 즉시 이행해야 합니다.

첫째, 공수처, 경찰 합동공조수사본부는 체포영장 집행을 미루지 말고 오늘 곧바로 내란 수괴 윤석열을 체포하십시오.

대한민국 전복을 기도한 내란 수괴 체포를 방해하는 것은 내란 공범이라는 자백입니다. 대통령 경호처는 공무 집행을 방해하지 말고 체포영장 집행에 순순히 협조하십시오.

둘째, 최상목 부총리는 마은혁 헌법재판관 후보자를 즉각 임명하십시오. 국회가 선출한 헌법재판관 3명에 대한 선별적으로 임명을 거부하는 것은 명백한 삼권분립 침해이자 위헌 행위입니다. 국회의장께서도 3인의 헌법재판관 추천, 여야 합의가 있었다고 확인해준 만큼, 오늘 즉시 마은혁 헌법재판관 후보자를 임명하십시오. 한편, 마용주 대법관 후보자도 임명하십시오.

셋째, 최상목 부총리는 내란 상설특검 추천 의뢰를 즉시 하십시오. 법률에 따라 지체 없이 하여야 할 특검 추천 의뢰를 미루는 것은 명백한 위법 행위이며 고발 사유 및 직무유기로 탄핵 사유가 됩니다.

권한대행으로서 헌법과 법률에 따라 행해야 할 조치를 빠르게 이행하는 것이 국민과 국가와 역사에 죄를 짓지 않는 길이라는 점을 명심하시기 바랍니다.

24.

신의 옷자락

국무총리 한덕수 탄핵안이 가결되고 정확히 이틀 뒤인 12월 29일 뉴스를 보던 국민들은 충격에 휩싸였다.

[속보] 전남 무안공항서 제주항공 여객기 착륙중 담벼락 충돌·화재

[속보] 무안공항 여객기 추락… 현재 사상자 23명 확인

[속보] 무안공항 여객기 사고 28명 사망… 사상자 늘어날 듯

[속보] 무안공항 제주항공 참사. 대부분 현장서 사망…

처음엔 경미한 사고이기를 바랐다. 하지만 10분, 20분이 지나자 뉴스 화면은 화염에 휩싸인 기체와 아비규환이 된 공항 활주로를 비추기 시작했다. 사상자 숫자가 실시간으로 올

라갈 때마다, 심장도 쿵쿵 내려앉았다. 대한민국 전체가 순식간에 비통함에 잠겼다. 181명 중 179명 사망, 세월호와 이태원의 트라우마가 채 가시지도 않은 국민에게, 연말에 날아든 이 비보는 감당하기 힘든 충격이었다.

2024년의 마지막 날인 12월 31일 《경향신문》 1면에는 두 장의 사진이 실렸다. 우리가 지나온 야만의 시간, 지금 마주하고 있는 비극을 적나라하게 보여주는 사진이었다. 위쪽 사진에는 여의도와 광화문 거리를 가득 메운 수천 개의 얼굴들이 있었다.

12·3 내란 이후 거리에 나와 '탄핵'을 외쳤던 시민들의 얼굴을 모아 만든, 환하게 빛나는 응원봉의 형상. 그것은 무너진 민주주의를 다시 세우겠다는 거대한 열망이었다. 반면 아래쪽 사진은 무거웠다. 제주항공 여객기 참사 이튿날인 12월 30일 전남 무안종합스포츠파크에 마련된 합동분향소. 국화 한 송이를 든 채 고개를 떨군 추모객의 뒷모습. 어떤 구호도, 외침도 없는 깊고 무거운 슬픔으로 침잠해 있었다.

그토록 절박하게 붙잡고 싶었던 신의 옷자락은 하늘에 있지 않았다. 칼바람 부는 광장에서 민주주의를 외친 저 수백, 수천만의 얼굴들, 그리고 비극적 참사 앞에서도 서로를 안아주며 견뎌내는 저 묵묵한 등. 바로 국민이라는 이름을 가진, 살아있는 신의 옷자락이었다.

　　대한민국은 국민이 내어준 구원의 끝자락에 간신히 매달려 2024년이라는 거친 파도를 건너는 중이었다. 내란과 참사, 분노와 슬픔으로 얼룩진 한 해가 저물어가고 있었다.

　　그렇기에 우리는 더욱 겸손해야 했다. 우리의 능력이 아니라, 시대를 지키려는 힘이 만들어 준 기적이 가까스로 이어지고 있었으니까. 죽음을 애도하고, 민주주의가 무너질 뻔한 슬픔을 딛고, 다시 분노를 동력 삼아, 다가올 새해에는 기필코 심판을 완성해야만 했다. 그것이 살아남은 자들이 짊어져야 할 피할 수 없는 소명(召命)이었다.

Part 5

심판의 시간

25.

무너지는

성벽

2025년의 새해는 축복 대신 철조망과 바리케이드로 시작되었다. 우리가 무안공항 참사의 슬픔을 억누르며 이를 악물고 있던 그 시각, 서울 한남동 관저 앞은 또 다른 전쟁터였다. 12월 30일 공수처가 헌정사상 처음으로 현직 대통령에 대해 '내란 우두머리' 혐의로 체포영장을 청구했다. 법 앞에는 성역이 없다는 지극히 당연한 상식이 대통령이라는 권력 앞에서는 처참히 무력해지고 있었다.

새해 첫 주말을 앞둔 1월 3일 새벽, 여명이 채 트기도 전인 오전 6시 14분. 공수처 수사관과 경찰 등 200여 명으로 구성된 수사팀이 결연한 표정으로 과천 청사를 나섰다. 목표는 서울 용산구 한남동 대통령 관저. 대한민국 헌정사상 처음으로 발부된 현직 대통령에 대한 체포영장을 집행하기 위해서였다.

오전 7시 17분 현장에 도착해 8시 2분경 1차 저지선을 뚫고 관저 경내로 진입했을 때만 해도 법의 권위가 작동하는 듯했다. 하지만 관저를 불과 200여 미터 남겨둔 지점에서 그들은 벽에 부딪혔다. 대통령 관저는 요새를 방불케 했다. 대통령 경호처는 좁은 진입로를 대형 버스와 경호 차량 10여 대로 테트리스 블록 쌓듯 빈틈없이 틀어막아 거대한 차벽을 세워 놓고 있었다. 차량 틈새로 보이는 풍경은 더욱 살벌했다. 경호처 요원들과 군인 등 200여 명이 겹겹이 팔을 엮어 인간 띠를 만들고 스크럼을 짠 채, 수사관들을 노려보고 있었다.

현장의 공기는 살기로 가득했다. 공수처 대변인의 입을 통해 전해진 현장 상황은 충격적이었다. "경호처 인력 중 중화기를 휴대한 일부 인원도 있었다." 법을 집행하러 온 검사 앞에서 대통령을 지키는 친위대는 총구를 드러내며 무력 충돌도 불사하겠다는 암시를 보내고 있었다.

공수처 수사관들은 경호처장 박종준에게 법원이 발부한 체포영장을 제시하며 길을 열 것을 요구했다. 그러나 경호처장 박종준의 태도는 기가 찰 노릇이었다. 그는 마치 고장이 난 녹음기처럼 영혼 없는 답변만 반복했다.

“우리는 경호법에 따라 경호만 할 뿐입니다. 영장에 대한 판단은 우리가 할 일이 아닙니다.”

판사가 찍어준 체포 도장이, 고작 경호처가 내세운 ‘경호 구역’이라는 핑계 앞에서 맥없이 휴지 조각이 되어버린 것이다.

결국 오후 1시 30분경 공수처는 “현장 인원의 안전이 우려된다”며 철수를 결정했다. 5시간 넘게 이어진 이 대치는 대한민국 국가 시스템이 한 명의 독재자를 비호하는 세력에 의해 어떻게 마비될 수 있는지를 참혹할 정도로 적나라하게 보여주었다.

더욱 기가 막힌 사실은 ‘인간 방패’의 실체였다. 경찰 수사 결과, 경호처가 대통령 윤석열을 지키기 위해 군 병력을 사병처럼 동원했다는 사실이 드러났다. 1차 저지선에 섰던 이들은 육군 수도방위사령부 55경비단 소속 병사들이었고, 3차 저지선에는 33군사경찰대가 투입됐다. 국방의 의무를 다하기 위해 입대한 우리 아이들에게 계급장도 없는 검은 패딩을 입혀 내란 우두머리의 호위무사로 세운 것이다. 군대를 사유화한 명백한 범죄였다. 이 비열한 행태에 국민들은 분노했다.

무엇보다 무고한 시민들이 또 희생될지 모른다는 생각에 화가 났다. 나는 박성준 원내수석부대표에게 말했다.

박성준 수석부대표도 동의했다. 나중에 보니 여기저기 다니며 "우리 원내대표가 총알받이 하겠답니다"라고 비장하게 말을 옮기고 다녔다. 아마 나의 결기를 의원들에게 전파해 당의 결속을 다지려는 의도였던 것 같다. 솔직히 고백하건대 나라고 왜 안 무서웠겠는가. 하지만 그땐 정말 그래야 한다고 생각했다. 대통령 윤석열은 군인과 경호원의 뒤에 숨었지만, 우리는 시민보다 앞에 서야 했다.

체포영장 유효기간 만료일인 1월 6일 새벽 한남동 관저 앞에는 더 으스스한 풍경이 펼쳐졌다. 헌법기관인 국회의원들이 스스로 '인간 바리케이드'를 자처하고 나선 것이다. 나는 내 눈을 의심했다. 대열의 맨 앞줄에 선 것은 나경원, 김기현, 윤상현, 조배숙 같은 국민의힘의 간판급 4선 이상 중진들이었다.

입법부의 구성원들이, 사법부의 영장 집행을 막기 위해, 행정부 수반의 사저 앞바닥에 드러눕는, 삼권분립이 한 장소에서 뒤엉킨 초현실적인 촌극이었다. 서로 떨어져서 견제하고 균형을 맞춰야 할 거대한 권력의 삼각형이 내란 우두머리 한 명 때문에 비좁은 아스팔트 바닥 위에서 흉물스럽게 찌그

러져 버린 것이다. 법을 만드는 사람들이 법을 짓밟는 현장에
선 것도 모자라, 그들이 손잡은 파트너는 더욱 가관이었다. 그
들 곁에는 태극기와 성조기를 든 보수 유튜버들과 전광훈 목
사를 따르는 극우 단체 회원들이 뒤엉켜 있었다.

김기현 의원은 보수 단체 집회 마이크를 잡고 "많은 애국
시민들이 자유민주주의를 지키기 위해 이렇게 싸우고 계신데
정말 송구스럽고 감사하다"며 "원천 무효인 사기 탄핵이 진
행되지 않도록 최선을 다해 싸우겠다"고 목소리를 높였다. 나
경원 의원 역시 비장한 표정으로 대열을 지켰다. 극우 유튜버
들과 뒤섞여 '공수처 망나니'를 외치는 그들의 모습에서 공당
(公黨)의 품격은 찾아볼 수 없었다.

도대체 무엇이 저들을 저토록 후안무치하게 만들었는가.
내가 생각한 이유는 크게 세 가지였다.

첫 번째 이유는 '잘못된 학습 효과'. 그들은 2016년 박근
혜 탄핵을 '보수의 분열' 때문에 망한 사건으로 기억하고 있
었다. 탄핵에 찬성표를 던진 배신자들 때문에 보수가 괴멸
했다'는 왜곡된 피해의식이 그들의 뇌리를 지배하고 있었다.

두 번째 이유는 '지지층의 고립화'였다. 관저 앞을 메운 것
은 태극기와 성조기를 든 극우 유튜버들과 맹목적 극우 추종
자들이었다. 국민의힘 의원들은 그들의 환호 속에 갇혀 있었
다. 세상은 그들을 손가락질하며 "부끄럽지도 않냐"고 묻지

만, 그들만의 정원에서는 "장하다", "투사다"라는 칭송이 쏟아졌다. 김기현 의원이 마이크를 잡고 "애국 시민 여러분, 감사합니다"라고 외칠 때 그가 바라본 '국민'은 대한민국 전체가 아니라 오직 그 앞의 2천 명뿐이었다. 유튜브 알고리즘이 만들어낸 확증 편향의 감옥. 그 안에서 그들은 국민 전체와 싸우는 것을 '성전(聖戰)'이라 착각하고 있었다.

세 번째, 가장 본질적인 이유는 '공포'였다. 윤석열이 무너지는 순간 그동안 자신들이 누려온 기득권의 카르텔도 함께 붕괴될 것이라는 공포. 12·3 내란은 검찰, 국방부, 국정원, 그리고 여당까지 한통속이 되어 헌정을 유린한 집단 범죄다. 그러니 윤석열이 체포되어 입을 여는 순간 공범인 자신들의 목에도 칼날이 들어올 것임을 직감했을 것이다. 그들이 관저 앞을 막아선 것은 윤석열을 지키기 위함이 아니라 사실은 자기 자신을 지키기 위한 필사적인 방어였다.

심각한 오판이었다. 2016년의 보수가 그나마 품격을 유지할 수 있었던 건, 비록 대통령은 버릴지언정 헌법정신은 지켰기 때문이다. 탄핵 소추에 동참하고 헌법재판소의 판결에 승복하는 것으로 그들은 '법치'라는 보수의 마지막 가치는 지켜냈다. 그러나 2025년의 그들은 정반대였다. 대통령 윤석열을 지키기 위해 법치를 버렸다. 헌법기관인 국회의원들이 법원의 영장을 몸으로 막아선 순간, 그들은 '보수'가 아니라 법

위에 군림하려는 ‘수구’이자 ‘난동 세력’으로 전락했다.

보수의 품격은 어디로 갔는가? ‘법과 원칙’을 생명처럼 여긴다고 자부하던 대한민국 보수의 그 꼿꼿함은 다 어디로 갔는가? 판사가 발부한 체포영장을 ‘원천 무효인 사기’라고 우기며 공권력과 몸싸움을 벌이는 저들의 모습에서 화가 나기도 했지만, 동시에 보수의 소멸을 목격하고 있는 것 같은 기분도 들었다. 그들은 대한민국 보수 정당의 마지막 남은 도덕성과 정당성의 숨통을 스스로 끊고 있었다.

공수처가 “영장 집행 방해는 공무집행방해”라고 경고장을 날렸지만 그들은 꿈쩍도 하지 않았다. 관저 주변에 둘러쳐진 날카로운 철조망은 대통령 윤석열과 내란 세력이 국민들로부터 얼마나 괴리되어 있는지를 보여주는 상징 같았다. 스스로를 가둔 성 안에서 그는 안전했을지 모르나, 성 밖의 민심은 이미 그를 버린 지 오래였다.

관저 앞이 물리력으로 법치를 짓밟는 야만의 현장이었다면, 여의도는 그 야만을 옹호하는 세력과의 피 말리는 정치적 전장이었다. 나는 긴급성명을 발표했다.

더불어민주당은 이 상황을 용인할 수 없습니다.

첫째, 공수처는 오늘 즉각 내란수괴 윤석열 체포에 나서야 합니다.

둘째, 체포영장 집행을 가로막는 자들을 현행범으로 즉각 체포하십시오. 경호처장, 경호차장, 경호본부장, 부장 등 공무집행을 방해하는 자들은 그가 누구든 내란공범으로 간주해야 합니다. 특수공무집행방해, 범인은닉, 직권남용 혐의로 현장체포해야 합니다.

- 2025.1.3. 긴급 기자회견

법을 집행해야 할 공권력이 저들의 위세에 눌려 머뭇거린다면 대한민국은 국가 시스템 자체가 붕괴한다는 절박한 호소였다. 긴급 기자회견과 동시에 우리는 즉각 행동에 나섰다. 1월 8일 내란의 진상을 규명할 '내란 특검법'과 '김건희 특검법' 재의결이 국회 본회의에서 진행됐다. 결과는 여전히 절망스러웠다. 각각 200표 이상의 찬성이 필요했으나 내란특검법은 찬성 198표, 김건희특검법은 찬성 196표로 모두 폐기되고 말았다.

본회의장 로텐더홀에서 열린 규탄대회에서 나는 끓어오르는 울분을 토해내며 이렇게 일갈했다.

내란특검법과 김건희특검법이 부결되었습니다. 국민의힘 내에 양심과 소신을 가진 의원이 불과 8명도 없다는 사실이 확인되었습니다. 의인 10명이 없어서 망한 소돔과 고모라처럼 좌절할 시간이 없었다. 우리는 부결된 바로 다음 날인 9일 곧바로 전열을 재정비했다. 여당이 독소조항이라 비난했던 부분을 수정한 '제3자 추천' 방식의 내란 특검법을 다시 발의했다. 국회 법사위 소위를 즉각 통과시키며, 우리는 저들에게 "당신들이 아무리 부결시켜도 우리는 포기하지 않는다"는 메시지를 분명히 보냈다.

상황이 불리하게 돌아가자 권한대행 최상목이 중재자 흉내를 내며 나섰다. 그는 "물리적 충돌이 우려되니 여야가 합의해 특검법을 만들어 달라"며 공수처의 체포영장 집행을 사실상 멈춰 세우려 했다. 나는 즉각 반격했다. "최상목 권한대행이 내란 우두머리와 경호처의 눈치를 보고 결국 그들 뜻대로 시간을 끌겠다고 나선 것이다." 우리는 권한대행 최상목을 직무유기로 고발하는 초강수를 두며, '대통령 윤석열 체포가 최우선'이라는 원칙을 고수했다. 타협은 없었다.

법의 심판이 지연된 틈을 타, 거리에는 과거 독재 정권 시절의 망령들이 되살아난 듯한 괴기스러운 풍경이 펼쳐졌다. 한남동 관저 앞에 자신들을 '백골단'이라 칭하는 자들이 나타났다. 흰색 헬멧을 쓰고 군복을 입은 그들은 '순국결사대'라는 섬뜩한 이름표를 달고 경광봉을 휘둘렀다. 그들의 입에서는 "민주노총을 밟아 죽여라" 같은 살벌한 구호가 터져 나왔고, 지나가는 시민들에게 신분증을 요구하거나 탄핵 찬성자에게 돌을 던지는 테러에 가까운 행패를 부렸다.

가장 가슴 아픈 것은 아이들이었다. 관저 인근 한남초등학교 담벼락에는 '결사대' 같은 살벌한 문구가 나붙었고, 방학 중 돌봄교실에 가던 초등학생들은 이 살기등등한 어른들의 고성에 떨며 등하교해야 했다. 교육청이 급히 공무원들을 배치해 아이들을 보호해야 할 만큼 대한민국 수도 한복판이 무법천지가 됐다. 저들이 지키려는 대통령은 대체 누구를 위한 대통령인가. 아이들의 안전조차 위협하는 권력이 과연 존재할 가치가 있는가.

성 밖이 아수라장이 된 사이, 성 안의 주인은 기묘한 침묵 시위를 벌이고 있었다. 1월 9일 언론 카메라에 포착된 윤석열 대통령의 모습은 초현실적이었다. 도피설이 나돌던 그 시각, 그는 관저 마당에 나와 참모들에게 무언가를 지시하고 있었다. 수사기관의 체포영장이 발부된 상태에서도 그는 여전히 자신이 통치자임을 과시하듯 여유로워 보였다. 그것은 "나를 잡을 수 없을 것"이라는 오만이거나, 현실을 부정하는 자의 마지막 허세처럼 보였다. 하지만 철옹성 같던 관저 성벽이 균열하는 소리가 들리기 시작했다. 외부에서는 시민들의 함성이, 내부에서는 "일선 병사들까지 총알받이로 썼다"는 자괴감이 그들을 옥죄었다.

　결정적으로 지휘부의 무리수가 도화선이 되었다. 경호처장 박종준 등 강경 지휘부는 2차 진입에 앞서 극단적인 지침을 하달했다. "화기를 노출하라", "뚫리면 끝이다, 무력을 사용해서라도 막아라." 사실상 대국민 발포 명령이었다. 경호가 아니라 '내전(內戰)'을 하자는 소리였다. 일선 경호관들은 동요했다. 그들은 범죄자의 사병이 되려고 국가 공무원이 된 것이 아니었다. 법원의 영장을 집행하러 온 경찰과 공수처 동료들에게 총구를 겨누라는 명령은 그들이 지켜온 직업윤리의 마지노선을 넘는 것이었다. 명령 불복종이 시작됐다. 일부는 근무 투입을 거부했고, 일부는 상부의 지시에 노골적으로 반발했다. '대통령의 절대 안전'이라는 직업적 사명은 자칫하면 '내란의 공범'으로 역사에 기록될 수 있다는 공포와 양심의 무게를 견뎌내지 못했다.

26.

체크메이트

1월 9일 운명의 날이 밝았다. 오전 8시 공수처와 경찰 천여 명이 다시 한남동 관저를 에워쌌다. 엿새 전 1차 시도 때와는 공기가 달랐다. 공권력의 기세는 매서웠고, 관저의 방어막은 헐거웠다. 경호처 지휘부는 마지막까지 저항하려 했으나 손발이 잘린 장수가 어떻게 힘을 쓰겠는가. 현장에 배치된 경호관들은 경찰이 진입하자 저항 없이 길을 터주거나 고개를 돌려버렸다.

오전 10시 굳게 닫혀 있던 관저의 문이 열렸다. 물리적 충돌도, 총성도 없었다. 대한민국을 호령하던 절대 권력의 성역(聖域)은 내부자들의 등 돌림 속에 함락되었다.

오전 10시 33분 공수처 수사관들이 관저 안으로 진입했다. 그리고 마침내 대한민국 제20대 대통령 윤석열에게 체포영장이 집행되었다. 혐의는 형법 제87조 내란. 12·3 비상계엄 선포 43일 만이자, 법원이 체포영장을 발부한 지 보름 만이었다. 현직 대통령이 재임 중 수사기관에 체포되어 신병이 확보된 것은 헌정사상 처음 있는 일이었다. '살아있는 권력'이라는 신화가 법치주의 앞에서 무릎 꿇는 역사적 순간이었다.

오전 11시 윤석열을 태운 호송 차량이 한남동 관저를 빠져나와 경기도 과천 공수처 청사로 향했다. 철조망과 바리케이드, 군인과 경찰, 심지어 국회의원들까지 동원해 그토록 필사적으로 막아내려 했던 그의 성역과 특권은 뒷좌석에 앉은 초라한 피의자의 모습으로 귀결되었다.

헌정사상 초유의 현직 대통령 체포. 주체는 공수처였지만, 이 사법 작전이 성공할 수 있었던 결정적 배경에는 12월 5일 국회가 감행했던, 피 말리는 결단 하나가 숨어 있다. 바로 서울중앙지검장 이창수 탄핵이었다.

다시 시간을 12월 3일, 아니 그보다 하루 전인 12월 2일로 돌려보자.

우리는 12월 2일 본회의에서 김건희 여사 도이치모터스 주가조작 사건을 무혐의 처분한 서울중앙지검장 이창수, 서울중앙지검 4차장 조상원, 서울중앙지검 반부패수사2부장

최재훈 등 검사 3인과 최재해 감사원장에 대한 탄핵소추안을 보고했다.

국회법상 탄핵안은 보고 후 24시간 이후 72시간 이내에 표결해야 한다. 보고가 이루어진 시점이 12월 2일 오후 2시 30분경이었으니, 처리 시한은 정확히 72시간 뒤인 12월 5일 오후 2시 30분경까지였다. 만약 이 시간을 1분이라도 넘기면 탄핵안은 자동 폐기된다. 국회는 12월 4일 오후 2시 본회의에서 이를 표결 처리할 예정이었다.

하지만 12월 3일 밤, 모든 것이 뒤집혔다. 비상계엄을 막아내고 나니 12월 4일 새벽. 계엄은 해제되었지만 상황은 여전히 전시였다. 이 엄청난 내란 사태 앞에서 예정된 일정에 대한 의문이 생겼다. "대통령이 내란을 일으킨 마당에, 검사장 탄핵이 지금 시급한가?" 당시에는 국가의 명운이 걸린 상황에서 검사 탄핵은 상대적으로 작은 문제처럼 보였다. 우리는 4일 새벽 내부 논의 끝에 "탄핵안은 처리하지 않는다"고 결론 내리고 국회의장에게도 이 뜻을 전달했다.

당시, 국회는 한시도 불을 끄지 못했다. '2차 계엄' 위기가 계속되고 있었기 때문이다. 그래서 국회는 매일 자정(0시)이 되면 본회의를 개의하고 24시간이 지나 자정이 되면 국회법에 따라 자동 산회했다. 그리고 다시 날짜가 바뀌자마자 즉시 차수를 변경해 개의하는 '철야 대기'를 반복하고 있었다. 그

사이 12월 4일 본회의는 탄핵안 상정 없이 지나갔고, 차수는 변경되어 12월 5일로 넘어갔다.

그러나 5일 새벽 섬뜩한 깨달음과 함께 전혀 다른 판단이 들었다. 상황을 복기할수록 12·3 비상계엄의 본질은 대통령과 군 수뇌부 일부가 우발적으로 일으킨 소요가 아니었다. 대통령과 군, 행정부와 국정원 등 국가 권력기관들이 한통속이 되어 움직인 '전방위적인 내란'이었다.

검찰도 공범일 것이다.

이대로라면 '내란 수사'의 칼자루는 누가 쥐게 될 것인가? 바로 대통령 윤석열의 호위무사, 서울중앙지검장 이창수였다. 이창수를 그 자리에 그대로 둔다는 건 내란 가담 세력에게 내란 수사의 지휘권을 쥐여주는 꼴이 될 터였다. 그들은 수사를 하는 척하며 증거를 인멸하고, 대통령과 부역자들을 비호할 것이 뻔했다. 심지어 경찰이나 공수처가 확보한 증거를 무력화하며 내란을 정당화하는 논리를 만들어낼지도 모른다.

우리는 즉시 전략을 수정해야 했다. 72시간에 맞추려면 늦어도 12월 5일 오후 2시 25분경까지는 처리해야 했다. 자칫 시한을 넘기면 모든 게 수포로 돌아간다.

먼저 당내 의견부터 모아야 했다. 12월 5일 새벽 1시, 긴급 의원총회를 소집했다. 찬반이 팽팽하게 갈렸다. "지금은 오직 대통령 윤석열 탄핵에 집중해야 한다"는 의견과 "내란에 동조하는 검찰 내부세력의 손발을 묶지 않으면 제대로 된 수사조차 불가능하다"는 의견이 부딪쳤다. 치열한 토론 끝에 의원들은 "원내대표에게 모든 결정을 위임한다"는 용단을 내려줬다. 급박한 상황에서 지도부의 정무적 판단을 믿고 따르겠다는 무거운 신뢰였다. 나는 이 위임 사항을 안고 곧바로 최고위원회에 보고했다. 최고위는 탄핵안 처리에 뜻을 모았고, 다시 10시 30분 의원총회를 열어 검사 3인에 대한 탄핵안 처리로 당론을 확정했다.

그런데 우원식 국회의장이 이날 탄핵안을 처리했을 때 생길 수 있는 문제를 지적했다. 12월 4일 처리하지 않기로 했던 것을 번복해 의안을 상정한다는 건 국민에 대한 국회의 신의 문제가 될 수 있고, 저들이 말하는 입법 폭주의 빌미를 줄 수 있다는 것이었다. 타당한 우려였다. 그러나 나에게는, 아니 우리에게는 '내란의 완전한 저지'가 더 급하고 큰 문제였다.

국회 본청 복도에서 전화기를 붙들고 의장과 토론하는 내 모습을 박성준 원내수석부대표가 지켜보고 있었다. 상황이 심상치 않다는 것을 눈치챈 박 수석부대표는 원내대표단을 향해 다 같이 의장실로 가자고 외쳤다. 나는 계속 전화기를 붙들고 원내대표단과 함께 의장실로 이동했다.

의장님! 저들이 살아나면 내란 수사는 끝장납니다! 저희는
다 목숨 걸었습니다!

우리는 절박하게 설득했다. 말 바꾸기가 아니라 전방위적
내란을 막기 위한 고도의 정치적 결단이자 유일한 길이라고
설명했다. 다 듣고 난 우원식 국회의장도 결단했다. 예상되는
작은 걱정, 말을 바꿨다거나 빌미를 줄 여지가 있다는 것보다
확실하게 큰 문제, 검찰을 방치해서 초래될 내란 수사 좌초
와 윤석열 단죄 실패를 막는 것이 우선이라고 판단한 것이다.
민주당과 국회의장의 결단에 따라 12월 5일 오전 11시
19분 본회의가 계속개의 될 수 있었다. 데드라인을 불과 3시
간여 앞둔 시점이었다. 서울중앙지검장 이창수를 비롯한 검
사 3인의 탄핵소추안은 그렇게 극적으로 가결되었다. 그들의
직무는 즉시 정지되었다.
박성준 원내수석부대표는 훗날 그날의 긴박했던 순간을
회고하며 "우리 당 최고의 의사결정이었다"고 평했다. 만약
그때 이창수를 쳐내지 않았다면, 검찰권을 앞세운 그들의 거
센 저항에 막혀 진실을 규명하는 길이 훨씬 더 험난했을 것
이라는 의미였다.
나 역시 그 생각에 전적으로 동감한다. 그리고 이 자리를
빌려 박성준 원내수석부대표에게 깊은 고마움을 전하고 싶

다. 그는 지난한 내란 정국 속에서 원내수석부대표로서 나와 밤낮없이 소통하며 호흡을 맞췄다. 내가 외로운 결단을 내려야 할 때는 가장 든든한 지지자가 되어주었고, 쉽게 풀리지 않을 것 같은 난제 앞에서는 특유의 기지와 감각으로 돌파구를 찾아내 주었다. 박성준 원내수석부대표가 변함없이 보여준 헌신 덕분에 내 어깨를 누르는 책임도 조금은 덜 무겁게 느껴졌었다.

12월 5일 서울중앙지검장 이창수에 대한 탄핵이 의결되면서, 이창수 대신 검찰의 키를 쥔 것은 서울고검장 박세현이었다. 물론 서울고검장 박세현에 대한 우려도 있었다. "박세현도 한동훈 라인 아니냐", "믿을 수 있느냐"는 목소리였다. 실제로 그는 훗날 법원이 윤석열 구속을 취소했을 때, 즉시항고를 포기하며 우리의 뒤통수를 치기도 했다.

하지만 당시 상황에서 그는 '이창수보다는 나은' 선택지였다. 적어도 그는 내란에 반대했던 여당 내 기류를 의식해서라도 법과 원칙을 따르는 시늉은 해야 했다. 이창수라는 가장 강력한 방패가 사라지자, 공수처는 방해 없이 체포영장을 집행할 수 있었고, 이후 사건을 넘겨받은 검찰 역시 구속기소라는 수순을 밟을 수밖에 없었다.

1월 15일 과천 청사 앞에서 수많은 취재진과 국민들은 대통령 윤석열이 포토라인에 서서 무슨 말을 할지 지켜보고 있었다. 그토록 "나는 당당하다"고 외쳤던 그가 아니던가. 하지만 도착 20분 만에 목격된 장면은 실망스럽다 못해 비겁했다. 검은색 호송 차량에서 내린 그는 정문 포토라인을 피해 청사 뒷문으로 향했다. 국민을 향한 마지막 예의도, 자신의 행동에 대한 최소한의 소명도 거부한 채 그는 도망치듯 사라졌다.

그는 체포되는 순간부터 조사실에 앉아 있는 내내 입을 굳게 다무는 침묵을 택했다고 한다. '법과 원칙'을 그토록 강조하며 전직 대통령들을 단죄하는 데 앞장섰던 검찰총장 출신 대통령이 정작 자신의 죄 앞에서는 진술 거부권 뒤에 숨어버린 것이다. 물론 그 침묵은 포기가 아니었다. 그는 여전히 '법 기술자', '법꾸라지'답게 아주 좁아진 틈새를 비집고 나갈 방법을 계산하고 있었을 것이다.

12월 5일 국회가 서울중앙지검장 이창수 탄핵으로 내란 세력에게서 '검찰'이라는 방패를 뺏은 것. 그것은 헌정사상 최초의 현직 대통령 체포를 완성한 결정적 한 수이자, 피할 수 없는 '체크메이트'였다.

27

군인정신

2025년 1월 9일은 대한민국 군(軍)의 역사가 다시 쓰인 날이었다. 오전에는 국군통수권자였던 대통령 윤석열이 내란 우두머리 혐의로 공수처로 압송되었고, 오후에는 박정훈 전 해병대 수사단장이 법원으로부터 무죄를 선고받았다.

중앙지역군사법원 재판부는 박정훈 대령의 항명 혐의에 대해 무죄를 선고하며 이렇게 판시했다. "해병대사령관의 이첩 보류 지시는 명확하지 않았으며, 설령 명령이 있었다 해도 당시 이첩 중단 명령은 정당하지 않았다."

"군인은 상관의 명령에 복종해야 하지만 그 명령이 법과 양심에 어긋난다면 따를 필요가 없다." 대한민국 사법부가 군인정신에 대해 정의한 것이다.

박정훈 대령이 걸어온 1년 5개월은 가시밭길이었다. 2023년 7월, "사단장을 처벌하면 누가 사단장을 하느냐"는 'VIP' 대통령 윤석열의 격노에 국방부와 군 수뇌부는 일제히 말을 바꾸고 진실을 덮으려 했다. 하지만 박 대령은 '수사 결과에 손대지 말라'는 원칙을 고수했다. 대가는 가혹했다. 보직 해임, 집단항명 우두머리 혐의 입건, 그리고 기소.

군 검찰은 그에게 징역 3년을 구형하며 "군 기강을 문란케 했다"고 매도했다. 그러나 진짜 기강을 무너뜨린 자는 누구였는가. 부하의 죽음에 책임을 지기는커녕 징계도 없이 전역하며 성과상여금까지 챙긴 전 해병대사단장 임성근인가, 아니면 "채 상병의 억울함을 풀어달라"는 유족과의 약속을 지키기 위해 자신의 직을 건 박정훈 대령인가.

박정훈 대령의 무죄 소식을 들으며 나는 자연스레 한 달 전 12월 3일의 밤을 떠올렸다. 그날 밤 유독 국민의 눈을 사로잡았던 한 장면이 있었다.

국회의 결의로 계엄이 해제되고 군 병력이 철수하던 12월 4일 새벽 무장한 군인들이 시민들의 야유를 받으며 고개를 숙인 채 버스로 향하고 있었다. "너희가 군인이냐", "부끄럽지 않냐"고 소리치는 시민들을 향해 한 젊은 병사가 허리를 90도로 굽혔다. "죄송합니다." 떨리는 목소리로 내뱉은 그

한마디. 부당한 명령에 동원된 자신의 처지에 대한 부끄러움이자, 국민을 지켜야 할 총구가 국민을 향했다는 사실에 대한 뼈저린 사죄였다.

또 다른 군인들도 있었다. 그날 밤 국회에 투입되었던 수백, 수천 명의 젊은 군인들. 그들은 1980년의 계엄군과 달랐다. 12월 3일 국회에 투입된 군인들은 완전 무장을 한 채 본청 진입을 위해 유리창을 개머리판으로 깨부수고 있었다. 살기등등해야 할 작전 상황이었다. 실제로 국회 본청으로 진입하는 과정에서 보좌진들의 소화기 분사와 바리케이드 등 격렬한 저항에 직면했다. 군중이 흥분하여 몸으로 막아서고 욕설을 퍼붓는, 자칫하면 우발적인 사고가 터질 수 있는 일촉즉발의 상황이었다.

그리고 그날 밤, 군복 입은 시민들은 명령과 양심 사이의 가장 최전선에 서 있었다. 젊은 장병들은 상부의 '진입하라'는 명령과 '국민을 보호해야 한다'는 존재 목적 사이에서 시민을 향해 단 한 발도 발포하지 않는 것으로 답했다.

깨진 창문 사이로 한 정예요원의 행동이 화면에 잡혔다. 그는 진입로를 확보하기 위해 창틀에 놓여 있던 난(蘭) 화분을 집어 들었다. 보통의 진압 작전이라면 빠른 진입을 위해 바닥에 내동댕이치거나 발로 차버렸을 그 화분을 그는 조심스럽게 들어 옆으로 옮겨 놓았다. 조각나 깨져 있는 유리창과 조심스레 화분을 옮기는 손길의 부조화. 어쩌면 그는 찰나의 시간이라도 벌고 싶었는지 모른다. 화분을 옮기는 몇 초의 머뭇거림 속에 민의의 전당을 군홧발로 짓밟고 있다는 것에 대한 정예요원의 격렬한 거부가 담겨 있었던 것은 아닐까.

국회 앞에서 시민들과 대치하던 장병들의 침묵 또한 웅변적이었다. "제발 이러지 마라!" 시민들이 맨몸으로 장갑차를 막아서며 울부짖을 때, 현장의 군인들은 위협적으로 제압하지 않았다. 국민을 적으로 돌리지 않으려는 필사적인 인내, 훈련된 군인만이 가질 수 있는 가장 높은 수준의 용기였다.

나는 시민을 향해 "죄송합니다" 하며 깊이 고개 숙이던 젊은 군인과 박정훈 대령의 수사 결과 사수, 끝내 국민을 향해 발포하지 않는 것으로 시민으로서의 양심을 따른 수많은 장병들이 본질적으로 같다고 생각한다. 바로 군인정신(軍人精神).

윤석열과 김용현, 여인형 같은 정치군인들은 보스에 대한 복종을 충성으로 착각했다. 사적인 이익을 위해 군대를 움직이는 데 거리낌이 없었고, 국민에게 총을 겨누기도 했다. 그들에게 군복은 권력을 쥐는 도구에 불과했다. 하지만 박정훈 대령과 젊은 병사들은 제복을 입은 자가 가져야 할 충성의 대상은 권력자가 아니라 국민과 헌법이라는 사실을 알았고, 양심을 지켰다. 불의한 명령 앞에서 "아니오"라고 말할 수 있는 용기, 그리고 국민과 역사를 진정으로 두려워하는 양심이야말로 진짜 군인의 품격임을 보여주었다.

군사법원이 참 군인, 박정훈 전 해병대 수사단장에게 무죄를 선고했습니다. 사필귀정입니다. 무고하고 양심과 정의에 따른 공직자 군인의 복무에 부당한 수사와 탄압 기소를 통해서 국가공동체와 공직자들에게 압력을 끼친 것은 우리 대한민국뿐 아니라 우리 사회 전체에 끼친 해악이 참으로 크다고 할 수 있습니다. 박정훈 대령에게 항명이라는 어마 무시한 딱지를 붙이면서까지 채 해병 순직사건 조사를 막으려 했던 자들이 진짜 범인 아닙니까?

모든 것은 윤석열의 격노로부터 시작이 되었습니다. 수사외압의 몸통을 반드시 찾아내어 처벌하는 것이 공정과 상식과 정의를 바로 세우는 길입니다. 박정훈 대령에게 부당한 수사와 탄압, 그리고 기소했던 부분에 대해서 이것은 국가의 정의를 바르게 세우기 위해서라도 반드시 이 부분에 대해서 묵과하지 말고 처벌해야 한다고 생각합니다. 민주당은 진실을 밝히기 위해 끝까지 최선을 다하겠습니다.

- 2025.01.10. 최고위원회의 모두 발언

박정훈 대령, 해병대 채상병 순직 사건과 관련해서는 별도의 백서가 필요할지도 모르겠다. 다만, 이재명정부 출범 이후 그의 변화에 대해 짧게 소개하는 것으로 가름한다.

이재명정부 출범과 동시에 개시된 특검팀은 군검찰로부터 모든 사건 기록을 넘겨받았고, 7월 9일 박정훈 대령에 대한 항소를 전격 취하했다. 이로써 그의 무죄는 최종 확정되었다. 외압과 모함 속에서 홀로 싸워온 지 2년여 만에 거둔 쾌거였다.

7월 11일 박정훈 대령은 해병대 수사단장으로 복직했다. 보직 해임된 지 23개월 만이었다. 해병대사령부는 스스로 보직해임 처분을 무효화했고, 박 대령 역시 진행 중이던 소송을 취하하며 화답했다. 8월 1일에는 해병대 군사경찰 병과장으로 정식 임명되며, 명예는 완전히 회복되었다.

국가는 그를 영웅으로 대우했다. 2025년 10월 1일 국군의 날 정부는 위법하고 부당한 명령에 복종하지 않는 것으로 군인의 본분을 지킨 박정훈 대령을 '헌법적 가치 수호 유공자'로 선정해 보국훈장 삼일장을 수여했다. 내란의 소용돌이 속에서도 군이 국민의 신뢰를 완전히 잃지 않을 수 있었던 것은 바로 그와 같은 참군인들이 존재했기 때문임을 국가가 공식적으로 인정한 것이다.

10월 20일 국방부 조사본부 차장 직무대리로 영전한 박정훈 대령은 12월부터 국무총리실 산하 '헌법존중 정부혁신 TF'의 조사분석실장을 맡았다. 그가 가장 먼저 한 일은 12·3

내란 당시 정치인 체포조 편성에 가담했던 조사본부 소속 16
명의 직무를 정지시키고 조사에 착수하는 것이었다. 정치 군
인들이 망가뜨린 군의 기강을 바로잡는 일이 그에게 맡겨진
새로운 사명이었다.

그리고 2026년 1월 9일. 박정훈 대령이 1심 무죄 선고
1주년이 된 날, 그는 어깨에 '별'을 달았다. 해병대 군사경찰
병과 창설 이래 최초의 준장 진급이었다.

박정훈 준장에 대한 예우는 양심과 싸워야 했던 수많은
젊은 병사들에게 보내는 국가의 응답이기도 하다. 더 이상 부
당한 명령을 따르다 국민께 고개 숙여 사죄하지 않아도 되는
군인. 난 화분을 옮기며 시간을 벌지 않아도 되는 정예요원.
군복 입은 시민들이 오직 국민과 헌법만을 바라보며 당당할
수 있는 나라. '진짜 군인정신'이 존중받는 '진짜 나라'가 되
겠다는 응답 말이다.

28.

길 잃은 태극기

2025년 1월 19일 새벽 서울 마포구 공덕동 서울서부지방법원 앞은 긴장으로 팽팽했다. 헌정사상 최초로 현직 대통령 윤석열에 대한 구속영장 발부 여부가 결정되는 순간이었다. 오전 2시 59분 언론을 통해 속보가 타전되었다. "윤석열 대통령 구속영장 발부" 그 소식은 법원 밖에서 밤을 새우던 극우 윤석열 지지자들에게는 신호탄과도 같았다. 오전 3시 정각 수백 명의 인파가 이성을 잃고 법원 담장을 넘기 시작했다. "다 때려부숴!", "판사 끌어내!"

두말할 필요 없다. 명백한 '폭동'의 현장이었다. 그들은 경찰의 방패를 빼앗아 경찰관을 구타했고, 철제 표지판을 뽑아 법원 유리창을 박살 냈다. 법원 셔터가 뜯겨나가고, 법원 현판이 짓밟혔다. 그날 밤 서부지법의 참상은 마치 몇 년 전 방영된 드라마 〈악마판사〉의 한 장면이 현실로 튀어나온 것 같았다.

드라마 속 대통령 '허중세'는 유튜버 출신으로, 혐오와 갈라치기를 통해 지지층을 결집하고 극우 유튜버들을 이용해 가짜 뉴스를 퍼뜨린다. 그는 자신의 권력이 위협받자 지지자들을 폭력적인 홍위병으로 만들고, 급기야 '비상계엄'을 선포하여 사법부와 국회를 짓밟으려 한다. 우리는 그것을 과장된 '디스토피아 판타지'라고 생각하며 혀를 찼었다.

하지만 2025년 1월, 드라마는 다큐멘터리가 되어 우리 눈앞에 펼쳐졌다. 그 끔찍한 시나리오 그대로. 현실의 대통령 윤석열은 12·3 비상계엄을 선포해 헌정을 파괴했고, 내란이 실패하고 체포되자 '평화적 의사 표현' 운운하며 사실상 지지자들을 자극했다. 신호를 받은 극우 유튜버들은 "저항권 발동", "구치소 파괴", 같은 섬뜩한 선동을 실시간으로 실어 날랐다.

1월 19일 서부지법 앞은 가상의 디스토피아가 아니라 현실이라는 점에서 드라마보다 더한 지옥도(地獄圖)였다. 수십 명의 유튜버들이 스마트폰을 들고 이 난장판을 생중계했다. 유리창이 깨지고 경찰이 피를 흘릴 때마다 채팅창에는 환호성과 함께 후원금이 쏟아졌다. "더 부숴라!", "진입해라!" 민주주의의 한 축인 사법부에 대한 테러가 그들에게는 돈이 되는 콘텐츠이자 오락거리였다.

일부 극우 유튜버들은 이 폭동을 '1·19 민주화운동'이라 부르며 5·18 정신에 빗대는 망언까지 서슴지 않았다. 민주주의를 파괴한 내란범을 탈옥시키기 위해 민주화의 대명사 광주와 5·18의 이름마저 더럽히는 그들의 모습은, 윤석열 정권이 지난 2년 반 동안 우리 사회에 뿌려놓은 혐오와 분열의 씨앗이 어떤 괴물을 키워냈는지를 적나라하게 보여주었다.

법원 내부는 아비규환이었다. 1층 로비로 난입한 폭도들은 소화기를 난사하며 경찰의 시야를 가렸고, 바리케이드를 탈취해 방어선을 구축했다. 그중에는 소화기로 문을 부수는 자가 있는가 하면, 10대 남성이 깨진 창문 틈으로 기름을 붓고 불을 붙인 종이를 던져 방화를 시도하는 장면도 포착되었다. 일부는 계단을 타고 7층 판사 집무실까지 뛰어 올라갔다. 영장을 발부한 차은경 판사를 찾아내 해코지하려 했다. 다행히 차은경 판사는 이미 퇴근한 뒤였으나, 사법부의 심장을 물리적으로 유린했다는 사실만으로도 헌정사에 씻을 수 없는 오점을 남겼다.

법원 밖에서도 야만은 계속되었다. 영장 심사를 마치고 빠져나가는 공수처 관용차를 발견한 군중은 "오동운(공수처장)을 죽여라"고 외치며 달려들었다. 차량 손잡이를 부수고 타이어를 펑크 냈으며, 미처 피하지 못한 공수처 수사관을 집단 구타했다. 취재진을 향한 적개심도 마구 표출했다. MBC, KBS 등 방송사 기자들은 '좌파 기레기'라며 멱살을 잡히고, 카메라와 메모리카드를 강탈당했다. 심지어 지나가던 학생이나 일반 시민을 '프락치'로 몰아 폭행하는 일까지 벌어졌다.

경찰특공대가 투입되고 오전 6시가 넘어서야 상황은 종료되었다. 188분간의 무법천지. 법원 청사는 11억 원이 넘는 피해를 입었고, 경찰관 30여 명과 수많은 민간인이 피를 흘렸다. 현장에서만 90명이 체포되었고, 그중 절반 이상이 20~30대였다는 사실은 우리 사회에 또 다른 충격을 주었다.

헌법기관이 유린당한 참담한 현실 앞에서 민주당은 즉각 비상 의원총회를 소집했다.

지난 밤사이 있을 수 없는 일이 벌어졌습니다. 수백 명의 극우 시위대가 공수처 차량을 습격하고 수사관을 폭행했습니다. 심지어 윤석열에 대한 구속영장이 발부되자, 서부지법 안으로 무단 난입해 기물을 파손하고 폭력을 행사하고 영장 발부 판사를 찾아 잡으러 다녔습니다. 매우 충격적입니다. 사법부와 수사기관에 대한 직접적이고 물리적인 폭력행위는 자유민주주의의 근간과 법치질서를 심각하게 무너뜨리는 행위로 용납해선 안 될 중대범죄입니다. 경찰은 불법 폭력행위 가담자뿐만 아니라, 이들에게 폭력을 선동한 자들도 발본색원해 엄중하게 처벌할 것을 촉구합니다.

나는 잠시 숨을 고르고, 이 사태의 진짜 주범들을 호명했다.

이 모든 사태의 근본 책임은 윤석열에게 있습니다. 비상계엄 선포에 대해 사과하고 반성해도 모자랄 판에 궤변을 늘어놓고 폭력을 선동함으로써 불행한 사태를 낳은 주범입니다. 윤석열은 지금이라도 법치를 부정하는 선전 선동을 멈추고, 수사기관의 수사에 순순히 응하길 촉구합니다.

그리고 헌정을 수호해야 할 자리에서 직무를 유기하고 있는 권한대행과 여당을 향해서도 경고를 날렸다.

최상목 대행도 책임을 피할 수 없습니다. 헌법재판관 임명을 선별 거부하고, 상설특검 추천의뢰를 거부했으며, 정당한 체포영장 집행을 방해하는 경호처의 불법행위를 수수방관하여 공권력의 권위를 실추시켰습니다. 헌법기관에 대한 불법 폭력사태를 부추기는 자는 그가 누구든 관용 없이 처벌함으로써 공권력의 권위를 회복하십시오.

국민의힘도 큰 책임이 있습니다. 백골단을 국회로 끌어들이고, 공권력의 법 집행을 몸으로 막음으로써 갈등을 키우고 폭력을 부추겼습니다. 정진석 비서실장, 윤상현 의원, 권성동 대표도 이 폭동에 대해서 옹호하는 태도를 보이고 있는 것 아닙니까? 입장을 명확히 밝혀주시기를 촉구합니다.

추후 경찰 수사 결과 실제로 국민의힘 윤상현 의원이 폭도들이 연행된 강남경찰서 서장에게 전화를 건 사실이 드러났고, 대통령 윤석열이 지지자들을 자극하는 메시지를 보낸 정황들도 속속 밝혀졌다. 드라마 속에서 권력자가 폭도를 조종하듯, 현실의 그들도 자신들의 안위를 위해 국민을 장기판의 말처럼 부렸던 것이다. 그러나 그토록 기세등등하던 '애국'의 깃발은 초라하게 버려졌다. 경찰과 검찰은 전원 구속 수사 원칙을 천명했고, 법원은 이례적으로 엄벌 의지를 밝혔다. 무엇보다 그들을 거리로 내몰았던 정치인들과 유튜버들은 썰물처럼 빠져나갔다. "국민저항권" 운운하며 부추겼던 전광훈 목사도, "잘 부탁한다"며 경찰서에 전화했던 윤상현 의원도, 정작 폭동이 터지자 "폭력을 지지하지 않는다"며 선을 그었다.

내가 가장 분노한 것은 '태극기의 비극'이었다. 날이 밝은 뒤 마주한 1월 19일 서부지법의 풍경은 참으로 참혹했다. 한 손에 태극기를 다른 한 손에는 성조기를 들었던 폭도들은 서부지법에 게양되어 있던 태극기를 파손했다. 그리고 경찰의 진압이 시작되자, 자신들이 그토록 신줏단지처럼 모시던 태극기를 미련 없이 바닥에 내팽개치고 도망쳤다.

나는 버려지고 짓밟힌 태극기를 보며 피가 거꾸로 솟는 분노와 가슴이 미어지는 슬픔을 동시에 느꼈다. 태극기가 어떤 국기인가. 나라를 빼앗긴 설움 속에서 독립군들이 일장기(日章旗) 위에 검은 먹물로 덧칠해 태극문양을 그려 넣으며 독립의 의지를 다졌던, 절박하고도 거룩한 약속이었다. 1919년 3월 총칼 앞에서도 굴하지 않고 2천만 동포가 피로 물들이며 흔들었던 숭고한 함성이었다. 1980년 5월 독재자의 총탄에 쓰러진 광주 시민들의 차가운 관(棺)을 따뜻하게 덮어주던 민주주의의 이불이었다. 1987년 6월 자욱한 최루탄 연기를 뚫고 상의를 벗어젖힌 채 맨몸으로 독재의 벽을 향해 내달리던 이 땅 청년들의 뜨거운 심장이었다. 그렇게 이 땅에 정의가 필요할 때마다 민중과 함께한 태극기가 아닌가.

그런데 내란 세력은 그 위대한 역사를 '흉기'로 만들었다. 자신들의 범죄를 덮기 위해 선동했고, 독재자를 지키기 위해 태극기를 휘두르다, 쓸모가 다하자 저렇게 쓰레기처럼 길바닥에 내버린 것이다. 아니, 길을 잃은 것은 태극기가 아니었

다. 태극기를 들 자격이 없는 자들이 그것을 훔쳐 갔을 뿐이
다. 아마 많은 국민들이 나와 같은 생각을 했을 것이다. 저들
이 흉기로 쓰고 쓰레기로 버린 저 태극기를, 저들이 무참히 파
괴한 법치를, 이제 우리가 다시 주워 올려야 한다고.

29.

법조 카르텔의 역습,

사법탈옥

1월 19일 서부지법을 포위했던 물리적 폭동은 결국 진압되었다. 쇠파이프와 화염병으로도 법원의 영장 발부를 막지 못했다. 거리의 광기는 공권력에 의해 해산되었고, 윤석열은 서울구치소 독방에 갇혔다.

소란이 제압되자 기술자들이 깨어났다. 서초동의 밀실에서는 '조용한 기술'이 작동하기 시작했다. 이번에 움직인 것은 대한민국 최고의 스펙을 자랑하는 법률 기술자들, 그리고 그들과 카르텔로 묶인 판사와 검사들이었다.

그들은 난동을 부리지 않았다. 대신 법전의 문구를 현미경처럼 들여다보며 내란 우두머리를 합법적으로 빼낼 아주

작은 틈새를 찾고 있었다. 법의 문구를 비틀고 쪼개어, 내란 우두머리를 합법적으로 빼낼 '기술'을 설계했다. 그들이 찾아낸 무기는 일반인은 상상조차 할 수 없는 기상천외한 '셈법'이었다.

1월 26일 검찰총장 심우정은 윤석열을 구속 기소했다. 비상계엄 선포 54일 만이었다. 그러자 2월 4일 윤석열 변호인단이 기다렸다는 듯 '구속 취소 청구서'를 던졌다. "윤석열의 구속 만료일은 26일이 아니라 25일 자정이다. 검찰이 하루 늦게 기소했으니 26일 하루는 불법 구금이다."

상식적으로 이해하기 힘든 주장이었다. 형사소송법 제66조는 "구속 기간의 초일은 시간을 계산하지 않고 1일로 계산한다"고 명시하고 있다. 잡힌 시간이 언제든 첫날은 1일로 치는 것이 확립된 관례이자 법 원칙이다.

하지만 3월 7일 서울중앙지법 형사합의25부 부장판사 지귀연은 대한민국 사법 역사에 남을 기상천외한 결정을 내렸다. 재판부는 윤석열에게만 적용되는 특별한 계산법을 꺼내 들었다. 구속 기간을 '날짜(日)'가 아닌 '시간(時)' 단위로 쪼개서 계산한 것이다. 일반 국민에게는 단 한 번도 적용해 본 적 없는 '나노 단위'의 인권 보호가 내란 혐의자에게만 적용된 것이다. 법원이 문을 열어 주었어도 검찰이 즉시항고를 하면 당장 풀려날 수는 없었다. 수사팀 검사들은 즉각 반발하며 항고를 요청했다.

토요일인 3월 8일 아침 8시 비상의원총회가 열렸다. 나는 검찰을 향해 경고를 날렸다.

잠을 이루지 못한 날이 계속되고 있습니다. 검찰은 윤석열 내란 우두머리 구속취소 결정에 대해 법이 정한 대로 즉시 항고하십시오. 윤석열의 내란 우두머리 내란 혐의는 온 국민이 똑똑히 봤습니다. 그래서 검찰도 당당하게 기소했던 것 아닙니까? (중략)

심우정 검찰총장은 법원이 구속기간 연장을 불허했을 때 즉시 기소했어야 함에도 검사장들의 의견을 듣는다는 핑계로 귀중한 시간을 허비했습니다. 돌이켜보면, 심우정 검찰총장은 이때 이미 윤석열 석방을 기도했던 것은 아닌지 의심할 수밖에 없습니다. (중략)

만약 검찰이 윤석열 내란 우두머리를 석방한다면, 이는 국민을 배신하고 내란 우두머리에 충성하는 행위입니다. 검찰은 그나마 내란수사로 얻었던 국민신뢰를 모두 상실하고, 혹독한 대가를 치르게 될 것입니다. 민주당은 심우정 검찰총장에게 즉각 엄중한 책임을 물을 것입니다. 검찰은 신속히, 즉시 항고할 것을 엄중히 경고합니다.

그러나 우려는 현실이 되었다. 검찰총장 심우정이 감방의 빗장을 풀었다. 그는 수사팀의 요청을 묵살하고 형사소송법상 보장된 즉시항고도, 보통항고도 모두 포기했다. "법원의 판단을 존중한다." 점잖은 체하는 그 말은 사실상 내란 우두머리 윤석열에게 "감방에서 어서 나가십시오"라는 작별 인사였다. 대한민국 검찰 70년 오욕의 역사 속에서도 가장 치욕스러운 굴종의 순간을 검찰의 수장, 검찰총장 심우정의 손으로 완성하고 있었다.

3월 8일 오후 5시 48분. 내란 우두머리, 대통령 윤석열은 체포된 지 52일 만에 경기도 의왕 서울구치소 문을 걸어 나왔다. 수감 생활로 초췌할 것이라는 세간의 예상은 빗나갔다.

더 기가 막힌 것은 풀려난 윤석열의 태도였다. 그는 말끔한 정장 차림으로 구치소를 나오며 무장한 경호원들을 과시하듯 노출하고, 구치소 정문 앞에 모인 600여 명의 지지자들을 보자마자 오른손 주먹을 불끈 쥐어 보였다. 마치 계엄에 성공한 개선장군이라도 된 양 행세했다.

반성이나 사과는 단 한마디도 없었다. 그는 준비한 입장문을 통해 "불법을 바로잡아준 재판부의 용기와 결단에 감사한다"고 말했다. 군대를 동원해 국회를 짓밟은 자신의 행위는 '통치 행위'였고, 자신을 체포한 공수처의 수사가 '불법'이었다는 적반하장이었다. 풀려나는 그 순간까지 그는 국민이 아닌, 자신을 지지하는 '극우 세력'만을 바라보고 있었다.

한남동 관저로 돌아간 그는 보란 듯이 '일상'을 전시했다. 복귀 직후 참모들과 김치찌개로 저녁 식사를 했고, 국민의힘 지도부와 통화하며 "구치소에서 성경을 열심히 읽었다. 잠을 많이 자서 건강이 더 좋아졌다"며 건재를 과시했다. 5천만 국민을 내란의 공포에 떨게 했던 당사자가 관저에 앉아 "잠을 잘 잤다"고 말하는 그 뻔뻔함에 치가 떨렸다.

나는 분노에 차 소리쳤다.

검찰이 애초부터 내란 수괴 윤석열을 풀어주기 위해 교묘하게 기술을 사용한 것이 아니고서는 좀처럼 일어나지 않을 일이 벌어졌습니다. 내란에 동조했다는 의혹을 받는 국무위원들에 대한 허술한 수사, 김성훈 경호처 차장 구속영장 청구를 세 번이나 막은 것과 같은 맥락 아니겠습니까? 헌정질서와 민주주의를 파괴한 내란이 여전히 지속되고 있다는 명백한 증거 아닙니까?

- 2025.03.08. 비상 의원총회

심지어 대검찰청은 며칠 뒤 일선 지검에 "각급 검찰청은 원칙적으로 종전과 같이 '날' 단위로 구속 기간을 산정하라"는 공문을 내려보냈다. 윤석열만 '시간'으로 계산해서 풀어주고, 힘없는 국민들은 원래대로 '날짜'로 계산해서 가두겠다는 명백한 이중잣대였다.

광기도 부활했다. 다음 날인 3월 9일 전광훈 목사가 이 끄는 극우 세력은 관저 앞으로 몰려갔다. 그들은 "계엄을 계몽으로 만들자", "탄핵이 인용되면 전쟁이다"라는 섬뜩한 구호를 외쳤다. 심지어 헌법재판관들의 사진을 영정처럼 만들어 붉은색 'X'자를 그어놓고 "헌법재판소를 날려버리겠다"고 협박했다.

윤석열이 유유히 관저로 돌아간 지 나흘 뒤인 3월 12일. 국회 법제사법위원회 긴급현안질의에서 충격적인 진실이 폭로되었다. 증인으로 출석한 오동운 공수처장은 억울함을 토로하며 법원의 결정을 정면으로 반박했다.

> **법원이 제시한 '시간' 기준을 따르더라도, 기소는 적법했습니다!**

도대체 무슨 소리인가. 귀를 의심했다. 오동운 공수처장의 설명은 구체적이고 명확했다. 형사소송법상 피의자가 체포적부심(구속적부심)을 청구하면, 수사 기록이 법원으로 넘어가 있는 동안은 구속 기간 산정에서 제외된다(불산입). 윤석열 측이 청구했던 체포적부심 때문에 수사 기록이 법원에 머물렸던 시간은 정확히 10시간 32분이었다.

이 시간을 더해서 다시 계산하면 어떻게 되는가.

법원 논리대로의 구속 만료 시점 : 1월 26일 저녁 7시 39분
검찰의 실제 기소 시점 : 1월 26일 저녁 6시 52분

결국 검찰은 구속 만료 47분 전에 기소를 완료한 것이었다. 날짜(日)로 따져도 적법했고, 법원이 억지를 부려 시간(時)으로 따져도 적법했다.

대한민국 최고의 엘리트라는 판사들이 이 초보적인 산수를 몰랐을까? 검찰은 이 사실을 모르고 항고를 포기했을까? 아니었다. 그들은 알면서도 눈을 감았다. 법원은 계산기를 조작해 '불법 구금'이라는 명분을 만들어 주었고, 검찰총장은 "법원 판단 존중"이라는 핑계로 서둘러 문을 열어주었다. 짜고 치는 고스톱, 완벽한 사법 사기극, 윤석열의 사법 탈옥이었다.

30

입법 전쟁

국회가 해야 할 일이 많았다. 우리는 즉각 행동에 나섰다. 내란 우두머리의 도피를 도운 책임을 물어 검찰총장 심우정의 탄핵소추안을 발의했다. 내란 우두머리를 풀어준 검찰 수장에게 탄핵이라는 칼을 뽑아 든 것이다.

하지만 그것이 전부는 아니었다. 우리에겐 '국정 안정'이라는 또 다른 막중한 책무가 있었다. 윤석열이 풀려난 직후, 대한민국 경제는 요동쳤다. 주가가 곤두박질치고 환율이 치솟았으며, 비상계엄의 여파로 이미 수조 원의 GDP가 증발한 상태였다. 1월에만 자영업자 20만 명이 문을 닫았다. 거리가 내란의 공포에 떨고 있을 때, 서민들의 삶은 무너져 내리고 있었다.

우리는 무너지는 서민 경제를 심폐 소생하기 위해 35조 원 규모의 민생 회복 추경(추가경정예산) 편성을 정부와 여당에 강력히 요구했다. 그러나 그들은 민생을 챙기는 대신, 고작 10조 원 규모의 생색내기용 안을 던져놓고는 오직 '윤석열 방탄'에만 골몰하며 국정을 마비시켰다.

경제를 떠받치기 위해 피 튀기는 입법 전쟁도 치러야 했다. 거부권의 장벽에 가로막혀도 굴하지 않고 「양곡관리법」과 「농수산물유통법」 등 민생 법안을 본회의에서 통과시키며 국민의 삶을 지키기 위해 사력을 다했다. 1분 1초가 피 말리는 보이지 않는 전장이었다.

진실을 밝히는 것도 시급한 현안이었다. 총 453명의 증인을 채택해 5차례의 청문회와 구치소 현장 조사까지 강행한 '내란 국정조사'로 12·3 내란의 진상을 낱낱이 파헤쳤다. 법사위와 행안위 등 상임위에서는 총 17차례의 긴급현안질의를 쏟아부으며 내란 사태부터 서부지법 폭동, 산불 재난에 이르기까지 정부의 책임을 끝까지 추궁해 진실을 밝혔다.

나의 원내대표 임기 동안 의원총회만 총 82회 있었다. 그중 2024년 12월 3일 비상계엄부터 대통령 윤석열이 파면된 2025년 4월 4일까지 123일 사이 49회의 의원총회가 열렸다. 임기 전체 회의의 절반이 훌쩍 넘는 횟수가 이 짧고 엄혹

한 시기에 집중되었다.

우리에겐 휴일도, 밤낮도 사치였다. 12월 4일 계엄 해제 직후 열린 제27차 의총을 시작으로 국회 경내에서 쪽잠을 자며 비상대기 체제를 이어갔다. 다음 날인 12월 5일 제29차 의총에서는 '윤석열 내란죄 특검'을 당론으로 추인했고, 곧이어 12월 6일 제30차 의총에서 행정안전부장관 이상민에 대한 탄핵소추안을 당론으로 밀어붙였다.

평상시라면 가족과 함께 보낼 12월 24일 크리스마스이브에도 우리는 국회에 모여 있었다. 제42차 의원총회를 열고 헌법재판관 임명을 거부하며 국정을 마비시키는 국무총리 한덕수에 대한 탄핵을 당론으로 채택하며 피 튀기는 입법 전쟁을 치렀다.

새해가 밝아서도 국회의 불은 꺼지지 않았다. 1월 내내 경호처의 체포 방해에 맞서 매일같이 '내란 우두머리 윤석열 규탄 피케팅'을 벌였다. 2월 12일 제58차 의총에서는 '명태균 특검법'을 보고하며, 내란의 뿌리까지 뽑아내기 위한 수사망을 좁혀갔다.

3월 7일 제61차 긴급 의원총회에 이어, 석방 당일인 3월 8일 토요일에는 오전 9시에 비상 의총을 소집해 전열을 정비했고, 밤 8시에 다시 속개하여 검찰의 폭거를 성토했다. 다음 날인 3월 9일 일요일에도 오전 11시와 밤 10시, 하루 두 차례

씩 머리를 맞대며 대응책 마련에 사력을 다했다.

특히 도보 행진을 시작하기 하루 전인 3월 11일 제65차 의원총회는 특히 무거웠다. 박홍배, 김문수, 전진숙 의원이 동료들 앞에서 삭발을 감행했다. 우수수 떨어지는 머리카락을 보며 눈물을 보이는 의원들도 있었다. "법이 무너진 세상에서 머리카락이 무슨 대수냐"던 그들의 결기는 우리의 투지를 더 불태우게 했다.

전쟁 같은 123일이었다. 나 혼자서는 결코 버틸 수 없는 시간이었다. 내 곁에는 언제나 든든한, 때로는 너무나 미안한 전우들이 있었다.

2024년 5월 7일 22대 국회 더불어민주당 첫 원내대표단은 첫발을 떼며 스스로를 '개혁기동대'라 이름 지었다. 총선에서 국민이 주신 '윤석열 정권 견제'와 '개혁 과제 완수'라는 숙제를 풀기 위해 22대 국회를 '실천하는 개혁 국회'로 만들겠다는 22명의 결의였다. 우리는 '개혁기동대'라는 약속대로 거침없이 돌파했고, 치열하게 싸웠다.

이 기록을 빌려 우리 원내부대표단의 이름을 한 명 한 명, 꾹꾹 눌러 부르고 싶다. 가장 치열하게 현장을 지키고, 가장 뜨겁게 싸웠던 동지들이다. 밤샘 대기조를 짜며 뜬눈으로 국회를 지켰던 김남희, 김성회, 김용만, 모경종 의원. 계엄군과 맞서며 몸을 던지는 것을 주저하지 않았던 박민규, 백승아, 부승찬, 서미화 의원. 보이지 않는 곳에서 실무를 챙기며 빈틈을 메워준 송재봉, 안태준, 정준호, 조계원 의원. 그리고 묵묵히 자리를 지키며 힘을 보태준 곽상언, 김태선, 임광현, 정을호 의원까지.

가장 마음이 쓰이는 사람은 김용민 정책수석부대표다. 그는 임기 내내 무수한 탄핵안을 발의하며 온갖 비난을 온몸으로 받아냈다. 일각에서는 "번번이 기각될 탄핵안을 왜 자꾸 올리냐"며 싫은 소리를 하기도 했다. 그때마다 나는 속으로 피눈물을 삼키며 항변하고 싶었다.

"적들은 탱크를 몰고 밀려오는데, 우리 손엔 무엇이 있었나? 낫 한 자루, 부지깽이 하나가 전부였다. 나는 그에게 '낫이라도 들고 나가서 싸워라'고 등 떠밀었다. 김용민은 낫 한 자루 쥐고 탱크 앞에 홀로 서서 싸운 사람이다."

원내부대표단을 원팀으로 묶어낸 박성준 수석부대표, 날카로운 논평으로 정권의 심장을 겨눴던 노종면, 강유정, 윤종군 원내대변인과 정진욱 비서실장. 이들은 나의 눈과 귀, 그리고 입이 되어주었다.

우리는 처음 출범할 때 매달 30만 원씩 회비를 걷어 임기가 끝나면 위로 여행이라도 가자고 약속했었다. 하지만 여행은커녕, 밥 한 끼 제대로 같이 먹을 시간조차 없었다. 5월 임기 시작부터 탄핵까지, 눈만 뜨면 터지는 사건들을 막아내느

라 서로 얼굴 마주 보고 밥 먹은 것조차 고작 두세 번뿐이었
다. 끼니도 거르며 치열하게 싸워준 나의 전우들. 그들이 없
었다면 제22대 국회의 봄은 어쩌면 좀 더 더디게 올 수도 있
었을 것이다.

31

분노의 행진

우리는 전열을 정비했다. 타겟은 내란 우두머리를 도운 '공범자들'.

3월 10일 최고위원회의에서 나는 심우정 검찰총장의 죄목을 낱낱이 고발했다.

구속 취소 결정에 항고하지 않음으로써 증거인멸의 기회를 줬습니다. 내란의 블랙박스인 비화폰 서버를 관리하는 김성훈 경호처 차장에 대한 구속영장도 검찰이 계속 반려하고 있습니다. 심우정은 단순한 방관자가 아닙니다. 범인 도피를 도운 원흉입니다.

공격의 화살은 용산의 또 다른 부역자, 권한대행 최상목에게도 향했다. 그는 권한대행이 된 후 국회가 선출한 마은혁 헌법재판관 임명을 70일 넘게 거부하고, 내란 상설특검 추천 의뢰를 뭉개고 있었다.

윤석열이 풀려난 직후인 3월 9일 '윤석열정권퇴진·사회대개혁 비상행동(비상행동)' 지도부는 즉각 경복궁역 서십자각 터에 농성장을 꾸리고 무기한 단식 농성에 돌입했다. "내란 우두머리가 거리를 활보하는데 밥이 넘어가는가."

김경수 전 경남지사도 정치인 중 가장 먼저 단식을 감행하며 결기를 보였다. 문화예술인들 또한 3월 12일부터 '예술 행동 텐트'를 치고 릴레이 단식에 들어갔다.

단식 농성장 주변으로 시민들이 몰려들었다. 춘삼월이 왔건만 유난히 봄이 더디 오는 것 같았다. 밤바람은 여전히 매서웠다. 시민들은 추위를 견디기 위해 은박 보온 담요를 머리 끝까지 뒤집어쓰고 광장 바닥에 앉아 밤을 지새웠다. 가로등 불빛을 받아 반짝이는 그 은색 고깔 모양이 마치 초콜릿 과자 같아서 사람들은 '키세스(Kisses) 군단'이라 불렀다.

지난 1월 폭설 속에서 처음 등장했던 그 은빛 물결이 윤석열의 탈옥을 막기 위해 3월의 광화문에 다시 파도처럼 밀려온 것이다. 특정 정당이나 조직에 소속되어 있지 않은 사람들이 대부분이었다. 퇴근길의 직장인, 수업을 마치고 달려온 대학생, 나라의 미래를 걱정하는 어르신들이 은박지 한 장에 기대 "검찰도 공범이다", "윤석열을 재구속하라"는 구호를 외쳤다.

우리도 국회 안에만 머물러 있을 수 없었다. 법원과 검찰이 카르텔을 맺고 국민을 기만하는 상황에서 국회 안에만 있는 것은 국민에 대한 도리가 아니라는 생각이 들었다. 무엇보다 우리 가슴속에 맺힌 '부채감'이 등을 떠밀었다.

시간을 잠시 거슬러 올라가 보자. 12월 7일 윤석열 탄핵소추안 1차 표결부터 14일 2차 표결까지 여의도에는 팽팽한 긴장감이 감돌았다. 국회 담장 밖은 이미 밤낮없이 모여든 시민들이 지키고 있었다.

그때 국민의힘 측은 우원식 국회의장에게 한 가지 제안을 했다고 한다. 듣고 보니 내용이 기가 막혔다. 국회를 에워싸고 있는 시민들을 해산시켜 달라는 것이었다. 그들의 눈에는 국회를 지키러 달려온 주권자들이 언제 담장을 넘어와 자신들을 해칠지 모르는 '잠재적 폭도'로 보이는 모양이었다.

실제로 12월 3일 밤 총 든 군인들에 맞서 맨몸으로 국회 담장을 사수하던 시민들을 향해 경의를 표하기는커녕 "신성한 국회를 유린한 불법 난동 세력"이라며 매도했다. 나경원 의원은 12월 3일 계엄 해제 표결에 불참한 이유에 대해 "국회 진입을 시도했으나, 입구를 가로막은 시위대(민주당 지지자들) 때문에 들어갈 수가 없었다"는 황당한 핑계를 댔다.

총칼로 무장한 계엄군이 무서웠던 것이 아니라, 그 계엄군으로부터 국회를 지키러 달려온 비무장 국민들이 무서워 못 들어왔다는 말인가? 이는 자신의 비겁함을 감추기 위해 국민을 '폭도'로 둔갑시킨, 뻔뻔함의 극치였다.

심지어 박수영 의원은 시민들의 항의를 중국 문화대혁명에 빗대어 "좌파들의 홍위병식 광풍"이라고 비난했고, 훗날 인터뷰에서는 주권자인 시민들을 아예 "폭도"라고 지칭하기까지 했다.

권영세 의원 등 지도부 역시 시민들을 향해 "개딸 공화국의 난동"이라며 비하했다. 국민이 부여한 권력을 지키기 위해 국민이 직접 나섰는데, 정작 그 권력을 위임받은 자들이 주인을 '폭도' 취급했던 것이다.

12월 7일 1차 탄핵 표결을 앞뒀을 때, 국민의힘 추경호 원내대표는 "국회 주변을 에워싼 시위대의 압박 등 강압적인 분위기 속에서는 헌법기관으로서의 소신 있는 표결이 보장될 수 없다", "이런 식의 인민재판식 압박 속에서 이뤄지는 표결은 인정할 수 없다"는 궤변을 늘어놓았다.

국민이 부여한 권력을 지키기 위해 국민이 직접 나섰는데, 정작 그 권력을 위임받은 자들의 일원인 국민의힘 의원들은 주인을 '폭도' 취급했다.

그럼에도 불구하고 국회의장은 국민의힘 측 주장을 무시만 하고 있을 수는 없었을 것이다. 의장은 국회법 제10조에 의해 '국회를 대표하고 의사를 정리하며, 질서를 유지하고 사무를 감독'하는 의무가 지워져 있기 때문이다.

국회 기능을 유지하기 위한 고민이 깊어졌던 걸까? 우원식 국회의장이 나에게 상의해 왔다. 국민의힘 의원들이 등원을 거부할 이유로 댈 수 있으니 시민들께 국회 주변이 아닌 광화문으로 옮길 것을 제안해 보면 어떻겠냐는 것이었다.

나는 단호하게 거절했다. 아니, 거절할 수밖에 없었다. 민주당원들만 계신 것도 아닌데다 시민의식으로 자발적으로 달려온 국민들이었다. 12월 3일 밤엔 얼마나 급하게 달려왔는지 4일 아침에 돌면서 인사드릴 때 보니, 맨발에 슬리퍼 차림인 분도 계셨다. 싸락눈까지 날리던 그 추운 겨울밤을 라면 상자 하나로 버티던 분들이다. 내가 가라, 마라 할 권한도 없거니와 무엇보다 지금 국회를 지켜주는 분들이 바로 그분들이었다.

여러 차례 이야기했지만, 당시 우리에게는 12월 3일보다 더 큰 '2차 계엄'의 공포가 도사리고 있었다. 시민들이 국회 앞을 비우는 순간, 저들이 다시 탱크를 몰고 들어오지 않으리라는 보장이 어디 있는가.

저 시민들이 계시기에 우리도 여기서 안전하게 회의를 할 수 있는 겁니다. 저분들은 폭도가 아니라, 2차 계엄을 막아내고 있는 유일한 방패입니다.

계엄부터 탄핵 의결까지 여의도로 달려와 준 국민께 대한 감사와 존경, 연대의 마음을 담아 이제는 국회 구성원들이 광화문으로 달려갈 차례라고 생각했다. 우산이든, 방패든 그 무엇이 될지 몰라도 이번에는 우리가 국민 곁에 있어야 했다.

여의도를 넘어 마포대교 위로 올라서자, 강바람이 칼바람이 되어 뺨을 때렸다. 하지만 우리는 흥겨웠다. 복잡할 땐 몸이 힘든 편이 오히려 머리를 맑게 하는 법이다.

사실 이 행진 뒤에는 웃지 못할 에피소드가 하나 숨어 있다. 처음에 행진을 결정할 때만 해도 의원총회 분위기는 "하자! 좋다!" 일색이었다. 그런데 막상 아스팔트 위를 하루 이틀 걷다 보니 여기저기서 앓는 소리가 터져 나왔다. 특히 연배가 높으신 의원님들의 고충이 심했다. 매일 9km 행진은 짧은 거리가 아니었다. 현실적인 대안이 필요했다. 대오에서 이탈하려는 사람은 없었지만 힘든 것도 사실이었다.

그래서 내가 중재안을 냈다. "힘드신 분들은 걷는 것 말고 다른 방식으로 치열하게 참여하시면 어떻겠습니까?" 반색하며 좋다고 하셨다. 나는 이때다 싶어 농을 던졌다. "걷기 힘드신 분들은 삭발로 참여하시는 건 어떻습니까?" 순간 좌중에서 웃음이 터져 나왔다. 웃으니 힘든 것도 좀 줄어드는 것 같았다. 한 번 더 쐐기를 박았다. "삭발도 힘드신 분은 단식으로 참여하시지요."

나의 의도가 전달됐는지, 여기저기서 "아이고, 걷는 게 제일 쉽네!", "걷는 게 보약입니다!"라며 너스레가 쏟아졌다. 작은 농담에 무겁고 비장한 공기가 유쾌한 결기로 바뀌었다. 우리는 그렇게 서로를 보며 한바탕 크게 웃고는, 기꺼운 마음으로 신발 끈을 다시 조여 맸다. 육체의 고단함조차 웃음으로 넘기며 함께 걷는, 기쁘고도 강인한 행진이었다.

행진은 거대한 소통의 장이 되었다. 운전자들이 창문을 내리고 엄지를 치켜세웠다. "민주당 잘한다!", "윤석열을 꼭 끌어내려라!" 버스 안의 승객들이 손을 흔들었고, 차량 경적이 응원가처럼 울렸다. 하루 이틀 지나자 시민들도 합류했다. 연차를 내고 온 직장인들, 공강 시간에 나선 학생들, 주말에 짬을 낸 우리네 이웃들.

아현동 고개를 넘어 광화문이 보일 때쯤이면, 어둠이 내린 광장은 이미 거대한 빛의 바다였다. 시민들의 손에는 형형색색의 '응원봉'이 들려 있었다. K-POP 콘서트장을 방불케 하는 그 찬란한 빛들이 암흑 같은 현실을 몰아내고 있었다. 이재명 대표가 말했던 "오색찬란한 빛의 혁명"이 눈앞에 펼쳐져 있었다.

사건번호
2024헌나8

2024년 12월 14일 국회는 대통령 윤석열 탄핵소추안을 가결하고 헌법재판소에 소추의결서를 제출했다. 사건번호 2024헌나8.

그러나 시작부터 난관이었다. 당시 헌법재판소는 재판관 3명이 공석인 '6인 체제'였다. 대통령 윤석열과 국민의힘은 이를 악용해 "7인 이상 출석해야 심리가 가능하다"며 심판 자체를 무력화하려 했다. 권한대행 한덕수는 국회가 추천한 재판관 임명을 거부하며 이 혼란을 부채질했다.

12월 27일 열린 첫 변론준비기일 헌법재판소는 정면 돌파를 택했다. 정형식 주심 재판관은 계엄 선포, 포고령 1호, 국회 봉쇄, 선관위 압수수색 등 핵심 쟁점을 정리하며 심판 절차를 개시했다. 윤석열 측은 헌법재판소 서류 수령을 거부하며 시간 끌기에 돌입했지만, 헌법재판소는 공시송달로 맞서며 절차를 진행했다.

해가 바뀌어 2025년 1월 3일 2차 변론준비기일에 윤석열 측은 "모든 것이 계엄 이전으로 회복돼 탄핵 심판이 필요 없다"는 황당한 논리를 폈다. 이에 국회 소추위원단은 신속한 심리를 위해 '형법상 내란죄' 여부가 아닌 '헌법 위배' 여부에 집중하여 소추 사유를 재구성하는 승부수를 던졌다. 윤석열 측은 이를 "소추 사유의 중대한 변경"이라며 각하를 주장했으나 받아들여지지 않았다.

1월 14일 첫 변론기일이 열렸다. 윤석열 측은 정계선 재판관에 대해 기피 신청을 내며 재판부를 흔들려 했으나, 헌법재판소는 전원 일치 의견으로 단칼에 기각했다. 이어 1월 23일 4차 변론기일에는 헌정사상 최초로 피청구인인 대통령 윤석열이 법정에 직접 출석했다. 그는 "군이 부당한 지시를 안 따를 거라는 전제하에 계엄을 선포했다"는 무책임하고 비겁한 발언을 쏟아냈다.

2월로 접어들며 심판은 절정으로 치달았다. 전 국방부장관 김용현, 전 특전사령관 곽종근 등 계엄 핵심 관계자들이 줄줄이 증언대에 섰다. 2월 4일 5차 변론기일 대통령 윤석열은 "엉터리 투표지 때문에 선관위에 군 병력을 보냈다"며 선관위 침탈을 시인했고, 전 국정원 1차장 홍장원은 윤석열로부터 "이번 기회에 싹 다 잡아들여 정리하라"는 지시를 받았다고 폭로했다.

2월 6일 6차 변론기일에서는 전 특전사령관 곽종근이 "대통령이 국회의원을 끌어내라고 지시했다"고 증언하며 내란의 구체적 지시 관계가 만천하에 드러났다. 윤석열 측은 이를 '탄핵 공작'이라며 반발했지만, 전 국방부장관 김용현의 비화폰 통화 내역 등 객관적 증거 앞에서 그들의 주장은 힘을 잃었다.

2월 25일 오후 2시 헌법재판소 대심판정에서 윤석열 대통령 탄핵 심판의 마지막이자 11차 변론기일이 열렸다. 국회 소추위원단과 대통령 대리인단은 헌법 수호와 파면의 정당성을 두고 한 치의 양보도 없는 최후의 설전을 벌였다.

피청구인 대통령 윤석열은 변론 시작 7시간 만인 밤 9시에 헌법재판소에 모습을 드러냈다. 그는 최후 진술을 통해 자신의 정당성을 강변하려 했으나, 이미 드러난 숱한 증거들 앞에서 쓸데없는 말들뿐이었다.

밤 10시 14분 재판부가 변론 종결을 선언했다. 이로써 80일간 이어진 치열했던 법정 공방은 막을 내렸다. 이제 모든 시선은 8명의 재판관이 들어갈 평의실로 쏠렸다.

사람들은 달력을 꺼내 들었다. 계산은 복잡하지 않았다. 우리에게는 이미 두 번의 경험칙이 있었기 때문이다. 2004년 노무현 전 대통령 탄핵 심판 당시, 변론 종결부터 선고까지 걸린 시간은 보름이 채 안 되는 14일이었다. 2017년 박근혜 전 대통령 때는 더 빨랐다. 단 11일 만에 역사의 매듭을 지었다. 이 전례를 따르면, 대통령 윤석열에 대한 심판 역시 늦어도 2주 안에는 결판이 날 것이라는 게 지배적인 관측이었다. 여의도 정가와 언론, 그리고 국민들은 3월 18일 전후를 유력한 선고일로 점치며 카운트다운에 들어갔다.

그러나 3월 중순이 지나도록 헌법재판소는 열리지 않았다. 예상을 빗나간 침묵이었다. 기다림이 길어질수록 불안감이 깊어져 공포로 변해갔다. 여의도뿐만 아니라 대한민국 어디를 가든, 삼삼오오 모인 사람들의 대화 주제는 오직 하나였다. "인용될까?" 전 국민이 헌법학자가 되어야 했다. 확인되지 않은 설(說)들이 꼬리에 꼬리를 물고 퍼져나갔다.

우리 내부에도 불안이 스며들었다. 율사 출신 의원, 법률 자문역 일부는 나의 노선에 반대 의견을 제시했다. "왜 자꾸 행정부와 헌법재판소를 흔듭니까? 총리, 부총리 탄핵한다고 난리를 치니 헌법재판소가 자극받아서 판결을 미루는 거 아닙니까. 가만히 있으면 어차피 인용될 텐데, 긁어 부스럼 만들지 마세요."

'사법부를 믿고 기다리자'는 것이었다. 하지만 나는 '어차피 윤석열 파면'이라는 낙관론을 믿을 수 없었다. 이미 우리는 뼈아픈 교훈을 얻지 않았던가. 법원이 내란 우두머리 윤석열의 구속을 취소하고 풀어주는 꼴을 두 눈으로 똑똑히 봤다. 나는 사석에서 참모들에게 누차 강조했다. "절대 법원을, 헌재를 맹신하지 마라. 조희대 사법부가 윤석열을 풀어준 걸 봐라. 저들은 언제든 우리 뒤통수를 칠 수 있다."

처음 선고일로 예상했던 3월 18일이 지나고 재계와 법조계, 언론계 등 정보통들은 3월 26일을 유력한 선고일로 지목했다. "연구관들 보고서는 이미 다 작성됐고, 합의도 끝났다. 시간만 끌 뿐 결과는 파면이다"라는 설이 돌았다. 그러나 3월 26일에도 헌재는 침묵했다. 아무런 결정도 나오지 않았다.

당내 분위기가 급변했다. 나를 향해 "헌재 자극하지 마라"고 훈수를 두던 분들도 입장을 바꿨다. "이거 이상하다. 헌법재판소 기류가 심상치 않다. 이러다 진짜 기각되는 거 아니냐?"

당시 헌법재판관은 8명. 탄핵 인용을 위해서는 6명 이상의 찬성이 절대적으로 필요했다. 그런데 보수 성향 재판관들이 똘똘 뭉쳐 3명이 반대한다면? 결과는 5 대 3 기각. 내란 우두머리가 다시 대통령직에 복귀해 피의 보복을 시작하는, 상상조차 하기 싫은 끔찍한 악몽이 현실이 될 수도 있는 상황이었다.

설상가상으로 한덕수가 권한대행으로 복귀하며 상황은 더욱 꼬여갔다. 그들은 문형배·이미선 재판관의 임기가 만료되는 '4월 18일'까지 시간을 끌 작정이었다. 마은혁 재판관 임명을 거부하고 버티다가 재판관 공백 사태를 만들어, 헌재 자체를 식물 상태로 만들려는 노골적인 지연 전술이었다.

우리는 헌법재판소가 내놓은 국무총리 한덕수 탄핵 재판 결정문의 행간을 현미경처럼 분석했다. 문장 하나하나에서 재판관들 사이의 의견 불일치와 내부 진통이 읽혔다. '5 대 3' 기각의 그림자가 어른거렸다.

불안에 기름을 부은 건 3월 27일 SBS의 보도였다. 재판관들 의견이 '5 대 3'으로 갈려, 파면 결정에 필요한 6명을 채우지 못한 상태라는 내용이었다. 이 보도가 나오자 광장은 충격에 휩싸였다. 국민들은 밤잠을 설치며 뉴스 속보에 귀를 기울였다.

민주당도 가만히 있을 수 없었다. 3월 21일부터 4월 2일까지, 나와 의원들은 매일 같이 헌재 앞과 광화문 천막당사에서 '신속 파면 촉구 릴레이 기자회견'을 열었다. 농해수위, 산자위, 정무위, 기재위⋯. 상임위별로 조를 짜서 마이크를 잡고 시민들과 함께 호흡했다.

그 사이 극우 세력은 난동을 부렸다. 그들은 헌법재판소를 포위했다. 태극기와 성조기를 든 그들의 입에서는 차마 입에 담기 힘든 저주가 쏟아져 나왔다. "문형배, 이미선, 정계선 재판관은 사건에서 손 떼라!" 그들은 재판관의 실명을 거론하며 "탄핵을 인용하면 내란이다", "헌재를 불태워 버리겠다"는 섬뜩한 협박을 서슴지 않았다.

심지어 그들은 헌법재판소가 있는 안국역 인근을 지나가는 평범한 시민들에게조차 "빨갱이 아니냐"며 시비를 걸고 위협을 가했다. 1월 서부지법 폭동 사태 때 보여주었던 그 야만적인 폭력이 헌법재판소 앞으로 옮겨붙은 것이었다. 그들은 물리적 위협을 통해 재판관들을 심리적으로 압박하고, 공포 분위기를 조성해 판결을 뒤집으려 했다.

더 이상 물러설 곳은 없었다. 마지막 승부수를 띄워야 했다.

나는 3월 30일 일요일 오전 11시 국회 본청 원내대표 회의실에서 긴급 기자간담회를 열었다. 국무총리 한덕수와 침묵을 유지하고 있는 헌법재판소를 향해 던지는, 물러설 곳 없는 마지막 통첩이었다. 나는 떨리는 분노를 억누르며 준비한 원고를 읽어 내려갔다.

헌법재판소 재판관들의 결정에 나라의 운명이 좌우됩니다. 윤석열 파면이 아니라 나라를 파멸로 이끌 결정을 내린다면,

신(新)을사오적으로 역사에 오명을 남길 것입니다.

'을사오적'. 1905년 나라를 팔아먹은 매국노들에 비유하며, 만약 기각 결정을 내린다면 역사에 역적(逆賊)으로 기록될 것이라고 헌법재판관들을 향해 가장 수위 높은 압박을 가했다. 그리고 권한대행 한덕수를 향해서도 못을 박았다.

한덕수 총리에게 엄중 경고합니다. 4월 1일까지 마은혁 재판관을 임명하십시오. 이행하지 않는다면 민주당은 중대한 결심을 할 것입니다.

4월 1일. 데드라인을 명확히 그었다. 만약 이때까지 임명하지 않는다면 국회가 가진 모든 권한을 동원해 파국도 불사하겠다는 경고였다. 사실상 우리가 할 수 있는 모든 패를 테이블 위에 쏟아부었다.

우리의 승부수가 통했다. 권한대행 한덕수에게 마은혁 재판관 임명을 촉구하며 못 박았던 데드라인, 바로 그날인 4월 1일 헌법재판소가 드디어 응답했다.

피청구인 대통령 윤석열 탄핵 심판 사건에 대한 선고 기일을 4월 4일 금요일 오전 11시로 지정합니다.

이제 남은 시간은 단 3일. 대한민국이 내란의 늪에 영원히 잠기느냐, 아니면 다시 민주주의의 봄을 되찾느냐가 결정되는 피 말리는 카운트다운이었다. 5 대 3 기각설이라는 악몽을 떨쳐내고, 우리는 마침내 심판의 링 위에 섰다.

우리는 할 수 있는 모든 것을 쏟아부었다. 이제는 진인사대천명(盡人事待天命). 우리는 끝까지 국민들과 함께하며 다가올 운명의 금요일을 기다렸다. 결론이 어찌됐든, 길고 길었던 내란의 겨울이 끝나가고 있었다.

33.

대한국민의

다시 만난 세계

2025년 4월 4일 금요일. 운명의 날 아침 서울의 하늘은 무거웠다. 기상청 예보대로 아침부터 짙은 안개가 여의도와 북악산 자락을 휘감고 있었다. 국회의사당 돔도 흐릿하게 보였다. 한 치 앞을 알 수 없는 대한민국의 운명 같기도 했고, 내란 세력이 퍼뜨린 거짓의 연기 같기도 했다.

오전 10시 국회 본청 당대표 회의실. 이재명 대표를 비롯한 지도부가 속속 모여들었다. 평소라면 현안 논의로 분주했을 시간이지만, 이날 회의장은 무겁고 차분했다. 이재명 대표는 머리를 짧게 자른 모습이었다. 들어오는 길에 기자가 전망을 묻자 "헌재의 진중하고 현명한 판단을 기다려보겠다"고 짧게 답했다고 했다.

우리는 별도의 대화 없이 TV 생중계 화면을 켰다. 2017년과 달리 이 장면을 언론에 공개하지 않았다. 대통령 윤석열의 탄핵을 확신했지만, 동시에 두려웠다. 8년 만의 두 번째 대통령 탄핵. 너무 무거운 역사의 무게였다.

오전 11시 재판관 8명이 대심판정에 입장했다. 재판장석에는 퇴임한 이종석 소장을 대신해 문형배 헌법재판소장 권한대행이 앉았다. 그는 차분하지만 단호한 목소리로 결정문을 읽어 내려가기 시작했다. 주심인 정형식 재판관이 주도하여 작성한 결정문은 지난 4개월간 윤석열 정권이 내세웠던 '통치 행위', '계엄의 불가피성'이라는 논리를 법리의 칼날로 낱낱이 해체하고 있었다.

피청구인은 계엄 선포가 고도의 통치 행위라고 주장하나, 헌법과 법률을 위반하여 계엄을 선포함으로써 국가긴급권 남용의 역사를 재현했습니다.
국회에 군경을 투입해 국회의원들을 끌어내려 한 것은 의회민주주의와 권력 분립 원칙을 정면으로 위반한 것입니다.
영장 없는 선관위 압수수색, 법조인 체포 시도 등 5대 쟁점 모두 헌법 수호 관점에서 용납될 수 없는 중대한 위법 행위입니다.

문형배 권한대행은 정면을 응시하며 준엄하게 꾸짖었다.

대통령은 국회를 협치의 대상으로 존중했어야 합니다. 그럼에도 불구하고 국회를 배제의 대상으로 삼았고, 이는 민주정치의 전제를 허무는 것입니다.
피청구인은 헌법과 법률을 위반해 계엄을 선포함으로써 국가긴급권 남용의 역사를 재현하여 국민을 충격에 빠뜨리고, 사회·경제·정치·외교 전 분야에 혼란을 야기했습니다. 이에 재판관 전원은 피청구인이 민주공화국의 주권자인 '대한국민'의 신임을 중대하게 배반했다고 판단했습니다.

'대한국민(大韓國民).' 그 네 글자가 심장에 와서 꽂히는 기분이었다. '국민'이라는 단어로는 담아낼 수 없는 거대한 선언이었다.

우리 법에서 '대한국민'은 딱 한 번, 헌법 전문(前文) "유구한 역사와 전통에 빛나는 우리 대한국민은…"에만 사용되고 있다. 그렇기에 판결문에서 '대한국민'을 소환한 것은 우리 국민을 통치의 대상이 아닌 헌법 제정 권력자이자 주권자로 격상시키는 의식이었다. 대통령이라는 선출된 권력보다 상위에 있는 이 나라의 진짜 주인이 누구인지를 명확히 한 것이다.

또한, 파면의 정당성을 완성하는 마침표이기도 했다. 대통령을 파면하는 8명의 재판관은 주권자인 '대한국민'이 위임해준 권한을 대통령이 국민을 억압하는 데 사용했으므로, 주권자의 이름으로 그 자격을 박탈한다는 민주주의의 대원칙을 천명한 것이었다.

'대한국민'으로 호명된 충격이 채 가시기 전, 마침내 주문 낭독이 시작되었다.

이에 재판관 전원의 일치된 의견으로 주문을 선고합니다.
탄핵 사건이므로 선고시각을 확인하겠습니다. 지금 시각은 오전 11시 22분입니다.
주문 피청구인 대통령 윤석열을 파면한다.

보수니 진보니 하는 구분은 무의미했다. 재판관 전원이 "피청구인의 법 위반 행위가 헌법 질서에 미친 부정적 영향이 지대하므로, 파면함으로써 얻는 헌법 수호의 이익이 압도적으로 크다"고 판단했다. 이로써 윤석열은 헌정사상 두 번째로 파면된 대통령이 되었다.

그러나 회의실 안에서는 환호성도, 박수 소리도 터져 나오지 않았다. 전현희 최고위원이 살짝 미소를 띠었을 뿐, 김병주 최고위원은 무표정했고, 이재명 대표는 눈을 지그시 감았다. 누군가가 "와!" 하고 소리치려다 분위기에 눌려 삼켰다. 마냥 웃을 수만은 없는, 천근만근의 책임감이 온몸을 짓눌렀다.

헌법재판소 선고 직후, 의원들에게 전체 문자를 발송했다.

오전 11시 41분. 선고가 내려진 지 19분 만에 용산 대통령실 청사 게양대에서 대통령을 상징하는 '봉황기'가 내려졌다. 취임 1,061일 만이었다. 이제 전 대통령이 된 윤석열은 대통령 관저에서 TV로 자신의 파면을 지켜봤다고 한다. 하지만 그는 끝까지 국민 앞에 서지 않았다. 3시간 뒤 대리인을 통해 낸 입장문에는 '지지해 주신 분들께 죄송하다'는 말뿐 헌재 결정에 대한 승복도, 국민에 대한 사과도 없었다.

오히려 오후에 관저를 찾은 국민의힘 지도부 권영세, 권성동 의원을 만나 "당을 중심으로 대선 준비를 잘해서 꼭 승리하기 바란다"고 말했다고 한다. 헌법을 유린한 자의 마지막 당부가 선거 승리라니. 그는 끝까지 '대한국민'의 대통령이기를 거부했다.

오전 11시 50분. 이재명 대표가 국회 로텐더홀에 섰다. 굳은 표정이었다.

위대한 국민이 위대한 민주공화국 대한민국을 되찾아 주셨습니다. 저 자신을 포함한 정치권 모두 깊이 성찰하고 책임을 통감해야 합니다.

같은 시각 광화문 광장. 안개가 걷히기 시작한 거리로 나온 시민들은 환호했다. 서로의 어깨를 토닥이며 위로했다. "비상계엄 이후 잠도 못 자고 악몽도 꿨다"는 시민들이 서로의 눈물을 닦아 주었다. 그 춥고 길었던 내란의 겨울을 이겨내고 마침내 '다시 새로운 세계'를 만난 것을 축하했다.

그날 밤, 나는 헬기를 보지 못했다.

그리고 오늘, 우리는 쏟아지는 봄볕 대신 본회의장 불을 켰다. 헌정이 회복된 나라에서 의회가 할 일이 한가득이었다.

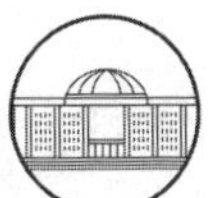

겨울은 반드시 봄이 된다

우리의 끝은 언제나 봄

국회에서 탄핵 의결이 되느냐, 마느냐로 치열하던 12월의 어느 날이었다. 누군가 인터넷 커뮤니티의 글을 보여줬다. 어느 유저들이 쓴 짧은 문답이었다.

왜 탄핵의 바람은 겨울에 올까요?
그 끝은 봄이어야 하기 때문

그 짧은 문장을 읽는 순간, 가슴 한구석이 찡해지며 코끝이 시큰해졌다. 국회 로텐더홀의 차가운 바닥에서 쪽잠을 자던 동지들의 모습과 영하의 칼바람을 맞으며 국회 앞을 지키던 시민들의 언 뺨이 스쳐 지나갔다.

그렇다. 우리가 건너가고 있는 시간은 고통스러운 것만은 아닐 것이었다. 혹독한 겨울을 뚫고 기어이 봄을 틔워내려는 생명의 몸부림이기 때문이다. 결국은 대한민국이라는 거대한 나무가 썩은 가지를 털어내고 새순을 틔우기 위해 치러야 할 산고(産苦)라고 생각하면 고통은 참을 수 있었다.

나는 이름 모를 시민이 남긴 이 글에서 큰 용기를 얻었다. 내란 세력이 아무리 겨울을 길게 붙잡아두려 해도, 깨어있는 시민들이 서로의 체온으로 덥히는 이 땅의 봄을 결코 막을 수 없다는 확신. 그 확신이 나를, 그리고 우리 대한국민 모두를 버티게 했다고 생각한다.

4월 4일로 마침표를 찍으며

처음부터 이 책은 4월 4일 대통령 윤석열이 파면되는 장면을 마지막으로 생각하고 시작했다. 원내에서 치른 '내란 전쟁'을 기록하는 것이 당시 원내대표였던 나의 책무라고 생각해서 시작한 일이기 때문이다. 그래서 민주공화국을 위협했던 가장 위태로운 순간들을 정리하는 데 중점을 두었다.

2024년 12월 3일의 내란, 아니 그 이전 4월 총선부터 이듬해인 2025년 4월 4일의 파면까지. 파편화된 기억으로 남아 있는 사건들을 한차례 정리하는 것도 의미가 있다고 생각했다. 또한 2024년 12월 3일 내란의 밤만큼, 2025년 4월 4일 찬란한 민주주의 승리의 낮을 만든 날들도 중요하게 기억하고 싶은 욕심도 있었다.

물론 역사는 계속 흘러갔다. 제22대 대통령선거와 이를 통한 이재명정부의 출범 등 역동적인 역사가 계속되고 있다. 무너진 것을 다시 세우는 치열한 복구의 시간은, 또 다른 호흡으로 기록되어야 할 역사라고 생각한다.

기록하지 못한 악몽 : 5월 1일의 사법 반란

하지만 펜을 놓기 전, 반드시 짚고 넘어가야 할 아찔한 기억이 하나 있다. 책의 본문에는 차마 담지 못했던, 그러나 12·3 내란만큼이나 등골이 서늘했던 순간. 바로 5월 1일의 '사법 내란'이다.

4월 4일 대통령 파면으로 내란이 일단락된 줄 알았다. 곧이어 대통령 선거가 시작되었고, 이재명 후보를 향한 뜨거운 지지 열기가 광장을 메웠다. 그러나 저들은 포기하지 않고 있었다.

선거가 한창이던 5월 1일, 대법원장 조희대가 이끄는 대법원에서 '제2의 내란'이 벌어졌다. 이재명 후보의 공직선거법 관련 사건을 유죄 취지로 파기환송 시킨 것이다. 항소심에서 무죄를 선고했으나 대법원이 이를 뒤집었다. 대선 전에 유죄 판결을 확정 지어 이재명 후보의 피선거권을 박탈하려는, 사법부의 '정치 테러'였다.

판결 내용도 가관이었다. 재판부 배당 9일 만에, 딱 두 번의 심리만으로 선고를 내렸다. 6만 쪽이 넘는 재판 기록을 그 짧은 시간에 다 읽는다는 건 물리적으로 불가능했다. 심지어 대법관 자신들이 만든 최신 판례까지 손바닥 뒤집듯 엎어버린 '고무줄 판결'이었다.

그날의 풍경은 한 편의 막장 드라마 같았다. 오후 3시 대법원이 파기환송을 선고하자마자 기다렸다는 듯 오후 4시에 대통령 권한대행 한덕수가 사퇴하고 사실상 대선 출마를 선언했다. 이게 무슨 '짜고 치는 고스톱'인가. 귀에 걸면 귀걸이, 코에 걸면 코걸이라더니, 사법부가 내란 세력의 정권 연장을 위한 꼭두각시 노릇을 자처한 꼴이었다. 행정부와 입법부 부역자를 정리하고 있는데, 예상하지 못했던 사법부가 마지막 남은 칼을 휘두르며 덤벼든 것이다.

그때의 고뇌는 말로 다할 수 없다. 정말 심각하게 고민했다. '대법원장과 대법관 전원을 탄핵해야 하는가?' 대통령은 파면되고, 권한대행인 국무총리는 사퇴한 마당에 사법부까지 탄핵한다면 대한민국은 또다시 혼란에 빠질 것이었다.

고민하는 시간 동안 영화 〈서울의 봄〉의 마지막 장면이 계속 어른거렸다. 배우 정우성이 분한 수도경비사령관 이태신은 반란군을 제압하기 위해 포격을 가해야 하는지 고뇌한다. 그러나 그는 내란 지휘부가 모여 있던 경복궁 내 수경사 제30경비단을 끝내 포격하지 못한다. 서울 한복판에서 전쟁이 날까 봐, 무고한 시민들이 다칠까 봐, 그는 포격을 포기하고 홀로 바리케이드 앞으로 걸어 나간다.

나 역시 그때 '대법관 전원 탄핵'이라는 포격 버튼 앞에 서 있는 기분이었다. 이걸 쏘면 사법 시스템이 붕괴되고 나라가 결딴날지도 모른다는 공포. 〈서울의 봄〉 속 이태신 장군처럼 나 역시 벼랑 끝에 홀로 선 심정이었다.

하지만 영화 속 이태신 장군과 나에게는 결정적인 차이가 하나 있었다. 그는 홀로 적을 마주해야 했지만, 나에게는 국민들이 함께했다. 깨어있는 시민이 가장 큰 자산이자 무기였다. 내가 주저앉으면 시민들이 다친다. 하지만 내가 버티면 저 시민들이 결국 이겨줄 것이다.

내 예상은 틀리지 않았다. 이번에도 우리를 구한 것은 바로 시민들이었다. '대법관 전원 탄핵' 포격 버튼보다 더 큰 힘을 가진 시민들의 분노가 서초동을 에워쌌다. 사법부의 노골적인 선거 개입에 대한 국민적 저항이 들불처럼 번졌다.

결국 서울고등법원은 시민의 기세에 눌려 5월 15일로 예정되었던 재판 기일을 대선 이후인 6월 18일로 연기했다. 그리고 이재명 후보가 대통령에 당선되면서 헌법상 불소추 특권에 의해 재판은 자연스럽게 중단되었다.

극적인 반전이었다. 총칼을 든 군인의 반란도, 권한을 대행한 행정부의 반란도 결국 깨어있는 시민들이 막아낸 것 아니었던가? 5월 1일의 그 은밀한 사법 반란을 막아낸 것 역시 위대한 국민이었다.

고마운 사람들

이 책은 박찬대라는 한 명의 정치인이 두드러져 보이는 것을 끝까지 경계했다. 서로를 의지하며 함께 싸웠던 수많은 동지들의 '공동 전사(戰史)'이기 때문이다. 그래도 혹시 부족한 부분이 있다면, 너그러운 용서를 구한다.

가장 먼저 나와 원내대표단을 믿어주고, 필요하면 언제든 부족한 부분을 메워주기 위해 애써주신 170명 더불어민주당

의원들, 넓게는 야6당과 무소속 192명 의원들께 고개를 숙인다. 국회 로텐더홀 차가운 바닥에서 쪽잠을 자며 함께 해주신 선후배 의원 여러분 덕분에 우리는 저 거대한 내란 세력과의 싸움에서 지치지 않을 수 있었다고 믿는다.

특히 '개혁기동대'라는 이름으로 그 누구보다 치열하게 싸워준 원내대표단 동지들은 나의 자랑이자 긍지다. 보이지 않는 곳에서 묵묵히 헌신해 준 보좌진과 당직자 여러분. 12월 3일 밤, 계엄군의 총구 앞에서 맨몸으로 바리케이드를 치고, 소화기를 뿌리며 문을 막아섰던 여러분의 용기를 평생 잊지 못할 것이다. 컵라면과 김밥으로 끼니를 때우며 밤새 상황실을 지키고, 쪽잠에 지친 눈을 비비며 탄핵소추안부터 예산안과 숱한 법안들을 다듬었던 그 노고가 역사의 물줄기를 바꾸는 데 크게 일조했다.

사랑하는 가족에게도 미안함과 고마움을 전한다. 원내대표부터 당대표 권한대행, 이재명 대통령 후보 상임총괄선대위원장을 맡아 일하고 퇴임에 이르는 406일 동안 집에 간 날은 고작 37일이었다. "집 걱정은 말라"던 아내의 격려가 없었다면, 나는 그 긴 밤들을 버티지 못했을 것이다.

같은 기간, 상대적으로 지역구 일에 최선을 다하지 못한 국회의원 박찬대를 묵묵히 기다려준 인천 연수구갑 주민들께도 깊이 고개 숙여 감사 인사 올린다.

이 책은 보좌진들과 함께 썼다. 현재도 함께하고 있는 유명상, 전기은, 심춘화, 양세미, 노원선, 김우성, 권수아, 문정경, 구본민이 처음부터 끝까지 머리를 맞댔다. 지금은 다른 곳으로 자리를 옮긴 김경환, 유광종, 박상현도 당시의 자료와 기억을 모아 문장에 생기를 돌게 했다. 원내대표실에서 함께 고생한 이상현·송현석·윤지훈 실장과 원내 당직자들, 박규령·최명석·문서영에게도 감사를 전한다.

그리고 마지막으로, 이 책의 진짜 저자인 위대한 대한국민께 바친다.

총칼에도, 살을 에는 추위에도, 주저 없이 광장으로 나와주신 시민 여러분. 국회가 포위되었을 때 두려움 없이 달려와 인간 방패가 되어주신 국민 여러분. 1980년 광주의 주먹밥처럼, 서로에게 따뜻한 연대의 손길을 내밀어 주신 깨어있는 시민 여러분. 위대한 국민이 계셨기에 대한민국은 다시 봄을 맞이할 수 있었다. 이 승리는 온전히 국민의 것이다.

겨울은 갔다. 이제, 우리 함께 봄을 걷자.

2026년 초입, 여의도에서
박찬대

부록

국회 교섭단체 대표 연설
(2025.09.04.)

존경하는 국민 여러분, 재외동포 여러분!

우원식 국회의장과 선배·동료 의원 여러분!

더불어민주당 원내대표 박찬대입니다.

저는 회계사로 일하며 소소한 행복을 꿈꾸던 평범한 생활인이었습니다. 그런 제가 '민주주의 최후의 보루는 깨어있는 시민의 조직된 힘'이라는 故 노무현 대통령님의 말씀을 좇아 정치에 입문하게 되었고, 3선 국회의원에 원내대표라는 막중한 책임까지 맡게 되었습니다.

제 자신이 평범한 시민의 한 사람이기 때문에 늘 시민의 마음과 눈높이에서 정치를 하려고 노력했습니다.

오늘 연설도 평범한 시민의 눈높이에서 준비했다는 말씀 드립니다.

헌법 수호 의지 없는 대통령

우리 헌법은 대한민국의 정통성과 정체성을 규정하고 있습니다.

그중 제1장 제1조부터 제3조까지는 주권, 국민, 영토에 대해 규정합니다.

제1조, 대한민국은 민주공화국이다.

대한민국의 주권은 국민에게 있고, 모든 권력은 국민으로부터 나온다.

제2조, 대한민국의 국민이 되는 요건은 법률로 정한다.

국가는 법률이 정하는 바에 의하여 재외국민을 보호할 의무를 진다.

제3조, 대한민국의 영토는 한반도와 그 부속도서로 한다.

대통령은 헌법 제66조에 따라 국가의 독립·영토의 보전·국가의 계속성과 헌법을 수호할 책무를 집니다.

헌법 제69조에 따라 대통령은 취임식에서 다음과 같이 선서합니다.

"나는 헌법을 준수하고 국가를 보위하며 조국의 평화적 통일과 국민의 자유와 복리의 증진 및 민족문화의 창달에 노력하여 대통령으로서의 직책을 성실히 수행할 것을 국민 앞에 엄숙히 선서합니다."

윤석열 대통령도 역시 선서했습니다.

그런데 작금의 현실은 어떻습니까? 윤석열 대통령은 헌법을 준수하고 있습니까? 국가의 독립과 영토의 보존, 국가의 계속성을 수호하고 있습니까? 평범한 시민의 한 사람으로서, 정치인의 한 사람으로서 질문하지 않을 수 없습니다.

헌법이 유린당하고 있습니다.

"유구한 역사와 전통에 빛나는 우리 대한국민은 3·1운동으로 건립된 대한민국임시정부의 법통과 불의에 항거한 4·19 민주이념을 계승하고"로 시작하는 헌법 전문을 부정하는 자들이 공직을 장악하고 있습니다.

헌법을 수호해야 할 책무가 있는 대통령이 헌법을 부정하는 자들을 공직에 임명하는 반헌법적 상황이 벌어지고 있습니다. 친일파 명예 회복을 주장하는 자를 독립기념관장에 앉히고, 일제강점기에 우리 국민이 일본 국적이었다 주장하는 자를 노동부장관에 임명했습니다. 영토 침탈 야욕을 감추지 않는 일본에 항의는커녕 일본제국주의의 상징인 욱일기 사용을 공식 인정한 국방부장관을 안보실장으로 임명했습니다. 그래 놓고 대통령은 나는 아무것도 모른다 발뺌하고 있습니다. 이게 정상입니까?

우리 영토인 독도 지우기는 어떻습니까? 군 정신 교재에 독도를 분쟁지역이라고 표현했습니다. 독도방어훈련을 비공개로 전환하고, 동해를 일본해로 표기해도 방치합니다. 지하철 역사와 전쟁기념관에서 독도 조형물이 소리 소문 없이 사라졌습니다.

이런 상황에서 대한민국 헌법을 준수해야 할 대통령은 무엇을 하고 있습니까?

대통령이 헌법을 부정하는 것이 아니라면 결자해지해야 합니다. 대한민국 정통성과 정체성을 부정하는 독립기념관장 김형석과 고용노동부장관 김문수, 이 두 명의 반국가관을 가진 공직자를 즉각 해임함으로써 헌법 수호의 책무를 다하겠다는 의지를 보여주길 촉구합니다.

대한민국이 직면한 위기

윤석열 정부 출범 2년 4개월이 지났습니다. 그 사이 대한민국은 총체적 위기를 겪고 있습니다. 국민 안전, 민생경제, 민주주의, 한반도 평화가 위기에 빠졌고, 헌정질서마저 위험에 처했습니다.

첫째, 국민 안전은 버림받았습니다.

2022년 8월 8일, 서울 신림동의 반지하에 살고 있던 세 모녀가 폭우에 차오른 집에서 미처 빠져나오지 못해 숨지는 참사가 발생했습니다. 두 달 뒤인 10월 29일, 서울 용산구 이태원에서 일어난 참사로 159명이 목숨을 잃었습니다. 2023년 7월 15일, 충북 청주시 오송읍 궁평2지하차도 터널 구간이 침수되면서 터널에 갇힌 14명이 숨졌습니다.

이 모든 참사를 관통하는 것은 무대책, 무능력, 그리고 무책임입니다. 사전 대책은 허술했거나 존재하지 않았고, 사후 대응은 무능력의 극치였으며, 아무도 책임지는 사람이 없었습니다. 참사를 대하는 대통령과 정부의 태도는 국가와 정부에 대한 신뢰를 산산조각 냈고, 국민을 각자도생의 길로 내몰았습니다.

참사는 현재진행형입니다.

2024년 9월 현재, 심각한 의료 대란이 현실화되고 있습니다. 응급실을 찾지 못해 뺑뺑이를 돌다 숨지는 환자가 발생하고 있고, 그 빈도가 잦아지고 있습니다. 가뜩이나 부족한 응급실 인력이 더욱 줄어들고, 응급실 문을 닫겠다는 병원들이 늘어나고 있는데도 대통령은 아무 문제 없다고 강변하는 무책임이 계속되고 있습니다. 추석 연휴를 앞두고 의료 대란이 발생할지 모른다는 국민의 공포를 이해할 생각조차 없어 보입니다.

범죄로부터 국민을 지켜야 할 정부는 보이질 않습니다. 딥페이크 범죄 피해와 불안이 가중되고 있지만, 디지털 성범죄 예방과 피해자 보호를 위한 정부 부처 수장은 6개월째 공석이고, 올해 관련 예산은 대폭 삭감되었습니다.

둘째, 민생경제는 파탄지경입니다.

우리나라 국가채무와 가계빚의 총합이 사상 최대치인 3천조 원을 넘어섰습니다. 3개 이상 금융기관에서 가계대출을 받은 다중채무자의 평균 DSR은 작년 4분기 58.2%에서 올해 1분기 58.8%로 더 높아졌고, 다중채무자의 평균 대출액은 1억 2,401만 원에 이르렀습니다. 지난해 임금체불액은 1조

7,846억 원으로 역대 최대 수준이었고, 올해 상반기에만 체불액은 벌써 1조 원을 넘어섰습니다.

　기업 상황도 매우 심각합니다. 국내 4대 은행의 올해 상반기 말 기업 대출 잔액은 총 884조 9,771억 원으로 지난해 말보다 7.8% 증가했습니다. 이 중 3개월 이상 연체된 금액은 지난해 말보다 16.2% 급증한 2조 8,075억 원에 달합니다. 전체 상장사의 41%는 지난해에 영업이익으로 이자 비용도 감당 못 할 정도로 어려웠습니다.

　소상공인과 자영업자들도 한계상황에 내몰렸습니다. 지난해 폐업 신고를 한 사업자는 100만 명에 육박했습니다. 폐업 사유별로 보면 ‘사업 부진’이 48.9%로, 금융위기 당시인 2007년 이후 역대 두 번째로 높습니다.

　고물가 고금리 장기화로 가계 실질소득은 줄어들고 내수경기는 심각한 침체의 늪에 빠졌습니다. 그럼에도 경제 상황이 나아지고 있다는 대통령의 발언에 자영업자와 소상공인, 국민은 한숨을 내쉬고 있습니다.

　나라 살림은 엉망입니다. 지난해 세수 펑크만 56조 원이 발생했습니다. 올해도 30조 원 안팎의 세수 펑크가 예측되고 있습니다. 앞에서는 재정 건전성을 내세워 서민에 대한 지원을 반대하고, 뒤에서는 초부자 감세로 생색내더니 결국 심각한 재정위기를 초래하고 있습니다. 그런데도 정부는 세수 확충 대책은 없이 초부자감세만 외치고 있습니다.

셋째, 민주주의가 위기입니다.

윤석열 정부는 검찰 독재, 국회 무시와 행정독주, 언론탄압으로 우리 국민이 피땀으로 이룬 민주주의를 무너뜨리고 있습니다.

야당은 국정운영의 파트너가 아니라 궤멸해야 할 적으로 간주되었습니다. 검찰은 권력을 지키는 홍위병이 되어 야당탄압에 앞장서고 있습니다. 제1야당 대표에 대해서는 수백 건 압수수색하고, 별건에 별건까지 탈탈 털어대며 기소했지만 살아있는 권력에 대해서는 면죄부를 남발했습니다. 이제는 전임 대통령을 겨냥한 정치보복까지 자행하고 있습니다.

법률을 형해화하는 시행령 통치가 일상이 되었고, 대통령은 거부권을 남발하고 있습니다. 정부조직법에 반하면서까지 시행령을 개정해 법무부에 인사정보관리단 설치를 강행했습니다. 그 결과는 무능한 인사 검증과 인사 참사로 이어졌습니다. 시행령으로 검찰 수사권 범위를 대폭 확대해 검찰청법을 무력화시켰고, 경찰국 신설도 시행령으로 밀어붙였습니다.

역대급으로 꼼꼼하고 치졸한 언론탄압과 방송장악은 현

재진행형입니다. '바이든-날리면' 온 국민 듣기평가부터 전용기 탑승 거부도 모자라 '회칼 테러 협박'까지 자행했습니다. 수신료 분리 징수로 공영방송 KBS를 망가뜨리고 EBS를 흔들었으며, YTN을 강제로 민영화하고, 예산을 무기로 TBS의 존립을 위태롭게 하고 있습니다.

정부 비판 보도에 벌점 테러와 법적제재를 남발하고, MBC를 장악하기 위한 방문진 이사진 교체 쿠데타를 강행했습니다. 탄핵을 피해 방통위원장이 '꼼수 사퇴' 하면서까지 방송장악을 추진했던 것이 윤석열 정부의 민낯입니다. 방통위의 위법한 방문진 이사 교체에 법원이 제동을 걸었지만, 정부는 여전히 방송장악을 포기하지 않았습니다.

윤석열 정부 출범 직전 17위였던 자유민주주의 지수는 2년 만에 무려 30계단이나 추락했고, 대한민국은 '민주화에서 독재화로의 전환이 진행되는 국가'로 평가받는 지경에 이르렀습니다.

넷째, 한반도 평화가 위기입니다.

국익 중심의 실용 외교를 하라는 야당과 전문가들의 충고를 무시한 윤석열 정부의 외교와 안보 정책은 국익을 훼손하고 국민을 위험에 빠뜨렸습니다.

낡은 이념에 사로잡혀 국제관계 변화의 큰 흐름을 읽지 못한 채 한반도를 다시 냉전의 최전선으로 만들고 있습니다. 이념과 극단 논리를 앞세운 진영 외교는 남과 북을 더욱 갈라놓았고, 한반도 평화를 위한 노력은 삽시간에 물거품이 되었습니다. 7·4 남북공동성명, 남북기본합의서, 6·15 공동선언의 정신은 휴지 조각이 되었고, 9·19 남북군사합의는 전면 효력 정지 상태에 놓였습니다. 한반도 상공은 대북 전단이 날아가고 오물 풍선이 날아오는 대결의 장으로 변했고, 북한과 러시아는 사실상의 자동 군사개입을 명시한 조약을 체결하기에 이르렀습니다.

일본에 대한 짝사랑 굴종 외교의 결과는 어땠습니까?

정부의 일방적 친일 정책에 힘을 얻은 일본은 독도 영유권 주장과 역사 왜곡을 더욱 노골적으로 진행하고 있습니다. 심지어 일본 방위 당국이 최근 국방부에 독도방어훈련을 일절 하지 말라고 종용한 사실까지 드러났습니다. 그런데도 정부는 일본과의 동맹을 착착 추진하고 있습니다. 이러다 독도마저 일본에 내주고 자위대가 한반도에 진주하지 않을까 우려가 커지고 있습니다.

다섯째, 헌정질서의 위기입니다.

도둑을 경찰서장에 임명하고서 치안에 아무 문제가 없다고 한다면 누구도 믿지 않을 것입니다. 헌법을 대놓고 부정하는 인사들을 공직자로 임명한 것은 그 자체로 국가의 정통성과 정체성을 부정하는 행위입니다.

대통령이 말한 반국가세력의 실체가 있다면 바로 친일을 미화하고 식민 지배를 정당화하며 헌법을 부정하는 세력일 것입니다. 그런데도 헌법 수호의 책무를 지닌 대통령은 문제의 심각성조차 인식하지 못하고 있습니다.

한쪽에서는 야당과 싸우라고 독려하면서 다른 쪽에서는 대화와 타협을 말하는 분열적 사고, 말과 행동이 전혀 다른 표리부동, 격노할 줄만 알았지 책임질 줄은 모르는 무책임, 남의 말은 절대 듣지 않는 독선과 불통의 리더십이 대한민국과 국민이 직면한 위기의 근본 원인입니다.

정치가 실종되고 극한 대결의 악순환이 반복되는 원인 또한 다르지 않습니다.

여당은 야당이 의회 독재를 한다고 주장하지만, 진짜 독재는 대통령이 하고 있습니다. 대통령 임기가 절반도 채 지나지 않았는데 벌써 21회나 거부권을 행사했습니다. 이승만을 제외한 역대 최다 거부권 행사입니다. 8개 원내정당 가운데 7개의 정당이 압도적으로 찬성 의결한 법안도 대통령이 일방적으로 거부하고 있습니다. 대통령 입맛에 맞는 법안만 통과시키겠다는 것은 민주주의가 아닙니다. 대통령의 거부권이 '상수'가 된 현실은 어느 모로 보나 정상적이지 않습니다.

심지어 대통령은 국회 개원식에도 불참했습니다. 민주화 이후 처음 있는 일입니다. 입법부를 존중하고 야당을 국정 파트너로 대해야 할 대통령이 국회를 무시하고 야당을 적대시하면서 국민을 편 가르고 갈등을 부추기며 국론을 분열시키고 있습니다.

대통령은 전체 국민을 대표하는 만큼 국민을 통합하기 위해 노력해야 할 책무가 있습니다. 자신을 지지하는 30%의 국민뿐만 아니라 비판하는 70%의 목소리도 귀담아들어야 합니다.

지난 4월, 우리 국민께서는 윤석열 정부, 정확히는 윤석열 대통령을 단호하게 심판하셨습니다. 범야권 192석, 사상 첫 야당 단독 과반이라는 총선 결과는 국정 기조를 완전히 바꾸라는 준엄한 명령이자, 민심을 외면하고 국민을 겁박하는 대통령에 대한 회초리였습니다.

그러나 대통령은 전혀 변하지 않았습니다. 오히려 보란 듯이 민심을 거역하며 역주행하고 있습니다. 총선 직후에도 곧바로 거부권을 행사하더니 똘똘 뭉쳐 야당과 싸우라고 여당 의원들에게 주문했습니다.

　대통령이 거부한 것은 민심이고, 대통령이 싸우라는 대상
은 국민입니다. '순천자흥 역천자망(順天者興 逆天者亡)'이라고
했습니다. 민심은 권력이라는 배를 띄우기도 하지만 성나면
배를 뒤집습니다. 우리 국민은 불의한 권력을 그냥 두고 보지
않았습니다. 계속해서 민심을 거역한다면 윤석열 대통령도
결국 불행한 전철을 밟게 될 것입니다.

위기 극복을 위한 국회의 역할

지난주 대통령의 국정브리핑과 기자회견을 보며 동화 속 '벌
거벗은 임금님'이 현실에 존재한다면 딱 저런 모습이 아닐까
하는 생각이 들었습니다. 달나라에 살고 계신 것도 아닌데, 도
대체 누구에게 어떤 보고를 받기에 저렇게 국민의 눈높이와
한참 동떨어진 인식을 할 수 있는 것인지 의문입니다.

　많은 국민께서는 작금의 현실을 대하면서 사실상 무정부
상태 아니냐는 한탄을 하고 계십니다. 위기를 모르는 것이 가
장 큰 위기라고 했습니다. 대통령이 위기라는 자각도 없고, 문
제 해결 의지도 없습니다. 대통령과 정부가 제 역할을 전혀 하

지 못하고 있는 지금, 피해를 보는 것은 국민입니다.

국회라도 나서서 국정을 바로 잡아야 합니다. 위기 앞에 국회가 제 역할을 하지 않는다면, 대한민국은 회복 불능의 길로 접어들 수밖에 없습니다. 대통령의 폭주에 민주주의가 무너지고 일상이 위협받는 시대에 국회가 나라와 국민의 삶을 지키는 든든한 버팀목이 되어야 합니다. 정부의 실정을 견제하고 국민이 더 나은 삶을 누리도록 하는 것이 국회가 해야 할 역할입니다.

엊그제 11년 만에 여야 대표회담이 열렸습니다. 다소 아쉬움은 있지만 실종된 정치를 복원하기 위한 국회 차원의 노력이 시작되었다는 점에서 긍정적으로 생각합니다. 여야가 대표회담에서 논의된 내용을 토대로, 민생 회복과 위기 극복을 위한 구체적이고 실질적인 노력을 이어가야 합니다. 그것이 국민에 대한 도리입니다.

우선, 시급한 민생 문제 해결을 위해 다음과 같이 제안합니다.

첫째, '의료 대란 해결을 위한 여·야·의·정 비상협의체'를 제안합니다.

지금, 이 순간에도 환자들이 응급실을 찾아 뺑뺑이를 돌고 있습니다. 응급 의료시스템이 사실상 붕괴되고 있는 절체절명의 상황입니다. 체면을 따지거나 여야를 가릴 때가 아닙니다. 국민의 생명을 지키고 의료시스템의 붕괴를 막기 위한 대책을 신속하게 마련해야 합니다. 여야가 머리를 맞대고, 의료계와 정부도 참여해 사회적 대타협을 끌어내야 합니다. 시급한 의료 대란 사태 해결 방안부터 중장기적 의료 개혁 방안까지 열어놓고 대화하는 것이 유일한 해법이라는 점에 모두가 공감할 거라 생각합니다.

국민의 생명을 볼모로 잡고 고집 피울 때가 아닙니다. 국민의 생명과 안전을 지키는 길에 대통령과 정부도 동참하길 촉구합니다.

둘째, 내수 경기 진작에 총력을 기울여야 합니다.

대통령의 확신과 달리 우리 경제는 저성장의 늪에서 벗어나지 못하고 있습니다. 모두가 아는 것처럼 심각한 내수 경기 부진이 가장 큰 원인입니다. 물을 퍼 올리려면 한 바가지 마중물을 넣어야 하는 법입니다. 민생 회복 지원금과 지역사랑상품권 확대 발행이 내수 경기 회복의 마중물입니다.

사용기한이 정해진 지역사랑상품권을 전 국민에게 지급하면, 소비가 일어나고 매출이 늘어나 지역경제와 골목상권이 살아나고 세수 확보에도 도움이 됩니다. 지역사랑상품권 확대 발행 또한 적은 예산으로 큰 효과를 볼 수 있는 정책입니다. 소비자와 자영업자 소상공인들에게 환영받는 검증된 정책입니다.

내수 경기 진작에 도움이 되는데 정책 저작권 따질 이유도 없고 반대할 이유도 없습니다. 마음에 들지 않는다면 정부와 여당이 더 나은 대책을 내놓으면 됩니다. 민주당은 언제든 민생경제 회복에 협력할 준비가 되어 있습니다. 정부와 여당의 전향적인 입장 변화를 촉구합니다.

셋째, 딥페이크 범죄 근절과 피해자 보호에 속히 나서야 합니다.

인공지능 기술을 활용한 딥페이크 범죄 피해가 막심합니다. 수많은 피해자들과 국민께서 불안에 떨고 있습니다. 신속한 수사와 강력한 처벌도 중요하지만, 범죄예방과 피해자 보호 등 근본적 대책 마련이 시급합니다. 여야가 제도적 보완 방안 마련에 공감대를 이룬 만큼 입법에 속도를 내겠습니다. 정부도 삭감한 관련 예산을 다시 복구해야 합니다. 국민의힘도 관련 예산 복원과 입법에 적극 동참하길 기대합니다.

넷째, 실종된 공정의 가치 회복에 나서야 합니다.

가난은 참아도 불공정은 못 참는다는 말이 있습니다. 서울대학교 보건대학원의 유명순 교수 연구팀에 따르면 우리나라 성인 중 절반 가까운 49.2%가 중간 수준 이상의 울분 상태를 경험하고 있다고 합니다. 주목할 대목은 울분을 유발하는 주요 요인이 사회적 불공정이라는 점입니다. 불공정한 사회는 국민의 정신건강에도 큰 위협을 끼치고 있습니다. 공정과 상식을 바로 세우는 것은 그래서 민생과 직결됩니다.

권력이 있어도 잘못했으면 처벌받는 것이 공정이고 상식입니다. 순직 해병대원 특검법과 김건희 특검법은 공정과 상식을 바로 세우기 위한 대표적인 법안입니다. '죄를 지었기 때문에 특검을 반대하는 것'이라던 대통령이 특검을 거부하고, '특검을 거부하는 자가 범인'이라던 국민의힘이 특검을 반대하는 것을 납득할 국민이 몇이나 되겠습니까?

대통령 배우자라는 이유로 제대로 된 수사는커녕 '황제조사'를 받으며 면죄부를 받는 것은 누가 봐도 공정하지 않습니다. 주가조작, 명품백 수수, 고속도로 특혜, 국정농단 같은 대통령 배우자의 범죄 의혹이 태산처럼 쌓여 있는데, 그대로 놔두고서 정상적인 국정운영은 불가능합니다.

해병대원의 억울함을 풀고, 수사외압의 실체적 진실을 밝히는 것은 정쟁이 아니라 정의 실현입니다. 국민 절대다수가 지지하고 있는 특검법을 반대하는 것이 정쟁입니다. 진실을 밝히고 정의를 세우기 위해 민주당은 제3자 추천안을 수용하 겠다는 대승적인 결단을 했습니다. 이제 한동훈 대표가 국민 과의 약속을 지킬 차례입니다.

검찰개혁도 법치를 바로 세우고 권력 사유화를 막기 위 한 필수 과제입니다. 21대 국회에서 검찰개혁을 완수하지 못 한 후과가 너무 큽니다. 군사독재정권 시절 정치군인이 차지 했던 자리를 정치검사들이 꿰차고 나라를 좌지우지하고 있 습니다. 정치적 중립성을 지켜야 할 검찰이 정치권력으로 군 림하며 '유검무죄 무검유죄'의 세상을 만들었습니다. 검찰개 혁을 신속하게 완수하는 것이 국민과 나라를 위한 길입니다.

이 자리를 빌려 국민의힘에 당부합니다.

국민의힘은 여당 이전에 입법부의 일원입니다. 국민의 대 표인 국회의원에게 제일 중요한 것은 '일본의 마음'도 '용산 의 마음'도 아닌 '국민의 마음'입니다.

국회의 입법권과 삼권분립의 헌법 정신이 심각하게 침해 받고 있는 민주주의 위기의 시대에, 입법부의 일원으로서, 대 통령과 행정부의 독단과 독선을 견제하는 데 나서주십시오.

대통령의 거부권 남발을 비판하고, 민심을 정확하게 전달 해, 잘못된 국정을 바로 잡을 수 있도록 용기를 내어주십시오.

그것이 나라와 국민을 위한 바른길이자, 보수의 몰락을 막는 유일한 길이라는 사실을 명심해 주십시오.

소멸하는 대한민국

존경하는 국민 여러분!

우원식 국회의장과 선배·동료 의원 여러분!

대통령이 역사를 왜곡하고 민생을 외면하고 민주주의를 무너뜨리는 사이, 대한민국의 미래도 심각한 위협에 직면했습니다. 기후변화, 양극화, 저출생이라는 거대한 쓰나미가 대한민국을 덮치고 있습니다. 지금이라도 특단의 대책을 세우지 않으면 대한민국은 오래지 않아 소멸하게 될 것이란 경고가 나옵니다.

대전환의 시대를 맞아 세계는 빠르게 새로운 질서로 재편되고 있습니다. 공급망 재편과 자국화에 따른 자국중심주의 강화로 산업과 기술 경쟁이 매우 극심해지고 있습니다.

세계 주요국가들이 이 경쟁에서 뒤처지지 않기 위해 분투하고 있습니다. 국가 R&D 투자를 확대하고 국가와 기업이 혁신생태계의 주체가 되기 위해 노력하고 있습니다.

그런데 우리는 어떻습니까?

시대 변화를 선도하기는커녕 오히려 퇴행하고 있습니다. R&D 예산을 대폭 삭감하여 미래 기반을 무너뜨리더니 다시 삭감 전 수준으로 복구하고 증액했다 생색을 냅니다. 망가뜨린 외양간에서 소들이 다 떠나간 뒤에 외양간 고쳤다고 자랑하는 꼴입니다.

양극화는 더 심해지고 있습니다. 정부의 역주행 속에 기업은 위기에 빠지고, 중산층은 붕괴되고 서민의 삶은 피폐해지고 있습니다. 그럼에도 대통령과 정부는 세수 확충 대책 없이 초부자 감세에만 앞장서고 있습니다. 나라 살림과 서민의 삶은 어찌 되든 간에 상위 1%도 안 되는 초부자들의 배만 불려주겠다는 것입니다.

기업과 산업 양극화는 지역과 사회 양극화로 이어지며 심각한 저출생의 위기를 낳고 있습니다.

우리나라는 좋은 일자리가 태부족하고, 기술창업과 유니콘 성장 비율도 매우 낮습니다. 좋은 일자리 부족은 청년들의 기회 불균형으로 이어지고, 높은 집값과 교육비, 물가에도 불구하고 수도권으로 몰려드는 원인을 제공하며, 이런 환경은 다시 결혼과 출산을 포기하게 만드는 악순환이 되고 있습니다. 그 결과 대한민국은 올해 합계출산율 0.6명대를 예측하는 인구 소멸, 국가 소멸의 위기를 맞닥뜨리고 있습니다.

시간이 촉박합니다. 미루면 미룰수록 국가적 위기만 커집니다. 성장과 분배, 기후 위기, 저출생에 대한 전략과 대책을 제대로 세워야 합니다.

에너지전환에 능동적으로 대처하고 산업과 기술경쟁력을 높이기 위해 국가의 모든 역량을 동원해야 합니다. 여야 대표가 합의한 대로 반도체 산업, AI 산업, 국가 기반 전력망 확충 지원방안 마련에 속히 나서야 합니다.

양극화의 출발점인 산업과 기업 양극화를 완화하고, 지역별 특성과 환경에 맞는 전략산업 집적화를 통해 산업생태계의 균형성장을 도모해야 합니다. 산업의 성장이 좋은 일자리로 이어지도록 국가와 기업이 손잡아야 합니다.

보편적 복지 위에 따뜻하고 세심한 맞춤 복지로 서민과 중산층의 삶의 질을 높여야 합니다.

기업과 산업생태계 지원의 출발점은 인재 양성에 있습니다. 관료화된 국가 R&D 체계의 과감한 혁신을 통해 연구자의 창의성이 산업화와 상업화로 이어져 기술과 산업 발전의 밑거름이 되도록 해야 합니다. 이를 위한 인재 육성과 R&D 투자에도 적극 나서야 합니다.

세계 최장 수준의 노동시간도 과감하게 단축해야 합니다.

장시간 노동이 지속되는 한 저출생 문제를 해결할 수 없습니다. 주 4일제 도입으로 나아가되, 주 5일제 하에서라도 주 36시간, 주 32시간으로 노동시간을 단축해 아이와 함께하는 저녁을 보장해야 합니다.

조세정책의 전환도 필수입니다. 밑도 끝도 없는 초부자 감세가 아니라, 합리적으로 미래를 준비하고, 중산층을 두텁게, 서민의 삶을 안정적으로 만들기 위한 민생 조세에 나서야 합니다.

늦었지만 지금이라도 국가적 역량을 총결집해 대응해야 합니다. 이를 위해 기후특위, 인구특위를 설치하고 미래 위기에 주도적으로 대응할 것을 제안합니다. 부처별로 흩어진 산발적이고 파편화된 논의와 대응으로는 효과적으로 대응할 수 없습니다. 정부와 여야, 각계 전문가가 참여해 모든 부문을 아우르는 체계적이고 종합적인 대책을 세우고, 전환을 주도할 때 위기를 기회로 바꿀 수 있습니다. 국가의 미래를 위한 길에 정부와 여당이 동참하길 기대합니다.

연금 개혁도 매듭지어야 합니다. 지난 21대 국회에서 정부와 여당의 반대로 연금 개혁에 실패했습니다. 대통령이 새로 제안한 연금 개혁 방안은 그동안의 국회 논의를 무용지물로 만들고 국민을 갈라치기 하는 나쁜 방안입니다. 국민의 노후와 미래세대의 삶이 걸려 있는 만큼 모든 국민이 납득 가능한 방안을 만드는 데 힘을 기울여야 합니다.

개헌도 속도를 내야 합니다. 87년 체제에 멈춰 있는 헌법을 시대에 맞게 고치자는 논의는 오래전부터 나왔지만, 번번이 정치적 입장차를 좁히지 못한 채 정쟁화되며 불발되었습니다.

한꺼번에 바꾸는 것이 어렵다면, 합의 가능한 것부터 순차적으로 바꿔 가는 지혜를 발휘합시다. 5·18정신 헌법 전문 수록, 대통령 4년 중임제, 결선투표제 도입은 합의한 만큼 22대 국회에서 이것부터 개정합시다. 늦어도 내후년 지방선거 때까지 개헌을 완료할 수 있길 기대합니다.

'함즐함울'의 정치

존경하는 우원식 국회의장과 선배·동료 의원 여러분!

지난달 13일, 전남 장성의 한 중학교 급식실에서 에어컨을 설치하던 20대 청년이 폭염에 쓰러져 숨졌습니다. 5월 28일에는 '개처럼 뛰고 있다'고 자조하던 배달 노동자가 숨졌습니다. 6월 16일에는 전주의 한 공장에서는 만 19세의 꿈 많던 청년 노동자가 입사 6개월 만에 숨졌습니다. 같은 달 24일에는 경기도 화성시의 1차전지 제조공장 화재로 23명의 노동자가 목숨을 잃었습니다.

일터에서 노동자 사망사고가 끊이질 않고 있습니다. 작년 한 해에만 2,016명의 노동자가 일터에서 숨졌습니다. 이 중 61.55%가 50인 미만 사업장 종사자였습니다. 재해조사 대상 사망사고의 59.19%가 50인 미만 사업장에서 발생했습니다.

그런데 대통령은 중대재해처벌법이 처벌 수위가 높다고 합니다. 국민의힘은 50인 미만 사업장 중대재해처벌법 적용을 유예하자고 합니다. 사람의 목숨보다 비용이 더 중요합니까? 살기 위해 나간 일터가 죽음의 현장이 되는 현실을 이대로 방치해서야 되겠습니까?

대통령과 국민의힘은 입장을 철회해 주십시오. 돈보다 생명이 먼저입니다.

"즐거워하는 자들과 함께 즐거워하고, 우는 자들과 함께 울라."

제 삶의 신조이자 정치의 본령이라고 생각하는 성경 구절입니다.

공익을 위해 권한을 사용할 때 정치는 국민의 삶을 바꾸는 유용한 도구이지만, 사익을 위해 권한을 사유화할 때 정치는 국민의 삶을 위협하는 흉기가 됩니다. 국민이 아닌 권력을 위한 정치, 권한을 사유화하는 정치는 이제 청산해야 합니다.

정치인은 국민으로부터 소중한 권한을 잠시 위임받은 대리인입니다. 국민에게 위임받은 권한은 오직 국민을 위해서만 사용해야 합니다.

그 기준은 헌법입니다. 헌법 정신으로 돌아가야 합니다. 주권자인 국민을 대변하는 정치, 주권자인 국민을 위한 정치를 해야 합니다. 그럴 때 정치에 대한 신뢰가 싹트고, 국민의 삶이 개선되고, 나라의 미래가 밝아질 것입니다.

민주당은 언제나 국민 곁에 있겠습니다. 국민과 함께 즐거워하고, 국민과 함께 울겠습니다. 국민의 삶을 지키는 길에, 무너진 민주주의를 일으켜 세우고 대한민국의 미래를 열어나가는 길에 진력하겠습니다.

감사합니다.

대통령 윤석열 탄핵소추안 제안 설명
(2025.12.07.)

지금 안철수 의원께서 자리에 있습니다. 단 한 명 자리에 계십니다.

제안 설명하도록 하겠습니다.

존경하는 국민 여러분, 재외동포 여러분! 우원식 국회의장과 선배·동료 의원 여러분!

더불어민주당 원내대표 박찬대입니다.

역사와 국민 앞에 무거운 책임감으로 이 자리에 섰습니다.

대한민국 헌법 제1조는 '대한민국은 민주공화국이다. 대한민국의 주권은 국민에게 있고, 모든 권력은 국민으로부터 나온다'고 명시하고 있습니다.

지난 9월 4일, 저의 제22대 국회 첫 번째 정기국회 첫 교섭단체 대표 연설은 이렇게 헌법 제1조를 상기하는 것으로 시작했습니다. 그때 저는 이 자리에서 대한민국이 처한 심각한 위기를 극복하기 위해 헌법 정신으로 돌아가야 한다고 호소드렸습니다.

"윤석열 정부 출범 이후 우리가 직면한 국민 안전의 위기, 민생경제의 위기, 민주주의의 위기, 한반도 평화의 위기, 헌정질서 위기의 원인이 다른 데에 있지 않다. 헌법을 수호해야 할 대통령이 헌법 정신을 저버리는 것에서부터 모든 위기가 시작되었다. 대통령이 헌법 정신을 지키는 것에서 해법을 찾아야 한다."

그로부터 꼭 3개월 만인 12월 3일 윤석열 대통령은 비상계엄을 선포했습니다. 헌법을 준수하고 수호해야 할 책무를 지닌 대통령이 스스로 헌법을 파괴하고 헌정질서를 유린하는 폭거를 자행했습니다.

처음 비상계엄 선포 소식을 접했을 때 도저히 믿을 수 없었습니다. 헌법을 준수하고 수호해야 할 대통령이 전시도 아니고 사변도 없는데 헌법을 어기고 비상계엄을 선포하다니 우리의 상식으로는 도저히 이해할 수 없었습니다. '2024년 대한민국에서 이런 일이 실제로 벌어졌다는 말인가?' 출입이 봉쇄된 국회 담장을 넘어 비상계엄 해제 의결을 위해 본회의장으로 가면서도 이 상황이 제발 꿈이기를 바랐습니다. 그러나 엄연한 현실이었습니다.

완전무장한 계엄군들이 헬기를 타고 장갑차를 타고 버스를 타고 국회의사당으로 쳐들어왔습니다. 자동소총으로 무장한 수백 명의 계엄군이 헌법기관인 국회의사당 안으로 난입했습니다. 계엄군은 야당 대표, 여당 대표를 가리지 않고 국회의원 체포 작전을 벌였습니다. 국회의원을 체포·구금하기 위한 한밤의 친위 쿠데타가 지금 우리가 있는 이곳 국회의사당에서 벌어졌습니다.

그 모든 광경이 실시간으로 전 세계에 생중계되었습니다. 45년 만의 비상계엄에 모든 국민께서 큰 충격을 받았습니다. 민주주의의 모범 국가라는 자부심은 일거에 수치심으로 바뀌었습니다. 참담하고 참담했던 그날의 충격은 평생 잊지 못할 것입니다.

존경하는 선배·동료 의원 여러분!

윤석열 대통령의 비상계엄 선포는 절차도 요건도 갖추지 못한 명백한 위헌으로 원천 무효입니다.

헌법 제77조 제1항은 계엄의 요건을 '전시·사변 또는 이에 준하는 국가비상사태에 있어서 병력으로써 군사상의 필요에 응하거나 공공의 안녕질서를 유지할 필요가 있을 때'로 규정하고 있습니다. 그러나 전시도 사변도 이에 준하는 국가비상사태도 없었습니다. '계엄을 선포한 때에는 대통령은 지체없이 국회에 통고하여야 한다.'는 헌법 제77조 제4항도 어겼습니다.

12·3 비상계엄 선포는 형법상 내란죄임이 명확합니다. 형법 제87조는 '대한민국 영토의 전부 또는 일부에서 국가권력을 배제하거나 국헌을 문란하게 할 목적으로 폭동을 일으킨 자'를 내란 행위로 처벌하고 있습니다.

총기를 휴대한 채 헌법기관인 국회에 진입한 계엄군은 우원식 국회의장, 이재명 더불어민주당 대표, 한동훈 국민의힘 대표, 조국 조국혁신당 대표를 비롯한 국회의원들의 체포와 구금을 시도했고 다수 국회의원의 본회의 출입을 막아 국회의 계엄해제요구안 의결을 방해했습니다. 국헌 문란 목적 폭동이라는 내란죄의 모든 요건을 갖췄습니다.

윤석열 대통령은 이 내란을 진두지휘했습니다. 윤석열 대통령은 직접 홍장원 국가정보원 1차장에게 전화를 걸어 국회의원들의 체포를 지시하면서 "이번 기회에 다 싹 잡아들여. 싹 다 정리해"라고 했습니다. 윤석열 대통령은 특수전사령관과 수도방위사령관에게도 전화를 걸어 상황을 직접 점검했습니다.

즉 12·3 비상계엄 선포는 대통령이 자신의 권력을 유지하기 위해 군대를 동원해 국민 주권을 찬탈하고 행정 권력뿐만 아니라 입법과 사법 권력까지 장악하기 위해 벌인 내란 행위입니다. 내란을 계획하고 실행하고 진두지휘한 윤석열은 내란의 우두머리, 내란수괴입니다.

존경하는 국민 여러분! 선배·동료 의원 여러분!

12·3 비상계엄 내란 사태에서 드러난 것처럼 윤석열은 대통령 직무를 수행할 자격은커녕 정상적인 사고와 합리적 판단이 불가능한 상태입니다. 국회의 해제 결의로 계엄이 해제된 뒤에도 윤석열은 사과는커녕 경고성이었다고 말했습니다.

민주주의 국가의 대통령이 야당에 경고를 하기 위해 군대를 동원해 체포·구금을 시도하고 헌법기관인 국회를 무력화한다는 게 말이나 되는 소리입니까? 직무를 정지시키지 않는다면 막강한 권력을 이용해 또다시 어떤 무모한 일을 저지를지 알 수가 없습니다. 당장 직무에서 손을 떼게 하는 것이 국민을 지키고 나라를 지키는 길입니다.

　윤석열 탄핵은 대한민국의 미래가 걸린 엄중한 문제입니다. 정쟁의 대상이 아니고 정치적 유불리를 따질 사안도 아닙니다. 12·3 비상계엄 내란 사태는 우리나라의 경제·외교·안보에 심각한 악영향을 미치고 있습니다. 윤석열이 대통령 직무를 계속 수행한다면 대한민국이 처한 경제적·외교적·안보적 위기는 더욱 악화될 것이 자명합니다.

　대한민국에서 벌어진 비상계엄 쿠데타 사태를 실시간으로 목격한 전 세계인들에게 윤석열은 민주주의를 위협하는 위험인물로 낙인찍혔습니다. 위험인물 윤석열이 대통령직을 유지하는 한 정상적인 외교가 이뤄질 리 만무하고 언제 무슨 일이 일어날지 모를 불안정한 나라에 외국인이 안심하고 투자할 리 없습니다.

　경제는 벌써부터 큰 충격에 휩싸였습니다. 비상계엄 이후 환율이 급등하고 외국인들의 증시 매도가 급증했습니다. 우리 경제에 윤석열의 존재는 불확실성을 키우는 최대의 걸림돌입니다.

　외교도 폭망입니다. 벌써부터 외국 인사들의 방한과 정상회담 일정이 연기될 정도로 위험인물 윤석열은 외국 정상들에게 기피 대상입니다. 안보에도 지대한 악영향을 미치고 있습니다. 민주주의와 법치를 파괴하는 위험인물 윤석열은 한

미동맹의 걸림돌입니다. 미국 《뉴욕 타임스》는 한미동맹이 시험대에 올랐다고 진단했습니다. 미국 국무부장관 커트 캠벨은 비상계엄 선포에 대해 '심한 오판'이라고 비판했고 미국은 한미 국방 당국이 개최할 예정이던 회의와 훈련을 연기했습니다.

만약 탄핵이 부결되고 윤석열이 계속해서 대통령 직무를 수행할 경우, 한국에 대한 평가는 회복이 어려운 수준으로 추락할 것이고, 국가적 위기는 가속화될 것이 자명합니다. 윤석열 탄핵은 우리가 처한 위기를 극복할 최선의 해법입니다. 탄핵으로 불확실성을 없애고 대한민국 민주주의의 회복탄력성을 전 세계에 보여주는 것이 경제·외교·안보 위기를 극복하는 가장 빠른 지름길입니다.

탄핵은 비상계엄 내란 사태를 책임 있게 수습하는 최선의 방법입니다. 내란수괴 윤석열을 지키겠다는 것은 헌정질서와 민주주의를 파괴하는 내란의 공범이 되겠다는 것입니다. 국민을 대표해야 할 국회의원이 국민에게 총부리를 겨눈 자를 지키겠다고 하는 것이 바로 국민 배신, 국민 반역입니다.

헌법이 부여한 국회의 권한으로 윤석열의 직무를 정지시키는 것이 비상계엄 사태를 수습하고 직면한 위기를 극복할 유일한 길입니다. 사적 이익을 위해 국민의 뜻과 국익에 반대

되는 결정을 내리는 것은 구한말 나라를 팔아먹었던 을사오
적으로 충분합니다. 역사에 죄를 짓지 말아야 합니다.

지금 전 세계가 대한민국을 주시하고 있습니다. 지금 모
든 국민이 국회를 주시하고 있습니다. 오늘 이 자리에 모인
우리가 내린 결정이 대한민국의 흥망을 결정합니다. 탄핵소
추안에 찬성 의결함으로써 대한민국의 민주주의가 살아있음
을, 대한민국의 국민 주권이 확고하게 살아있음을 입증해 주
시길 간절하게 간곡하게 호소드립니다. 윤석열의 대통령 직
무를 정지시킴으로써 대한민국의 위기를 슬기롭게 극복해 나
갈 단초를 마련해 주시길 간곡하게 호소합니다.

국민의힘 의원들이시여!
이 자리에 빨리 돌아오셔서 내란수괴 윤석열을 탄핵하고
민주주의와 민생경제와 대한민국의 위기를 극복하고 해결하
는 데 참여해주시기를 간곡히 호소합니다.

강대식 의원!
강명구 의원!
강민국 의원!
강선영 의원!

강승규 의원!

고동진 의원!

곽규택 의원!

비상계엄해제요구 결의안에 참석한 곽규택 의원!

구자근 의원!

권성동 의원!

권영세 의원!

권영진 의원!

김건 의원!

김기웅 의원!

김대식 의원!

김도읍 의원!

김미애 의원!

김민전 의원!

김상욱 의원!

비상계엄해제요구 결의안에 참석한 김상욱 의원, 어서 돌

아오십시오.

김상욱 의원!

김상훈 의원!

김석기 의원!

김선교 의원!

김성원 의원!

비상계엄해제요구 결의안에 참석한 김성원 의원!

어서 돌아오십시오.

김소희 의원!

김승수 의원!

김예지 의원!

김용태 의원!

비상계엄해제요구 결의안에 참석한 김용태 의원!

어서 돌아오십시오.

김위상 의원!

김은혜 의원!

김장겸 의원!

김재섭 의원!

비상계엄해제요구 결의안에 참석한 김재섭 의원!

어서 돌아오십시오.

김정재 의원!

김종양 의원!

김태호 의원!

김형동 의원!

비상계엄해제요구 결의안에 참석한 김형동 의원!

어서 빨리 돌아오십시오.

김희정 의원!

나경원 의원!

박대출 의원!

박덕흠 의원!

박상웅 의원!

박성민 의원!

박성훈 의원!

박수민 의원!

비상계엄해제요구 결의안에 참석한 박수민 의원!

어서 돌아오십시오.

박수영 의원!

박정하 의원!

비상계엄해제요구 결의안에 참석한 박정하 의원!

어서 돌아오십시오.

박정훈 의원!

비상계엄해제요구 결의안에 참석한 박정훈 의원!

어서 돌아오십시오.

박준태 의원!

박충권 의원!

박형수 의원!

배준영 의원!

배현진 의원!

백종헌 의원!

서명옥 의원!

서범수 의원!

비상계엄해제요구 결의안에 참석하고, 국힘당 의원들 의사당으로 돌아오라고 전화하고 호통치고 타일렀던 서범수 의원!

어서 빨리 돌아와서 국회의원의 본분을 다해 주시기 바랍니다.

서일준 의원!

서지영 의원!

서천호 의원!

성일종 의원!

송석준 의원!

송언석 의원!

신동욱 의원!

신성범 의원!

비상계엄해제요구 결의안에 참석한 신성범 의원! 어서 돌

아오십시오.

안상훈 의원!

안철수 의원!

감사합니다.

엄태영 의원!

우재준 의원!

비상계엄해제요구 결의안에 참석한 우재준 의원!

유상범 의원!

유영하 의원!

유용원 의원!

윤상현 의원!

윤영석 의원!

윤재옥 의원!

윤한홍 의원!

이달희 의원!

이만희 의원!

이상휘 의원!

이성권 의원!

이양수 의원!

이인선 의원!

이종배 의원!

이종욱 의원!

이철규 의원!

이헌승 의원!

인요한 의원!

임이자 의원!

임종득 의원!

장동혁 의원!

비상계엄해제요구 결의안에 참석한 장동혁 의원!

어서 빨리 돌아와서 표결에 참석해 주시기 바랍니다.

정동만 의원!

정성국 의원!

비상계엄해제요구 결의안에 참석한 정성국 의원!

어서 빨리 돌아오십시오.

정연욱 의원!

비상계엄해제요구 결의안에 참석한 정연욱 의원!

어서 돌아오십시오.

정점식 의원!

정희용 의원!

조경태 의원!

비상계엄해제요구 결의안에 참석한 조경태 의원!

어서 돌아오십시오.

조배숙 의원!

조승환 의원!

조은희 의원!

조정훈 의원!

조지연 의원!

주진우 의원!

비상계엄해제요구 결의안에 참석한 주진우 의원!

어서 돌아와서 표결에 참여해 주시기 바랍니다.

주호영 의원!

부의장님!

어서 돌아오십시오!

주호영 의원!

진종오 의원!

최보윤 의원!

최수진 의원!

최은석 의원!

최형두 의원!

추경호 의원!

추경호 의원!

어서 돌아오십시오.

한기호 의원!

한지아 의원!

비상계엄해제요구 결의안에 참석한 한지아 의원!

어서 돌아오십시오.

비상계엄해제요구 결의안에 당의 압박에도 불구하고 국회의사당을 침탈한 계엄군을 물리치고 계엄을 해제하기 위해서 함께해 주신 국힘당의 열여덟 분의 의원님을 포함해서 국힘당 의원님들 돌아오십시오. 국민들이, 민주주의가, 대한민국이, 전 세계의 세계 시민들이 기다리고 있습니다.

지금 밖에는 내란죄 윤석열 퇴진, 국민주권 실현, 사회대개혁 범국민 촛불 대행진으로 민의의 전당 국회의사당을 둘러싼 수십만의 시민들이 국회를 쳐다보면서 우리와 함께 국힘당의 108명의 국회의원들의 이름을 부르고 호소하고 있습니다. 주권자인 국민이 명령하고 있습니다. 어서 돌아오십시오.

마지막으로 국회를 보고 있는 우리 시민들을 위해서 한

말씀 드리겠습니다.

오늘 오전 내란수괴 윤석열이 담화를 발표했습니다. 변명과 책임 회피로 가득한 개사과 시즌3였습니다. 입만 열면 거짓말, 거짓말, 거짓말! 윤석열의 거짓말에 속을 국민은 단 한 명도 없습니다. 그렇지 않습니까? 법적·정치적 책임을 피하지 않겠다면서 임기를 계속 이어 가겠다고 합니다. 무장한 계엄군을 동원해 국민에게 총부리를 들이댔는데 사과가 아니라 사퇴하겠다고 해야 하는 것 아닙니까?

헌법을 준수하고 헌법을 수호해야 할 대통령이 헌법을 위반했으면 당연히 물러나야 하는 것 아닙니까? 내란수괴가 뻔뻔하게 내란 공범과 함께 국정운영을 하겠다는 게 말이나 되는 소리입니까?

내란수괴 윤석열은 대한민국 최대 리스크입니다. 친위 쿠데타를 일으킨 내란수괴가 대통령 직무를 계속한다는 것은 대한민국 헌정질서와 민주주의를 파괴하는 일입니다. 내란수괴가 군 통수권을 행사한다면 제2의, 제3의 계엄 선포는 언제든 현실이 될 수 있습니다. 시한폭탄을 짊어지고 온 국민이 불안에 떨어서는 안 됩니다. 지금이라도 당상 식무를 징지시키고 수사받고 처벌받게 해서 역사에 남겨야 합니다. 그렇지 않습니까?

탄핵 반대는 내란에 동조하는 행위입니다. 헌정질서와 민주주의를 포기하고 위헌적 독재국가로 가는 길입니다. 탄핵 반대는 망국의 길로 가는 을사오적같은 길입니다. 그렇지 않습니까?

국민의힘은 내란 공범이 될 것인가, 국민의 편에 설 것인가 결단해야 합니다. 정치적 이익을 고려하고 소탐대실 하려다가는, 을사오적의 길을 간다면 우리 국민께서, 세계 시민께서 철퇴를 내릴 것입니다. 그렇지 않습니까? 역사와 국민을 두려워해야 합니다. 내란수괴 윤석열 탄핵에 동참하는 것, 그것이 지금 국회가 해야 할 역사적 책무입니다.

민주당과 우리 여야 모든 국회의원은 반드시 내란수괴 윤석열의 직무 정지를 해내겠습니다. 국가와 국민을 위해 윤석열을 반드시 탄핵하겠습니다. 이 나라의 진정한 주인이신 국민 여러분께서 함께해 주십시오. 더욱 준엄하게 내란 동조 세력을 꾸짖어 주십시오.

비상계엄을 막아내 주신 국민 여러분을 믿고 우리 국회는 할 일을 해 나가겠습니다. 위대한 국민의 승리를 반드시 이루어 내겠습니다.

감사합니다.

대통령 윤석열 탄핵소추안 제안 설명
(2025.12.14.)

존경하는 국민 여러분!

우원식 국회의장과 선배·동료 의원 여러분!

더불어민주당 원내대표 박찬대입니다.

2024년 12월 3일 22시 30분, 대한민국 헌법이 유린당했습니다. 민주주의의 심장이 멈추었습니다. 그러나, 우리 국민께서는 골든타임을 놓치지 않으셨습니다. 국회 앞으로 한달음에 뛰쳐나와 맨몸으로 계엄군 차량을 막아섰습니다. 국회를 봉쇄한 경찰에 항의하며 국회의원들과 보좌진의 국회 진입을 도왔습니다.

민주주의의 심장이 다시 뛰도록 심폐 소생을 해주신 모

든 분에게 존경과 감사의 마음을 전합니다. 여러분이 민주주의를 살리고 대한민국을 지킨 주역이십니다.

노벨문학상 수상자인 한강 작가는 《소년이 온다》를 준비하던 중 1980년 5월 광주에서 희생된 젊은 야학 교사의 일기를 보고 "현재가 과거를 도울 수 있는가?", "산 자가 죽은 자를 구할 수 있는가?"라는 질문을 뒤집어야 한다는 걸 깨달았다고 합니다.

"과거가 현재를 도울 수 있는가?"

"죽은 자가 산 자를 구할 수 있는가?"

저는 이번 12·3 비상계엄 내란 사태를 겪으며, '과거가 현재를 도울 수 있는가?'라는 질문에 "그렇다."라고 답하고 싶습니다. 1980년 5월이 2024년 12월을 구했기 때문입니다.

2024년 12월 3일 23시, 계엄사령부는 포고령 1호를 발표했습니다. 포고령 1호의 내용은 다음과 같습니다.

자유대한민국 내부에 암약하고 있는 반국가세력의 대한민국 체제전복 위협으로부터 자유민주주의를 수호하고, 국민의 안전을 지키기 위해 2024년 12월 3일 23:00부로 대한민국 전역에 다음 사항을 포고합니다.

1. 국회와 지방의회, 정당의 활동과 정치적 결사, 집회, 시위 등 일체의 정치활동을 금한다.

2. 자유민주주의 체제를 부정하거나, 전복을 기도하는 일체의 행위를 금하고, 가짜뉴스, 여론조작, 허위 선동을 금한다.

3. 모든 언론과 출판은 계엄사의 통제를 받는다.

4. 사회 혼란을 조장하는 파업, 태업, 집회 행위를 금한다.

5. 전공의를 비롯하여 파업 중이거나 의료 현장을 이탈한 모든 의료인은 48시간 내 본업에 복귀하여 충실히 근무하고 위반시는 계엄법에 의해 처단한다.

6. 반국가세력 등 체제전복세력을 제외한 선량한 일반 국민들은 일상생활에 불편을 최소화할 수 있도록 조치한다.

이상의 포고령 위반자에 대해서는 대한민국 계엄법 제9조(계엄사령관 특별조치권)에 의하여 영장 없이 체포, 구금, 압수수색을 할 수 있으며, 계엄법 제14조(벌칙)에 의하여 처단한다.

이와 똑 닮은 포고령이 44년 전에도 있었습니다.

1980년 5월 17일 밤 계엄사령부는 포고령 10호를 통해 다음과 같은 7가지 세부 조치를 발표했습니다.

가. 모든 정치활동을 중지하며 정치목적의 옥내·외 집회및 시위를 일체 금한다. 정치활동 목적이 아닌 옥내·외 집회는 신고를 하여야 한다. 단 관혼상제와 의례적인 비정치적 순수 종교행사의 경우는 예외로 하되 정치적 발언은 일체 불허한다.

나. 언론·출판·보도 및 방송은 사전검열을 받아야 한다.

다. 각 대학(전문대학 포함)은 당분간 휴교 조치한다.

라. 정당한 이유 없는 직장 이탈이나 태업 및 파업 행위를 일체 금한다.

마. 유언비어의 날조 및 유포를 금한다. 유언비어가 아닐지라도 1) 전·현직 국가원수를 모독, 비방하는 행위 2)북괴와 동일 주장및 용어를 사용, 선동하는 행위 3)공공집회에서 목적 이외의 선동적 발언 및 질서를 문란시키는 행위는 일체 불허한다.

바. 국민의 일상생활과 정상적 경제활동의 자유는 보장한다.

사. 외국인의 출·입국과 국내여행 등 활동의 자유는 최대한 보장한다.

본 포고를 위반한 자는 영장없이 체포, 구금, 수색하여 엄중

처단한다.

1980년 5월의 포고령과 2024년 12월의 포고령은 쌍둥이처럼 빼닮았습니다. 유언비어 날조가 가짜뉴스 여론조작 허위 선동으로 대체되었을 뿐, 정치활동을 금지하고 언론 출판을 통제하며 집회와 파업과 태업을 금지하며, 위반하면 처단하겠다고 밝히고 있습니다.

12·3 비상계엄 선포 소식을 접했을 때, 1980년 광주가 떠올랐습니다. 당시 계엄군은 '계엄 포고령 위반'을 빌미로 수천 명의 광주 시민들을 체포하고 연행하고 구금했습니다. 심지어 학살도 자행했습니다. 그러나 계엄군의 통제하에 놓인 언론은 광주의 비극을 단 한 글자도 보도하지 못했습니다. 민주주의를 위해 저항하는 광주시민들은 불온한 폭도로 매도됐습니다.

만일, 12월 3일 윤석열의 비상계엄에 분개하여 국회로 뛰쳐나온 시민들이 없었다면, 경찰 봉쇄를 뚫고 국회 담장을 뛰어넘은 국회의원의 숫자가 모자랐다면, 헬기를 타고 국회로 난입한 계엄군이 표결 전에 국회의원들을 끌어냈다면, 계엄군 지휘관들과 군인들이 부당한 명령을 적극 따랐더라면, 지금 대한민국은 80년 5월의 광주와 다르지 않았을 것입니다.

국회는 포고령에 근거해 강제 해산되고 국회의원들은 계엄군에 체포되어 어딘지 모를 장소에 구금되었을 것입니다. 일부는 고문을 받거나 반국가세력 또는 체제전복세력으로 내몰려 처단되었을 수도 있습니다.

언론사는 계엄군에 의해 통제되고, 모든 보도 내용은 사전검열 되고, 정부를 비판하는 보도는 단 한 줄도 내보내지 못했을 것입니다. 검열을 반대하는 언론인은 포고령에 따라 처단 대상이 되었을 것입니다.

정부를 비판하거나 계엄에 반대하는 시민들은 영장 없이 체포, 구금되어 군사 법정에서 유죄를 선고받거나 처단되었을 것입니다. 의사들과 전공의들은 직업선택의 자유를 박탈당한 채 병원에 복귀하지 않았다는 이유로 처단됐을 것입니다.

우리가 아는 계엄, 우리가 실제로 겪었던 계엄은 바로 이런 것입니다. 상상만으로도 아찔한 비상계엄이 실제로 선포되었을 때, 1980년 5월 광주는 2024년 12월의 우리를 이끌었습니다. 44년 전 고립무원의 상황에서도, 죽음을 각오하고 계엄군과 맞섰던 광주시민들의 용기가, 그들이 지키려 했던 민주주의가, 우리를 움직이는 원동력이었습니다. 과거가 현재를 도왔고, 죽은 자가 산자를 구했습니다. 대한민국은, 대한민국의 민주주의는, 광주에 큰 빚을 졌습니다.

존경하는 선배·동료 의원 여러분, 12·3 비상계엄은 명백한 위헌이며 중대한 법률 위반입니다.

헌법이 정한 비상계엄의 절차와 요건을 전혀 갖추지 못했으며, 형법의 내란죄, 직권남용권리행사죄, 특수공무집행방해죄 등과 같이 국민의 생명 및 안전, 국가의 존립과 기능, 국민주권주의, 민주주의와 법치주의를 침해했습니다.

헌법 제77조 제1항은 계엄의 요건을 "전시·사변 또는 이에 준하는 국가비상사태에 있어서 병력으로써 군사상의 필요에 응하거나 공공의 안녕질서를 유지할 필요가 있을 때"로 규정하고 있습니다. 그러나 전시나 사변, 이에 준하는 국가비상사태는 없었습니다. 계엄을 선포한 때에는 대통령은 지체 없이 국회에 통고하여야 한다는 헌법 제77조 제4항도 지켜지지 않았습니다.

비상계엄을 수개월 전부터 치밀하게 계획하고 준비했으며, 북한에 무인기를 보내 북한의 도발을 유도하고, 오물 풍선 원점 타격으로 인위적 전시 상황을 조성하려 한 정황은 애초부터 비상계엄이 요건을 갖추지 못한 명백한 위헌이었다는 사실을 보여줍니다.

계엄군과 경찰은 헌법기관인 국회의 기능을 마비하고, 헌법기관인 국회의원을 체포해 계엄 해제 의결을 막으려 했습니다. 비상계엄이 선포된 뒤, 경찰은 국회를 봉쇄해 국회의원과 보좌진의 국회 출입을 방해했습니다. 완전무장한 계엄군이 국회로 출동하여 본회의장 진입을 시도하였고, 총기를 휴대한 계엄군은 국회 본청 유리창을 깨고 국회 직원을 위협했습니다.

무장한 계엄군과 경찰은 국가 선거사무를 총괄하는 중앙선거관리위원회 청사와 연수원 등을 점령하여 출입을 통제하고, 당직자의 휴대폰을 압수했으며, 통합선거인명부 시스템 서버를 촬영했습니다. 계엄작전에는 최정예 북파공작원이 투입됐으며, 계엄군은 체포될 인사들을 수감할 장소를 물색했고, 법무부는 체포될 정치인과 언론인 등을 수감하기 위하여 장소를 마련하려고 했습니다.

즉 12·3 비상계엄 선포는 위헌 위법할 뿐만 아니라 대통령이 자신의 권력을 유지하기 위해 군대를 동원해 국민 주권을 찬탈하고, 행정 권력뿐만 아니라 입법과 사법 권력까지 장악하기 위해 벌인 내란 행위입니다.

윤석열은 이 내란을 진두지휘한 내란의 우두머리입니다. 윤석열은 특수전 사령관과 수도방위사령관에게 전화를 걸어 상황을 직접 점검했고, 국회의원 체포를 직접 지시했으며, 위헌 위법한 포고령까지 직접 검토했습니다.

곽종근 특수전사령관에게 비화폰으로 전화를 걸어 "의결정족수가 아직 다 안 채워진 것 같다. 빨리 문을 부수고 들어가서 안에 있는 인원들 끄집어내라"고 지시를 했고, 홍장원 국가정보원 제1차장에게 전화를 걸어 "이번 기회에 다 잡아들여, 싹 다 정리해"라며 국회의장, 국회의원 등 정치인, 전 대법원장 및 전 대법관 등 법조인, 방송인, 시민사회 인사 등에 대한 체포를 지시했습니다.

경찰이 장악할 대상 기관과 인물이 적힌 문서를 경찰청장에게 하달하기도 했습니다.

존경하는 선배·동료 의원 여러분, 12·3 비상계엄 내란 사태로 무너진 헌정질서를 바로 세우는 것은 국회의 책무입니다.

윤석열은 12·3 비상계엄 내란을 일으켜 헌정질서를 마비시켰습니다. 헌정질서를 파괴한 윤석열을 탄핵하는 것은 헌정질서를 회복하는 길입니다. 국회는 헌정질서 회복을 위해 헌법이 부여한 권한으로 윤석열의 직무를 정지시켜야 합니다. 이 길이 비상계엄 사태를 가장 빠르고 질서있게 수습하는 방법입니다.

윤석열은 정상적 직무수행이 불가능합니다. 12월 3일 위헌 위법한 비상계엄 선포와 12일 대국민담화에서도 드러난 것처럼, 극단적 망상에 사로잡혀 이성적 사고와 합리적 판단이 불가능한 상태입니다. 즉각 직무를 정지시키지 않는다면, 또다시 어떤 무모한 일을 저지를지 알 수가 없습니다. 당장 직무 정지시키는 것이 국민과 나라를 위한 길입니다.

윤석열은 대한민국의 최대 리스크입니다. 12·3 비상계엄 내란 사태는 우리나라의 경제, 외교, 안보, 국격에 큰 충격파를 가했고, 지난주 탄핵이 불발하면서 위기는 더욱 증폭되었습니다. 다시 탄핵안이 부결된다면, 대한민국은 회생 불가능한 상태로 진입할 것이 자명합니다.

미국을 비롯한 전 세계 자유민주국가들이 대한민국의 헌정질서 파괴와 민주주의 위기에 대해 심각한 우려를 표명하고 있습니다. 탄핵안을 가결함으로써 대한민국의 헌정질서와 민주주의가 정상적으로 작동하고 있음을 전 세계에 보여주어야 합니다.

국민의힘 의원 여러분, 마지막 기회입니다.

역사의 문을 뛰쳐나가는 신의 옷자락을 붙잡으십시오.

헌법 제1조 1항, 대한민국은 민주공화국이다.

제1조 2항, 대한민국의 주권은 국민에게 있고, 모든 권력은

국민으로부터 나온다.

헌법 제46조 2항, 국회의원은 국가이익을 우선하여 양심에 따라 직무를 행한다.

민주공화국 대한민국의 일원으로서, 국민을 대표하는 국회의원으로서, 국가이익을 우선하여 양심에 따라 찬성 표결해 주십시오. 국가적 위기 앞에 당리당략을 앞세우는 것은 국민에 대한 반역이자, 헌법상 국회의원의 책무를 저버리는 행위입니다.

엄중한 시국에 절박한 심정으로 호소드립니다. 대한민국의 명운이 국회의원 한 분 한 분의 선택에 달려있습니다. 탄핵에 찬성함으로써 헌정질서를 파괴하는 자는 반드시 단죄받는다는 역사적 교훈을 남겨주시길 호소드립니다.

탄핵에 찬성함으로써 대한민국의 모든 권력은 국민으로부터 나온다는 헌법 정신을 실현해 주시길 호소드립니다. 탄핵에 찬성함으로써 대한민국의 민주주의가 굳건하다는 점을 세계만방에 보여주시길 호소드립니다.

고맙습니다.

검은 싸락눈

12·3 내란,
신의 옷자락을 붙잡은 순간들을

초판 1쇄 발행 2026년 2월 9일

지은이 박찬대
펴낸이 김현종
기획총괄 배소라 **출판본부장** 안형태
편집 최세정 진용주 김수진 장진경
디자인 이미경 **마케팅** 김예리 신잉걸
방송사업·미래전략본부 정태준 문상철 이주리 백범선 남궁주철

펴낸곳 (주)메디치미디어
출판등록 2008년 8월 20일 제300 - 2008 - 76호
주소 서울특별시 중구 중림로7길 4
전화 02-735-3308 **팩스** 02-73 -3309
이메일 medici@medicimedia.co.kr **홈페이지** medicimedia.co.kr
페이스북 medicimedia **인스타그램** medicimedia
유튜브 medici_media

ⓒ 박찬대, 2026
ISBN 979-11-5706-535-6 (03340)